# はじめて学ぶ日本語学

## ことばの奥深さを知る15章

益岡隆志 編著

ミネルヴァ書房

# は じ め に

　この本は，2年前にミネルヴァ書房から出版された『はじめて学ぶ言語学』の姉妹編として刊行するものです。『はじめて学ぶ言語学』の表現をお借りするなら「日本語学お試しセット」ということに，別の言い方をするなら「日本語学を訪れるための案内書」ということになります。

　日本語学というのは，その名前のとおり日本語を対象とする研究分野のことですが，言語学と同じく日本語学の世界も汲めども尽きぬ泉と言って過言ではありません。この点を副題の「ことばの奥深さを知る」に込めました。

　この本は日本語学の世界にはじめて接する皆さんに，日本語学という研究分野でどのような問題がどのようにして調べられたり考えられたりしているのかを紹介することにより，この分野のおもしろさをお伝えしたいと考え，企画したものです。

　そこで，日本語学が取り組んでいる問題領域をできるだけ幅広く紹介すること，そして，それぞれの領域の課題をなるべく親しみやすい形でお伝えすることを，特に心がけました。問題領域を幅広く紹介する点については，この本全体を第Ⅰ部から第Ⅳ部までの4つの部で構成し，そのなかに日本語学の主要な領域がバランスよく収まるよう工夫しました。そして，この本の全体的な流れを把握していただくために，各章の内容をご案内する「序章」を冒頭に配置しました。

　また，それぞれの領域の課題を親しみやすい形で伝えることをめざして，『はじめて学ぶ言語学』の編集方針を参考に，各章の執筆者の方々には執筆に際して次のような点にご留意いただくようお願いしました。

① 　読者に親しく語りかけるような文体でお書きいただくこと。
② 　事例をたくさんあげるなど，できるだけ具体的な内容にしていただくこと。
③ 　当該領域の課題を網羅的に示すのではなく，読者にその領域の魅力を伝える'とっておきの'テーマに絞ってお書きいただくこと。

各章の執筆者は，専門家として当該の領域を極めておられる方々ばかりです。読者の皆さんには，達人の方々が心を込めて作り上げた逸品を堪能していただければ幸いです。また，各章には，本文の後に練習問題と読書案内が付されています。皆さんには，練習問題に挑戦し，本文の解説が十分理解できているかを確認するとともに，読書案内を手がかりに日本語学の諸領域に対する理解をさらに深めていただければと思います。

　この本は，多くの方々のご協力・ご支援によって完成しました。執筆者の方々は，この本の趣旨を深くご理解くださり，編者の我儘な注文を快く受け入れ，願いどおりの文章をお寄せくださいました。ご厚意に感謝申し上げます。また，ミネルヴァ書房編集部の下村麻優子さんは，この本の企画立ち上げの段階から仕上げの段階まで多くの時間を割いて編集作業を進めてくださいました。ご尽力に対し深謝いたします。

　そして，この本を手に取っていただいた皆さんにも感謝の気持ちを捧げます。この本が日本語学の入門書として多くの皆さんの心に届くことを願っています。

　　　2011年7月7日　神戸にて

　　　　　　　　　　　　　　　　　　　　　　　　　　益岡隆志

# 目　次

はじめに

## 序　章　日本語学への招待………………………………益岡隆志…1
　① '近くて遠い'日本語 …………………………………………… 1
　② 私たちに身近な話題 …………………………………………… 2
　③ ことばの内部へ ………………………………………………… 4
　④ 視野を広げるために …………………………………………… 7
　⑤ 日本語を外から見る …………………………………………… 9
　⑥ 広く奥深い日本語学の世界 ……………………………………11
　コラム　時代は変わる，そして，ことばも ……………………12

---

### 第Ⅰ部　日本語話者に身近な分野

---

## 第1章　日本語史………………………………………金水　敏…17
　① 言語の歴史とは何か ……………………………………………17
　② 言語資料と時代区分 ……………………………………………19
　③ 語彙史――語種を中心に ………………………………………22
　④ 音声・音韻史 ……………………………………………………26
　⑤ 形態論――動詞の活用 …………………………………………29
　コラム　活用の歴史と方言差 ……………………………………34

## 第2章　方　言…………………………………………大西拓一郎…36
　① 方言とは何か ……………………………………………………37
　② 日本の方言 ………………………………………………………39
　③ 方言と共通語 ……………………………………………………43
　④ 通じない共通語？ ………………………………………………45

iii

- ⑤ 方言はなぜあるのか ……………………………………… 46
- コラム　世界の方言学 …………………………………… 49

## 第3章　敬　語 ……………………………………… 菊地康人…51
- ① 「言う」と「おっしゃる」 ……………………………… 52
- ② 「言う」と「言います」 ………………………………… 55
- ③ 「言う」と「申し上げる」 ……………………………… 57
- ④ 「申し上げる」と「申す」 ……………………………… 60
- ⑤ 敬語の種類のまとめ …………………………………… 64
- コラム　「させていただく」 …………………………… 68

---

### 第Ⅱ部　日本語の仕組み

---

## 第4章　音　声 ……………………………………… 中井幸比古…73
- ① サ行子音と類似する諸言語の子音 …………………… 73
- ② サ行子音の変異 ………………………………………… 77
- ③ 共通語のサ行子音を「音素」にまとめる …………… 82
- ④ 外国語学習との関わり ………………………………… 83
- コラム　人名などにつく「サン・ハン」 ……………… 86

## 第5章　語　彙 ……………………………………… 斎藤倫明…88
- ① 「語彙」とは何だろうか ………………………………… 89
- ② 意味による語彙の分類——大きな体系と小さな体系 … 92
- ③ 出自による語彙の分類——語種について …………… 95
- ④ 語構成による語彙の分類 ……………………………… 97
- コラム　語彙（論）は今時はやらない？ ……………… 101

## 第6章　文　法 ……………………………………… 天野みどり…103
- ① 不自然だけど意味はわかる …………………………… 104
- ② 文の形と意味 …………………………………………… 104
- ③ 疑問詞疑問文——疑問ととがめだての意味 ………… 108

4　文法論は考える学問 ………………………………………… 114
　　コラム　「津也の絵を売った金」 …………………………… 117

# 第7章　談　話 ………………………………ポリー・ザトラウスキー … 119
　　1　語用論 ……………………………………………………… 120
　　2　談話分析 …………………………………………………… 120
　　3　談話分析でさらに考える ………………………………… 129
　　コラム　談話のやりとりと構造 …………………………… 132

―――――　第Ⅲ部　研究分野の広がり　―――――

# 第8章　社会言語学 ……………………………………渋谷勝己 … 137
　　1　社会言語学とは …………………………………………… 138
　　2　ことばのバリエーション ………………………………… 140
　　3　言語行動 …………………………………………………… 144
　　4　社会のなかのことば ……………………………………… 149
　　コラム　認めるべきか，認めざるべきか ………………… 153

# 第9章　日本語教育 …………………………………砂川有里子 … 155
　　1　国語教育と日本語教育 …………………………………… 156
　　2　教室習得と自然習得 ……………………………………… 157
　　3　学習者から学ぶ日本語 …………………………………… 160
　　4　外国語との対照研究 ……………………………………… 163
　　コラム　異文化が混在する日本語教室 …………………… 168

# 第10章　音声コミュニケーション …………………定延利之 … 170
　　1　人間の4つの能力（「話す」「聞く」「書く」「読む」）…… 170
　　2　誤用不可能性 ……………………………………………… 172
　　3　意識の推移と文法 ………………………………………… 173
　　4　きもちと文法 ……………………………………………… 176
　　5　そもそもコミュニケーションとは？ …………………… 180

6　よりリアルな日本語文法へ……………………………………………181
　　コラム　村田蔵六のコミュニケーション………………………………184

第11章　コーパス日本語学………………………………丸山岳彦…185
　　1　日本語の「決まり」と「使用実態」…………………………………186
　　2　なぜコーパスが必要か………………………………………………188
　　3　現代日本語のコーパス──CSJとBCCWJ………………………190
　　4　コーパス日本語学の展望……………………………………………197
　　コラム　コーパス日本語学　事始め……………………………………201

---
第Ⅳ部　外国語との対照研究
---

第12章　英語との対照………………………………………山口治彦…205
　　1　「行く」と「来る」の論理……………………………………………206
　　2　comeなのに「行く」のはなぜ？……………………………………209
　　3　対話空間は実在する…………………………………………………212
　　4　世界を眺めるときの基準点…………………………………………216
　　コラム　指とfingers……………………………………………………219

第13章　中国語との対照……………………………………中川正之…221
　　1　漢語の語構成…………………………………………………………222
　　2　音読みと訓読み──「牧場（ボクジョウ）」と「牧場（まきば）」……228
　　3　反転語──「落下」と「下落」……………………………………230
　　4　「世界」語と「世間」語
　　　　　──「今日（コンニチ）」と「今日（きょう）」………………232
　　5　類縁語，リンク語──「永久」と「永遠」，「久遠」……………233
　　コラム　類推が困難な中国語……………………………………………235

第14章　韓国語との対照……………………………………塚本秀樹…236
　　1　韓国語に触れてみよう………………………………………………237
　　2　韓国語はどんな言語？………………………………………………238

3 日本語と韓国語で違うところ……………………………………242
4 違いを引き起こす根本的な要因………………………………248
5 日本語はどんな言語に見えてくる？……………………………249
コラム　文法化………………………………………………255

索　引

# 序章　日本語学への招待

益岡隆志

## 1　'近くて遠い'日本語

　日本語は私たちが毎日使っている身近なことばですが，本書ではその日本語のいろいろな面に目を向けてみたいと思います。まずはこの「序章」で，本書の目的を述べるとともに，各章の内容をご案内します。
　皆さんは学校教育で「国語」という科目に親しんでこられたと思います。それに対して，本書の書名にある「日本語学」ということばにはあまりなじみがないのではないかと思います。「日本語学」というのは，日本語について考える専門分野のことです。私自身も，日本語学という専門分野があることを大学に入学するまで知りませんでした。日本語については「国語」のイメージが強く，日本語を専門的に研究する分野があるということの意味がはじめのうちはよくわからなかったものです。
　ことばということで言えば，多くの人にとって（好き嫌いは別にして）外国語のほうが気になるのではないでしょうか。小学校での英語教育が話題になる現在，外国語（英語）に対する関心は高まる一方です。初歩から身につけなければならない外国語は，実際に使うということ以前に，まずことばそのものの学習が不可欠です。外国語はその名前のとおり，遠くにあるものとしてイメージされますが，学習することばとして日々取り組んでいるという点では，むしろ近くにあると言ってよいでしょう。いわば'遠くて近い'というのが外国語です。外国語に専門の分野があり多くの専門家がいることは，多くの人にとって驚くことではないでしょう。
　それに対して，日本語は身近な存在であるため，普通はことばそのものが強く意識されることはないと思います。国語という科目でも，文法のようなことばそのものを扱うテーマに関心を持つ人は少ないのではないでしょうか。私自身の経験もそうでした。外国語が'遠くて近い'のに対して，日本語は，身近

な存在であるにもかかわらず気にとめることが少ないという意味で'近くて遠い'と言えるでしょう。

　本書の目的は，そのような'近くて遠い'日本語に，実は多くの課題（考えるべき問題）が潜んでいる，ということを皆さんにお伝えすることです。課題は多方面にわたって数多く存在しますが，本書では少なくとも主要な課題はもれなく話題にしたいと思います。そのために，全体を14の章で構成することにします。これら14の章のうち，前半の7章が基礎編です。これら7章を2つに分け，第Ⅰ部と第Ⅱ部を設けることにします。そのなかで，まずは第Ⅰ部の紹介からはじめることにしましょう。

## ② 私たちに身近な話題

　第Ⅰ部では，私たち日本語話者にとって身近な話題を取り上げたいと思います。身近というのは，日本語と日々付き合っている私たちのあいだでよく話題になるという意味です。

　日頃，日本語についてどんな問題がよく話題になるのかを見ていると，そこに一定の傾向があることに気づきます。その傾向というのを一言で言えば，ことばの正しさ——言い換えると，ことばの標準——ということになるかと思います。皆さんも日本語を使うとき，「この使い方でいいのだろうか？」ということが気になるはずです。

　ことばの正しさということに関わる代表的な話題として，ことばの乱れ，標準語と方言，敬語の3つを挙げることができるでしょう。まず，ことばの乱れの問題ですが，どんな時代でも「日本語は乱れている」と言われます。ところで，ことばの乱れの問題を口にするのは，たいていは年齢の高い世代です。どうしてでしょうか。それは，ことばの乱れが多くの場合ことばの変化に関係するからです。ことばの新しい使い方は若い世代に現れるのが普通ですから，上の世代がそのような新しい使い方に違和感を覚え，ことばの乱れを嘆くことになるわけです。

　そこで，本書では第1章において，このことばの乱れの問題から歩を進め，ことばの変化の問題を取り上げることにしましょう。ことばが変化することから，歴史——この場合，日本語の歴史——が生まれることになりますが，第1章では，「日本語史」という標題のもとでことばの変化というテーマを考えていくことにします。私たちのあいだで関心の高い話題に語源の問題があります

が，この語源の問題も，ことばの源を探るというところから，日本語の歴史（日本語史）の問題につながります。幸いなことに，日本語の歴史についてはすでに多くのことが明らかになっています。その成果をもとに，第1章では皆さんを日本語史の世界にご案内します。この章を通して，日本語史という重要な分野への理解を深めていきましょう。

ことばの正しさに関係するもう1つの話題は標準語と方言の問題です。生まれ育った地域が異なる人どうしで話をしていると，互いのことばの違いに気がつくことがありますね。大学などでは，いろいろな地域の出身者が集まってきますので，それぞれの地域に特有のことばや表現のしかたがあることに気づくでしょう。全国で共通に使われる標準語（「共通語」と呼ばれることもあります）を使っているつもりでも，自分の地域に特有のことばや表現のしかた（一般に，「方言」と呼ばれます）を使ってしまい，意味が通じなかったという経験を持つ人も多いことと思います。

食べ物が地域によって異なるように，ことばも地域によって異なります。そのようなことばの地域的な多様性を扱う専門分野を方言研究（方言学）と言います。方言研究でも日本語史の研究と同じように，多くのことが明らかになってきています。第2章では，方言についてどのような問題をいかに考えていけばよいのかを解説します。近年，ことばの地域的多様性が再評価されています。各地にいろいろな食べ物があることで食文化に豊かさがもたらされるように，ことばの地域的多様性も日本語に豊かさをもたらします。第2章の解説を通して方言研究の奥深さを味わってください。

第Ⅰ部のもう1つの話題は敬語です。ことばの正しさという問題については，誰もが敬語の問題を思い浮かべるでしょう。その理由は明らかです。敬語は子供のことばには存在せず，大人になっていく過程で少しずつ身につけていくものです。そして，大人になっても正しく使っているかどうか自信が持てないのが敬語です。書店に行くと，何種類もの敬語の本が並べられており，敬語に対する私たちの関心が高いことを示しています。敬語は人をことばのうえでどう待遇するかが問題になるわけですから，人間関係と深く関わることになります。私たちが敬語に敏感になるのは，その意味で当然のことです。

ことばは人間どうしがそれによってコミュニケーションを図るものですから，敬語に当たるものはどの言語の話者にとっても難しいはずです。そのなかで，日本語の敬語の難しさが大きな話題になるのはなぜでしょうか。その理由は，日本語の敬語を表現する形が複雑にできていることにあります。「尊敬語」・

「謙譲語」・「丁寧語」と呼ばれるものがそれです。そのような複雑な形を持っている言語は多くないようですが，日本語はたまたまその少数派の1つなのです。そこで第3章では，一般に尊敬語・謙譲語・丁寧語と呼ばれているものを取り上げ，それらがどのような性格の敬語表現であるかを丁寧に解説します。この章の解説を通して，敬語に新たな目が向けられることを期待します。

## 3 ことばの内部へ

　第Ⅰ部で取り上げる日本語史・方言・敬語はことばの正しさということへの理解を深めるうえでいずれも重要なものですが，実はことばの正しさを云々するときに見落とされがちな大きな課題があります。それは，日本語がそもそもどのようにできているか——言い換えると，日本語がどのような仕組みを持っているか——という問題です。
　ところで，日本語がどのような仕組みを持っているかという問題はなぜ見落とされがちなのでしょうか。それは，日本語は私たち日本語話者にとって無意識のうちに身につく「母語」だからです。外国語の場合は，時間をかけて意識的に学習していくため，ことばの仕組みについても無意識ではいられません。発音や文法のことを考えないで外国語を学習することはないわけです。それとは対照的に，母語である日本語は意識されることなく手に入るものであり，発音や文法を気にしながら日本語を使うということは普通ありません。
　しかし，日本語の仕組みがどうなっているかという問題は，日本語を知るうえで欠かすことができないものです。そこで第Ⅱ部では，日本語の仕組みに関わる4つの重要な分野を見ていくことにします。
　そのために，まずことばの表現というものの基本を考えてみましょう。ことばの表現というのは形と意味が結びついたものです。ここでいう「形」は，具体的には言語音（以下，「音声」と呼びます）のことです。日本語話者であれば，例えば「hazimetenihongogakuomanabu」（ここでは，便宜的に音声をローマ字で表記します）という音声連続を聞けば，それが'はじめて日本語学を学ぶ'という意味であることを難なく理解します。日本語を知らない人には，この表現は単なる音にしか聞こえないはずです。
　形と意味が結びつく表現の仕組みを明らかにしようとするとき，主に4つの分野を設けることが必要です。まず挙げられるのは，表現の外形として現れる音声を扱う分野です。この分野を表す名称としては「音声学・音韻論」が用い

られます。この分野では，先ほどの「hazimetenihongogakuomanabu」という音声連続にどのような音声が用いられているかといった問題を考える必要があります。この音声連続は私たち日本語話者の感覚では「ハ/ジ/メ/テ/ニ/ホ/ン/ゴ/ガ/ク/ヲ/マ/ナ/ブ」というように，14の音声に分かれるのではないでしょうか。実際，仮名で表記できるこのような音声の単位は日本語の表現において重要な働きをします。

さらに，「ハ」・「ジ」・「メ」・「テ」のような単位は，より小さい音声の単位で構成されています。「ha」・「zi」・「me」・「te」のようにローマ字で表記できる音声単位がそれです。「ハ」・「ジ」・「メ」・「テ」のような音声単位それぞれの中心となるのが「a」・「i」・「e」のような「母音」と呼ばれる音声であり，その母音に添えられるのが「h」・「z」・「m」・「t」のような「子音」と呼ばれる音声です。母音・子音は音声のなかで最も基本となるものです。そこで第4章では，これら基本となる音声のなかでサ行（サ・シ・ス・セ・ソ・シャ・シュ・ショ）に現れる子音を事例として，日本語の音声を観察する方法について考えていきます。

第2に挙げられる分野は，音声と意味が出会う基本的な単位に関係するものです。その基本的な単位とは，先ほどの「はじめて日本語学を学ぶ」という表現で言えば，「はじめて」・「日本語学」・「を」・「学ぶ」のような，一般に「語」または「単語」と呼ばれる単位のことです。そのような「語」（単語）は膨大な数とはいえ有限ですので，集めることができます。実際に語を集めたものが皆さんよくご存知の「辞書」です。辞書は語を収録し，それらの語について必要な情報を記載したものです。

辞書に記載する語の情報を正確なものにするには，語について詳しく調べる必要があります。語について考える分野を「語彙論」といいます。音声と同じく語についても考えなければならない課題がたくさんあります。第5章では，語彙の問題として考察すべき課題にどのようなものがあるのかを解説します。語彙論でいう「語彙」とは語のグループのことです。語彙論では，1つ1つの語を個別的に扱うのではなく，語をグループとして観察します。「和語」（日本語固有の語），「漢語」（中国語から借用した漢字語），「外来語」（英語などから借用した語）というグループ分けはその一例です。第5章では，語のいろいろなグループを観察することを通して，語彙に対する理解を深めることをめざします。

音声と意味が出会う基本的な単位が語であるのに対して，話し手が聞き手に

ことばで意味を伝えるとき基本となるのが「文」です。文は複数の語によって組み立てられます。語から文がどのように組み立てられ，その組み立てにどのような意味が結びつくかを考えるのが「文法論」と呼ばれる分野です。この「文法論」が第Ⅱ部で話題にする3つ目の分野です。語が有限であるのに対して，語から組み立てられる文は無限であり，文については語を集めた辞書に当たるものを考えることはできません。語彙論では個々の語ではなくグループとしての語を考察すると述べましたが，文法も個々の文ではなく，無限の可能性を持つ文がどのように作られ，それらがどのような意味と結びつくかについての仕組みを問題にします。

　そこでは，'文のパターン'とでもいうべきものが重要な意味を持ちます。例えば，「はじめて日本語学を学びます。」という文は，おおよそ「どのように＋何を＋どうする」というパターンをとっています。類似のパターンで「真剣に文法を考えます。」や「何度も意味を調べます。」などの文を作ることができます。第6章では，「なにがこのところ忙しくて……だよ」や「何をそうビクビクしているのよ」のような，一見理屈に合わないように思われるパターンを取り上げ，それらがなぜ成立し，どのような意味と結びつくのか，といった問題を考察します。

　第Ⅱ部で話題にするもう1つの分野は談話研究です。文法論では文の意味を'文のパターン'などをもとに捉えていくということを述べました。そこでは，文の意味を文そのものに求めようとするわけです。ところが，文の意味をより深く理解しようとするとき，文そのものを見るだけでは十分とは言えません。文は具体的な文脈や場面のなかで使われることから，それが表現される文脈や場面との関係を考慮することもまた重要です。

　例えば，「はじめて日本語学を学びます。」という文が発話されたとき，それが発話される文脈や場面によって，「日本語学についてのご指導をよろしくお願いします」といった依頼の意味が生じたり，「まだ日本語学のことは知りません」といった言い訳の意味が生じたりします。ことばによるコミュニケーションというものを理解しようとするとき，表現の文脈や場面に目を向ける必要があるわけです。そのような背景のもと，ことばの表現をそれが使用される文脈や場面のなかで考察しようとするのが談話研究という分野です。第7章では，依頼の表現を主な手がかりとして，文が具体的な文脈・場面においてどのように使用されるかを考えます。

## 4　視野を広げるために

　本書の前半である第Ⅰ部・第Ⅱ部では，日本語学が関わる諸分野のなかの基礎的な部分を対象としています。それに対して後半の第Ⅲ部・第Ⅳ部では，それに続く発展編として，日本語学に対する私たちの理解をさらに深めることをめざします。

　発展編としての本書の後半では2つの柱を立てることにします。そのうちの1つが第Ⅲ部で扱う「視野を広げる」というテーマです。このテーマについて，本書では「社会に目を向ける」・「教育に目を向ける」・「ことばによるコミュニケーションに目を向ける」・「ことばの資料に目を向ける」という4つの方向からアプローチしたいと思います。

　まずは，社会に目を向けるというアプローチからはじめることにしましょう。ことばを社会との関連で見ていく研究分野を「社会言語学」といいます。この分野名は「社会」という語が入っており，なじみやすい名称ではないかと思います。社会言語学に当たるものが「言語生活」という名前で呼ばれたこともあります。こちらの名称には「生活」という語が入っています。社会や生活というのは，私たちの日常の活動に結びついたものです。その意味で，社会言語学や言語生活というのは，ことばを用いる人間に目を向けるものと見ることができます。

　前半の基礎編——特に，日本語がどのような仕組みを持っているかを考える第Ⅱ部——では，ことばそのものに目を向けます。それに対して第8章では，社会という目でことばの問題を考えます。そこでは，ことばの変異・変種の問題や言語行動の問題が取り上げられます。そこで問題にされるのは，人の違いによる変異・変種やことばに関する人の行動の仕方といった，ことばを用いる人間に関わる事柄です。その人がどの地域で育ったか／男性か女性か／どの世代の人かといったことにより使用されることばに違いが生じるというのがことばの変異・変種の問題です。他方，一人の話し手が相手や場面によってことばを使い分けるというのが言語行動の問題です。

　社会との関わりというテーマに関連して，次に教育に目を向けてみましょう。日本語を教育という目で見たとき，国語教育と日本語教育が視野に入ってきます。本書では特に日本語教育に焦点を当て，第9章で日本語教育をめぐる話題を提供します。本書は日本語を母語とする人を対象にしていますが，日本語と

付き合っている人のなかには日本語を母語としない人も大勢います。私たちが外国語を学習するのと同じように，日本語を外国語として学習する人がいることは，皆さんご存じのとおりです。外国語としての日本語の教育は国語教育とは区別され「日本語教育」という名称で呼ばれます。

　日本語教育は独自の目的と方法を持つ専門分野です。第9章では，日本語教育がいかなる目標のもとでどのような課題と取り組んでいるのかを解説します。私たちの外国語学習の経験からも想像できるとおり，外国語としての日本語を使いこなすには，音声・語彙・文法はもちろんのこと，相手との円滑なコミュニケーションを可能にするためのことばの使い方なども学ぶ必要があります。そのため，日本語教育では学習者が必要とする知識や技能を伝える方法を開発しなければなりません。第9章の解説を通じて，日本語教育の奥深い世界を学んでください。

　次は，ことばによるコミュニケーションの問題です。先ほど日本語教育のところでもコミュニケーションという語が登場したように，ことばの問題を考えるうえでコミュニケーションの問題を避けて通ることはできません。そこで本書では，第10章でことばによるコミュニケーションの問題について詳しく考えてみたいと思います。この章では特に，最近大きな関心が寄せられている「音声コミュニケーション」を取り上げます。音声コミュニケーションというのは，文字を媒介とする「文字コミュニケーション」とは区別されるもので，話す・聞くということで成り立つコミュニケーションのことです。

　ことばによるコミュニケーションの基本を人と人が直接対面して行う対話に求めるという見方そのものは，特に目新しいものではありません。また，音声コミュニケーションに「言いよどみ」や「つっかえ」など一見無駄とも思われる表現要素が認められるといったことも知られていました。しかし最近，これら一見無駄とも思われる表現要素が実際には重要な働きをするということが明らかになってきました。音声コミュニケーションにはこれまで見逃されてきた豊かな表現性があります。音声コミュニケーションもまた，ことばの奥深さを感じさせてくれる貴重なテーマです。

　第Ⅲ部で目を向けてみたいもう1つのテーマはことばの資料の問題です。日本語の観察・分析の基になるのは具体的なことばの資料です。資料がしっかりしていないと，観察・分析の信頼性も高まりません。

　それでは，ことばの資料はどうすれば手に入れることができるでしょうか。現代の日本語ならば，私たち自身の内省（直観・感覚）によっても必要な表現

を作りだすことができます。ただし，内省では思い浮かべにくい表現があるかもしれませんし，内省によって得た表現に客観性が乏しいこともあるかもしれません。まして，過去の日本語になると，私たちの内省によって表現を作りだすことはそもそも無理なことです。

　そのような限界を乗り越えるものとして最近注目されているのが第11章で取り上げるコーパスです。コーパスとは，実際に用いられた表現を収集したデータベースのことです。現代日本語を対象にしたコーパスには，話し言葉のコーパスも書き言葉のコーパスもありますが，それらを代表するのが第11章で紹介される『日本語話し言葉コーパス』・『現代日本語書き言葉均衡コーパス』です。このような利用しやすい大規模なコーパスが構築されれば，それらを利用した日本語の研究の可能性が開かれることになります。また，使用実態を踏まえた辞書の作成など実際的な応用も可能になります。ことばの資料をめぐるこのような新しい動きに注目していきましょう。

### 5　日本語を外から見る

　第4節では，発展編の柱の1つである「視野を広げる」というのはどういうことかについて説明しましたが，発展編にはもう1つ「日本語を外から見る」という柱を立てています。それが第Ⅳ部のテーマです。

　日本語の特徴を知るための一番よい方法は，日本語以外の言語と比べてみることです。それはちょうど，ある人物がどんな人なのかを知るには他の人物と比べてみるのがよいというのと同じです。日本語を外国語と比較対照することによって日本語の特徴を明らかにしようとする分野を「対照研究」といいます。これは，いわば'日本語を外から見る'というアプローチです。日本語を外から見ることは，日本語教育などでも以前から注目されています。日本語と学習者の母語との違いが明らかになれば，それを日本語の教育・学習に活かす道が開かれるはずです。

　日本語と外国語の対照研究はまた，日本語の特徴を明らかにするだけでなく，日本語と外国語の共通点・類似点を知るうえでも重要です。日本語は外国語に比べて大変特異な言語だと思いこむのは問題です。外国語との相違点と共通点・類似点をバランスよく見ていくことが大切です。最近はいろいろな言語とのあいだで対照研究が進められていますが，本書ではそのなかで，英語・中国語・韓国語との対照研究を取り上げることにします。

外国語のなかで私たちが学校教育において接する代表的な言語は英語です。その意味で私たちにとって最も身近な外国語と言える英語は，日本語と対照される外国語としても代表的な言語です。日本語と外国語の対照研究のなかで最も大きな成果をあげているのが英語との対照研究であるというのも，納得されるところでしょう。その英語との対照が第Ⅳ部の最初の章である第12章のテーマです。この章では，英語との対照において考えられるさまざまな問題のなかで，「行く／来る」と"come/go"の使い方の問題を取り上げます。
　「行く／来る」，"come/go"は基礎語ですから，あまり立ち止まって考えるということはないかもしれませんが，英語を学習しはじめる早い段階で出会うのが，日本語で「すぐ行きます」と表現するところを，英語では'I'm coming.'と表現するという事実です。この場合，なぜ「行く」が"come"になるのでしょうか。第12章では，このような素朴な疑問を出発点として，日本語の「行く／来る」と英語の"come/go"の違いを詳しく検討していきます。この章の説明を読みながら，一見小さい問題に見えるものが重要な問題につながっていくことを実感してください。
　英語は学校教育で接する外国語として身近なものですが，地理的に身近な外国語としては中国語と韓国語が挙げられます。日本の外国語教育のなかでも重要な位置を占める中国語と韓国語は，日本語との対照研究でも大きな成果を収めつつあります。そこで，第Ⅳ部の2つの章で日本語と中国語の対照，日本語と韓国語の対照を話題に取り上げます。
　そのうちの日本語と中国語の対照を話題にするのが第13章です。日本語と中国語はことばの仕組みについては大きく異なります。例えば，日本語の「ご飯を食べる」に当たる中国語の表現は「吃飯」ですが，「ご飯（飯）」と「食べる（吃）」の語順が逆になる，日本語の助詞「を」に当たる語が中国語には見あたらない，日本語の「食べる」は活用するが，中国語の「吃」にはそのような活用は見られない，といった違いが容易に見つかります。
　その一方で，中国語が日本語に与えた歴史的な影響は顕著です。日本語は漢字という文字とそれをもとにした「漢語」と呼ばれる語彙を中国語から大量に借用しました。漢字と漢語を使わないで日本語を使用することは不可能です。第13章では，その漢語をめぐって日本語と中国語を比較対照します。特におもしろい研究材料は，「同形語」と呼ばれる漢字語です。同形語とは，中国語と日本語で形が類似しているうえに意味もよく似た漢字語のことです。中国語学習者・日本語学習者の双方にとって，同形語は一見わかりやすく思われるため

に，かえって誤解を招きやすく，注意を要するものです。そのあたりの事情を，この章の解説を通して理解するようにしてください。

　本書の最終章である第14章は，日本語と韓国語の対照研究についてです。韓国語は，中国語のように大量の語彙を日本語にもたらしたということはありませんが，文法的な構造は日本語によく似ています。うえで見た，語順・助詞の使用・活用などについても日本語と類似した特徴を持っています。そのため，日本語話者と韓国語話者が互いのことばを学習するのは比較的容易だと言われています。ところが，これら2つの言語を丁寧に比べてみると，違うところがいろいろ見つかります。文法的な構造が似ている言語どうしを比べる場合にも，おもしろい発見があるのです。

　第14章では，まず韓国語の音声・語彙・文法・文字についての基本事項を説明します。そのなかで，音声・語彙・文法に加え，「ハングル」と呼ばれる文字を話題にします。ハングルは人工的に作り出された合理的な文字として注目されます。この章ではさらに，語の仕組みに焦点を当て，日本語と韓国語の違いを詳しく説明します。そこでは，韓国語の語が文から独立した単位として働くのに対して，日本語の語には文と重なりあう面が認められる，ということが述べられます。外国語と比べることによってこのような日本語の特徴がよく見えてくる，というのが対照研究の醍醐味です。

## 6　広く奥深い日本語学の世界

　本書の内容の紹介はこれで終わることにします。この「序章」に続く各章を読み進めていけば，日本語学の世界がいかに広く奥深い世界であるかが理解されることと思います。私自身，日本語学の勉強をはじめるまえは，日本語学の世界がこんなに広くて深いものとは想像していませんでした。勉強を続けるなかで，その広大さと豊かさに目が開かれたわけです。

　世界には実に多くの言語がありますが，日本語はいろいろな分野についてバランスよく研究が進められている点で，世界でも数少ない言語の1つです。日本語学の諸分野の専門家も大勢います。こうした点は，私たちが大いに誇ってよいことだと考えています。

　各章の冒頭で「この章で学ぶこと」が書かれています。まずこの冒頭の文章に目を通し，おおよそのイメージが浮かんだところで，本文を読み進めていってください。すべての章にそれぞれの著者からの大事なメッセージが込められ

ています。皆さんには，これらのメッセージをしっかり受け止め日本語のさまざまな面に関心を持っていただくことを願っています。

　以上，日本語学への，そして『はじめて学ぶ日本語学』への招待状でした。それでは，各章の著者にバトンタッチすることにしましょう。

## 読書案内

　ここでは，日本語学全体に関わる基本図書などをご紹介します。
① 飛田良文編『日本語学研究事典』明治書院，2007年。
　＊日本語学に関する総合的な事典です。用語その他基本的な情報を知りたいときにお勧めです。
② 北原保雄監修『朝倉日本語講座』（全10巻）朝倉書店，2002〜05年。
　＊日本語学の諸分野・諸領域を体系的・包括的に扱った講座です。日本語学の諸問題を概観するのに適しています。
③ 『日本語学』明治書院，1982年〜。
　＊日本語に関する月刊の総合雑誌です。さまざまなテーマが幅広く取り上げられており，研究動向などを知るうえでも参考になります。
④ 『日本語の研究』
　＊日本語の専門的な学会である「日本語学会」の学会誌です。専門的な研究がどのようなものかを知るには，学会誌に目を通してみるのも一案です。
⑤ 国立国語研究所のホームページ
　＊日本には日本語を専門的に研究する「国立国語研究所」という国立の機関があります。研究所のホームページ（http://www.ninjal.ac.jp）にアクセスし，いろいろな情報に接してください。

---

### ▎ *Column* ▎

**時代は変わる，そして，ことばも**

　'時代は変わる'というのが今を生きる私たち誰もが感じることではないでしょうか。そう，時代は本当に変わるものです。そうした感慨は，明日が今日のままであってほしいという私たちの素朴な気持ちから来るものでしょう。そのような気持ちをよそに，時代は絶えず移り変わっていきます。でも，時代が変わるからこそ，私たちは過ぎ去ったときに愛情を寄せることになるのでしょう。時代が変わらないものなら，当たり前のものとして通り過ぎていくに違いありません。

　ことばも同じではないでしょうか。私たちは現在使っていることばがこれからもそのままであってほしいという気持ちを抱いています。でも，そうした私たちの気

持ちにもかかわらず，ことばは移り変わっていきます。そして，変わるものだからこそ，私たちはことばというものに愛情を感じ，その変わりゆく様子を嘆き，'ことばの乱れ'を口にするわけです。客観的に言えば，ことばは生きている限り変化していくということに過ぎないのですが，私たちの気持ちからすれば，愛することばが乱されてしまうということになります。

　ことばは移り変わることによってはじめて私たちの意識にのぼります。同じことが地域によることばの違いにも当てはまります。同じ日本語と思っていても，ところが変わればことばも変わります。すべての地域でみんなが同じことばを使うなら，コミュニケーションに困らなくて効率的だということにはなりますが，ことばに対する私たちの関心は失われてしまうでしょう。異なることばに出会うことで，私たちは自分のことばに目覚めるのです。ことばの多様性こそがことばに興味を持たせる原動力です。

　そのうえで，一言付け加えたいのですが，ことばは単に多様だということで済ませることはできません。ことばの多様性を支えるしっかりとした基盤があるということも見逃してはいけないと思います。ことばが時代によって，また地域によって移り変わるとしても，すべてが移ろいゆくわけではありません。そこには確固として揺るがない不変の部分があるはずです。移り変わっていく，されど変わらないものでもある，という一見矛盾した2つの顔を持つことがことばの本質であり，魅力の源泉ではないでしょうか。

# 第 I 部
# 日本語話者に身近な分野

# 第1章 日本語史

金水　敏

― この章で学ぶこと ―

　ことばは，今生きて話している人々の知識の体系であり，ことばの使い手はことばの歴史を直接知っている必要はありません。しかし，ことばの知識は親や先輩の話し手から伝えられたものと，今の世代の話し手が付け加えたものが共存するのが普通であり，実は今のことばの知識のなかにことばの歴史が紛れ込んでいるというのも事実です。何が古くて何が新しいのかということは，世代間に受け継がれながら変化していくようすを知ることによって初めて知ることができます。

　第1節では，ことばが変化するということはどういうことか，あるいはなぜ変化するのかという問題について，「無意識的，無選別的な変化」と「意識的，選別的な変化」とに分けて考えます。前者は音声言語（話し言葉）に多く見られ，"気がついたらいつの間にか変わっていた" と感じさせるような変化です。後者は，"こちらの方が時代にふさわしい，わかりやすい，賢そうに聞こえる" 等の理由で人々に選択されるような変化です。本章では，まず第2節で日本の歴史にそった主な文献資料を紹介します。次に第3節で，「意識的，選別的な変化」の例として，語彙史を取り上げます。続いて「無意識的，無選別的な変化」の例として第4節では音韻史を，第5節では形態論の歴史を交えながら考えます。

**キーワード**
　時代区分，文献資料，語彙史，音韻史，仮名遣い，四つ仮名，形態論，活用

## 1　言語の歴史とは何か

　事実として，言語は変化します。絶えず変化している，といっても過言ではないでしょう。それは一体なぜでしょうか。変化の理由・原因は，変化の種類ごとに異なっています。言語の変化には，無意識的，無選別的な変化と，意識的，選別的変化があります。前者の典型は，ことばの音の変化（音声・音韻変化）です。後者の典型は語彙（単語の集まりのことを「語彙」と言う）の変化

です。
　音声・音韻変化は，普通，人々が気づかない間に進行していることが多いのです。あるいは，気づいたらすでにかなり進行していたりします。例えば，ザ行の「じ」とダ行の「ぢ」，ザ行の「ず」とダ行の「づ」を現在ほとんどの地域では読み分けることをしませんが，平安時代にはそれぞれまったく別の発音で読まれていました。京都では，17世紀初め頃までには区別がなくなってしまったようです。しかし，「じ」「ぢ」「ず」「づ」という文字の違いは残るので，和歌を詠む人などはどちらの字を使ったらいいのか頭を悩ませました。そのため，「四つ仮名」という名前まで付けました。『蜆 縮 涼 鼓 集』（1695年刊）という，四つ仮名の書き分けのみを扱った本ができたくらいです（「しじみ，ちぢむ，すずむ，つづみ」という四つ仮名を使って書く単語を並べて書名にしています）。このように，文字遣いに名前がついたり本ができたりするのは，音声・音韻の変化が静かに進行していった結果，気がついたら使い分けがわからなくなってしまった人ばかりになってしまって，途方に暮れる人が多かったからです。
　一方，語彙の変化とはどのようなものでしょうか。例えば和語の「てじな」，漢語の「奇術」，外来語の「マジック」と並べると，単に語の由来が異なる以上に，指し示されているものの質まで違うような気がしてきます。つまり，ここに並べた順番で，だんだん高級でいいもののような印象を与えるということです。これは，自分の表したい対象が価値の高い，いいものであることを指し示したいために漢語や外来語から新しい語を引っ張ってきて用いたことを表しています。また逆に，新しい単語が導入されると，古い単語はなにか古めかしい，みすぼらしいものに聞こえてくるという効果もあるようです（大野・柴田他編，宮島他著 1977）。このような新しい単語の導入は完全に意識的・選別的に行われているという点で，さきの「四つ仮名」とはずいぶん質の異なった変化と言えるでしょう。語彙の内でも「め（目）」「て（手）」「やま（山）」「かわ（川）」「いえ（家）」などの基礎語彙は変化しにくい傾向があるようですが，基礎語彙以外の文化的語彙，学術用語，専門用語等は，世の中の動きに応じて変化しやすいと言えます。
　ここまで，「ことば」あるいは「言語」と一括りにしてきましたが，話しことば＝音声言語と，書きことば＝書記言語は言語変化においてずいぶん違う性質を持っているようです。人間は生まれてまず音声言語を無意識のうちに獲得しますが，書記言語は親にしつけられたり学校で習わなければ習得できません。

音声言語は人間の「本能」と表現する人もいます（ピンカー 1995）。無意識的，無選別的な言語の変化は基本的に話しことば＝音声言語の領域で起こると言えるでしょう。音声・音韻変化はもちろん，その他，動詞や形容詞等の活用の変化（形態変化），係り結びなどの文法変化，「これ」「それ」「あれ」等の指示詞の用法変化なども，音声言語の無意識的・無選別的変化に含まれるでしょう。

一方，語彙変化は音声言語の問題でもありますが，文化的，知的な語彙はむしろ書きことば＝書記言語を通じて広まります。書記言語に関わる現象は，ほとんど意識的・選別的な変化と言えるでしょう。語彙変化の他には，文字，表記，文体に関わる問題がこの種類に入れられます。文法変化は音声言語に属すると言いましたが，文体に取り込まれた文法の問題は書きことば＝書記言語の問題に属します。その他，敬語の変化は，話しことば＝音声言語においてよく発達し，また音声言語のなかで変化していく性質がありますが，話し相手や話の内容に含まれる人物を丁重に扱うという，とても意識的な言語行為に関わる問題ですので，意識的，選別的な変化に入れられると考えます。

## ② 言語資料と時代区分

**文献資料とは**

日本語史の資料は，書かれた資料＝文献資料が中心となることは言うまでもありません。しかし，文献資料は政治，経済，文化等の産物であり，日常の話しことばに近いものから遠いものまでさまざまであり，またその書き手は，時代を遡れば遡るほど，ごく一部の知識人階層の人々に限定されます。つまり，知りたいことを自由に知れるほど文献資料は都合のよいものではありません。文体や文字，表記，また知的な語彙を調べる上では文献資料は直接役に立つ資料となりますが，日常の話しことば＝音声言語を文献資料から知ろうとする場合には，資料の性質をよく知ってからねばなりません。

以下に，時代区分に沿って代表的な文献資料を挙げていきます。時代区分は，政治体制の変化に基づいたものです。文献はその時代の政治・文化と緊密な関係を持っているので，この区分にはよくなじみますが，無意識的，非選別的な音声言語の変化にとっては，政治体制の変化は直接関係がないことに注意してください。文献の作り手は多くの場合，政治・文化の中心に近い人々ですが，音声言語の変化は，身分・階層の上下に関わりなく生じ，むしろ上層部の人々はそうした変化に対して保守的になる傾向があります。

### 上代（7〜8世紀）

　もともと，日本語（大和ことば）に固有の文字はありませんでした。6世紀，中国からの政治的・軍事的圧力に対抗するために，中国から（多くは朝鮮半島を経由して）政治制度，学問，技術，宗教（仏教）等を輸入することによって，多くの書物（お経を含む）や文書が輸入されました。知識人はこれらを学習し，訓読（日本語として読み下すこと）し，自分たちのものにしていきましたが，やがて日本語を漢字を用いて表記することに目覚め，日本語文献と呼べるものが現れるようになりました。代表的な文献として『古事記』（712年），『日本書紀』（720年），漢詩集の形式にならった『万葉集』（759年以降）があります。その他多くの木簡，金石文資料が残されています。この時代の文献は，すべて漢字のみで書かれています。日本語の音を表すためには，漢字から意味を取り去った「万葉仮名」が用いられました。

### 平安時代（中古）（9〜12世紀）

　藤原氏を中心とする貴族政治のもと，宮廷文化が華開きました。漢詩文の読解や作成が盛んに行われ，漢文訓読が発達しました。漢文訓読の補助記号として片仮名が発生・発達しました。また，漢字使用者層が日常的な手紙や文書を書き記すなかで，万葉仮名の草体として平仮名が発生・発達しました。平仮名文献としては，『伊勢物語』（900年頃成立），『土佐日記』（935年成立），『枕草子』（1000年頃成立），『源氏物語』（1008年以降成立），漢字片仮名交じりの説話文集として『今昔物語集』（1106年以降成立）等，今も読み継がれる名作が多数生み出されました。しかしこれら仮名で書かれた文献は必ずしも当時から大事にされていたわけではなく，平安時代の写本（当時は印刷技術がないので，読みたい本はすべて手で写した）で現存するものはきわめて少ないのです。一方で，訓点資料（漢文訓読文資料）はとても大事に保管されて，現在に至るまで多数現存しています。

### 鎌倉・室町時代（中世）（13〜16世紀）

　鎌倉幕府（1185〜1333年）ができて武家が政権を握り，一時朝廷が盛り返し，また室町幕府（1336〜1573年）ができる等の変遷の後，京都に東山文化が栄えましたが，また争乱の時代に入り，応仁の乱（1467〜77年）によって永らく栄えた京都が焼け野原となりました。戦国時代を経て16世紀末には豊臣秀吉が天下統一を果たしますが，関ヶ原の合戦で豊臣方の西軍が敗れ，東軍の徳川家康

が江戸幕府を開くこととなりました。

この時代、平安時代の漢文訓読文的な要素と和文（仮名文）的な要素が混交してさまざまな文体が生じました。また、仏教が広まり、文芸にもその影響が色濃く表れました。『方丈記』（1212年成立）、『平家物語』（13世紀に成立）がその代表と言えますが、特に『平家物語』は琵琶法師と呼ばれる盲目の芸能者が朗唱して大変流行し、また読み物としても成功して多くの写本が作られました。15～16世紀には禅宗の寺である京都五山を中心に中国古典や・仏教書の講義が行われ、その講義録が「抄物」として貴重な話しことばの資料となっています。東山文化を背景に観世親子が古典を踏まえた歌舞劇である能を発達させ、また16世紀には狂言が口語的・対話的な笑劇として発達しました。16世紀中頃から日本に来たカトリックのイエズス会は、布教活動の一環として教義書の他、辞書、文法書、文学書等多数の文献を出版し、中世末期の音声、文法、語彙の貴重な資料となっています（キリシタン資料）。

### 江戸時代（近世）（17～19世紀中頃）

徳川幕府（1603～1867年）による幕藩体制のもと、厳しい身分制度が敷かれ、また外国との交わりを強く制限する鎖国政策が徹底されました。戦乱のない平和な時代が260年余り続きましたが、その結果貨幣経済が発達、町人文化が栄えました。当初は上方（京都・大坂〔現在の大阪〕）が経済・産業・文化において活発でしたが、18世紀後半には江戸の経済が活発化し、江戸文化が開花しました。幕末、アメリカが開国を迫り、幕府が朝廷に無断で日米和親条約（1854年）を結んだことを契機として、各地の武士の間に尊皇攘夷（天皇を尊び、外国を打ち払う）運動が起こり、幕府が弱体化し、ついには1867年に大政奉還（幕府が朝廷に政権を返上）、1868年に明治政府が誕生しました。

徳川幕府は武士の学問として儒学（『論語』等、孔子の教えを学び重んじる学問・宗教）を推奨し、武家を中心に漢学（中国古典学）が隆盛を極めました。上方の町人文化としては、井原西鶴の浮世草子、近松門左衛門の歌舞伎（大衆演劇）・浄瑠璃（人形劇）があります。江戸の町人文化としては、18世紀後半以降の、洒落本、滑稽本、合巻、人情本等の戯作（大衆小説）が挙げられます。歌舞伎は、上方と江戸の両方で発達しました。上方系の文芸・演劇には上方の話しことばが反映されているものがある一方で、江戸の文芸・演劇には江戸語の話しことばが反映されているものがあります。

### 近代〜現代（19世紀後半〜）

　日本は近代国家としての体裁を整えるべく，政治，経済，産業，軍事，教育等のあらゆる分野で改革を進めました。近代印刷技術が導入され，書籍，新聞，雑誌等の出版メディアが発達しました。20世紀になってレコード，ラジオ，映画等の音声・映像メディアも普及するようになりました。20世紀初頭，経済の停滞を脱すべく，日本人は朝鮮半島，中国大陸，南島等に勢力を及ぼしていきましたが，西洋諸国や中国との対立が激化し，日中戦争（1937〜45年），太平洋戦争（1941〜45年）に突入しました。敗戦後，新憲法のもとに日本は再出発，1970年代までに経済，技術，文化等の諸分野において大きく成長し，大国の仲間入りを果たしました。

　日本語史にとって重要であるのは，国民国家の言語としての「国語」が確立し，教育，文化，産業・技術等のあらゆる分野の基盤となった点です。明治時代の初め頃は漢文訓読文を基盤とした漢字片仮名交じり文が政治，行政，学術等の分野で主流となっていましたが，やがて言文一致体（話しことばに近い書きことばの文体）による優れた近代小説が多く生み出されたことが推進力となって多くの分野に言文一致体が採用されるようになりました。

　音声言語の面では，言文一致体の基盤となった首都圏の方言をもとに標準語が確立され，戦前までは学校教育でも方言撲滅運動とセットで標準語教育が推し進められました。レコード，ラジオ，トーキー映画（録音された音と映像をいっしょに流す現在の映画）の普及や，交通の発達に伴う人の移動によって，国民にとって標準語を耳で聞く機会も増加しました。戦後になって，標準語は共通語と言い換えられていますが，放送メディアの一層の発達もあり，共通語の優位性はゆるぎないものとなっています。その反面，一方で各地の伝統的な方言は失われつつあり，ことに琉球列島（奄美，沖縄，先島）の諸方言はいずれも危機的な状況にあります。一方で，日常の音声言語がすべて共通語化に向かっているわけではなく，伝統方言と共通語の接触の影響その他によって新しい方言が生じるなど，日本語のバリエーションはなお存在し続けています。

## 3　語彙史——語種を中心に

### 語種について

　語彙の変化について考える場合には，その語彙が使用される文体・位相（話し手の社会的身分やことばを用いる場面）について考慮する必要があります。

加えて，ここでは，語種の分布の変化に特に着目したいと思います。語種とは，和語，漢語，外来語およびそれらの混成語（和語＋漢語，漢語＋外来語等，複数の語種の組み合わせでできている複合語）の区別を言います。

　和語とは日本語古来の単語，漢語とは漢字の字音によって読まれる単語，外来語はそれら以外の，「近世以前の中国」以外の外国語から音訳によって取り入れた単語と，簡単には言うことができます。現在，普通の文章では，和語は漢字（訓読み）および平仮名によって書き表されます。また漢語は，一部の例外を除き，もっぱら音読みの漢字で書かれます。外来語はもっぱら，片仮名によって書き表されます。

### 上代以前

　上代以前，日本人の祖先の人々は，和語（大和ことば）のみを用いて話していたはずで，中国語の文献を輸入した当初も，漢語はごく一部の知識人の専門用語であったと考えられます。むろん，上代には多くの漢籍，仏典，文書が中国から輸入され，貴族，官僚，役人や僧侶たちが学習・運用に励んでいたので，そのような男性知識人は漢語に親しんでいたでしょう。和歌集である『万葉集』の和歌部分に用いられている語彙は99％以上が和語で，当時の日本人の日常言語をある程度反映していたのではないかと想像されます。

　平安時代にも貴族，官僚，役人，僧侶等を中心に漢文や漢文訓読文が運用され，上流階級の生活のなかに漢語が次第に浸透していったことでしょう。その時漢語の発音は，日本語の文脈のなかで日本語化し，日本漢字音が発生していたと考えられます。例えば「木」という字は中国ではbokのように子音で終わる発音でしたが，このような音節は日本人には大変発音しにくいので，boku（ボク）のように母音を付け足して発音されるようになりました。これはほんの一例ですが，その他にも日本人に発音しにくい要素は，いわば日本風に訛って発音されるようになったのです。

### 平安時代

　平安時代の漢語の使用状況を確かめるために，ケーススタディとして，『源氏物語』「帚木(ははきぎ)」の巻（翻刻で23,150字程度）のテキストを見てみましょう。

（1）「絶(た)えぬべき気色(けしき)ならば，かばかり我に従(したが)ふ心ならば，思ひ懲りなん」と思ひ給へて，ことさらに，情(なさけ)なくつれなきさまをみせて，<u>例(れい)</u>

第1章　日本語史　23

の、腹<sub>はら</sub>だち怨<sub>ゑん</sub>ずるに（日本古典文学大系『源氏物語』1,71頁）
[きっと縁が切れてしまうに違いない様子を見せたならば、これ程、男に服従する気持ちなら、懲りてしまうであろうと思って、ことさらに情けなくつれない様子を見せて、例によって、腹を立て怨みに思うところに]

このテキストには、延べ語数（同じ語でも違う語でも使われた回数だけすべて数える）161語、異なり語数（同じ語は何回使われても「1回」と数える）で78語ほどの漢語が用いられています。内訳としては、「少将」「女房」等の宮廷用語、「格子」「障子」等の建物・調度に関する用語、「調楽」「和琴」等の音楽用語、「吉祥天女」「宿世」等の仏教用語の他、「気色」「随分」「大事」「優なり」「ご覧ず」等の一般用語が見られます。ことに、「気色」は23例ほど用いられ、『源氏物語』の基本語彙の一つと言えるほどです。

### 鎌倉・室町時代

鎌倉時代・室町時代には、引き続いて漢文、漢文訓読文が朝廷や寺院で多く用いていましたが、また仏教があらゆる階層に浸透し、寺院が庶民教育にも関わることによって、仏教用語を中心に漢語が一般的な日本語語彙の中に浸透していきました。今、『平家物語』（覚一別本）の「祇王」の巻（翻刻で約6,970字程度）を調査してみます。この巻は特に仏教色が濃いので仏教用語が多数含まれており、逆に武家や戦争に関わる語彙が含まれていません。平家物語は当時一定以上の身分・教養の人々にとってはなじみのテキストであったので、ここに含まれる語彙は、当時の大人の一般語彙の一部（＋若干の高級語彙）と考えてよいでしょう。

(2) あそびもののすいさん［推参］はつねのならひでこそさぶらへ。其上年もいまだをさ［幼］なふさぶらふなるが、適々（たま〳〵）思<sub>おほせ</sub>たつてまいりてさぶらふを、すげなく仰られてかへさせ給はん事こそ不便（ふびん）なれ。（日本古典文学大系『平家物語』上、96頁）
[芸能者の推参（自分から参じること）は通常の慣習です。そのうえ年齢も未だおさないものが、たまたま思い立って参ってきましたのを、すげなくおっしゃってお返しになることがかわいそうです。]

漢語は延べ語数206語、異なり語数で111語用いられています。「百石」「三人」等の数詞、「御宇」「太政」等の政治・制度関連語彙、「前世」「宿世」等の

仏教用語の他,「不思議」「毎月」「家内」「信ずる」「余念」等の一般語彙が含まれています。

### 江戸時代

　江戸時代は，漢語が広い範囲の人々に一層浸透し，一般化していく傾向にあります。ここでは，19世紀初頭，江戸の一般庶民の語彙を見るために，『浮世風呂』「二編巻之上」（約17,730字程度）を見てみましょう。女湯の部であるので，話者は町人の女性のみです。

（3）　二ばん目のお兄イさんは丁度能お跡とりさ。私どもの惣領どのも，世話ばつかりやかせてこまり切ります。けにも晴にも一人の男だけに，あまやかして奉公にも出しませんから，今での後悔さ。利口発明でも人中を見ねへじやア役に立ませぬ。（日本古典文学大系『浮世風呂』，121頁）

　会話部分のみから漢語を拾うと，延べ語数349語，異なり語数で256語となります（混成語を含む）。ここでもっとも目立つのは「一ぺん」「九十九貫目」などの数詞の使用です。学問や仏教に関わる固い漢語もありますが，大部分は「お茶」「格好」「去年」「巧者な」等，一般的であらゆる品詞にわたる語彙であり，すでに日常会話の中に溶け込んでいる様子がわかります。また「業腹（ごうはら）」「気立て」「順送り」のように和語との組み合わせによる混成語が多いことも，漢語が日常語化していることの証左となるでしょう。

### 近代～現代

　明治時代に入って，西洋の文献が多量に翻訳されましたが，日本語にない新しい概念の多くは漢語で表現されました。その結果，日本語に多量の漢語が導入されることとなりました。これらの漢語はむろん，多くが専門用語であり，一部の知識人の扱うところでありましたが，しかし新時代の到来を感じた一般国民の間にこれらの漢語が流行し，誰もが漢語を口にするという現象が起こりました。江戸時代から連続している古い漢語も受け継がれていますが，翻訳語を起源とする新たな漢語が日常生活のなかにもかなり入り込んでいます。原則的にすべての国民に与えられた初等教育の影響も大きいでしょう。ここでは，2008年に作られた戯曲『働く私』（平田オリザ作，2008年初演）を題材に調査をしてみます。20分ほどのみじかい劇（約6,640字）で，若い夫婦と，流暢に

日本語を話す2体のロボットの会話からなります。

（4） 祐　治：どうして，ロボットは食べないのに，だんだん料理が上手くなるの？
　　　 ロボA：クライアントのお好みを聞きながら，調整します。
　　　 祐　治：そりゃ知ってるけどさ……なぁ，
　　　 郁　恵：うん。
　　　 祐　治：そんなんで，こんな微妙な味が出せるか？
　　　 ロボA：それが，仕事ですから，……
　　　（大阪大学コミュニケーションデザイン・センター編『ロボット演劇』大阪大学出版会，2010年）。

　漢語は延べ88語，異なりで60語を数えます。内容としては数詞の他，一部に「木星」「衛星」「電子回路」「鬱病」「進化」等科学技術に関する用語を含む他は，「意見」「大丈夫」「一緒」「綺麗」等一般的な語彙となります。ただし一般的な語でも江戸時代には無かったり，別の意味で用いられる語があります。漢語の新旧が感じられます。例えば「知識」という語は江戸時代までは仏教用語でしたが，現在ではごく普通の単語です。また『浮世風呂』以前には見られなかった外来語が，「働く私」には「ロボット」「カレー」「ゼロ」「プログラム」「クライアント」「デザート」というように普通に用いられています。これは大きな差異です。

　これらのデータを見る限りでは，『源氏物語』「帚木」の漢語含有率が段違いに低いことを除くと，後の作品は数値的にあまり大きな差はありません。『平家物語』「祇王」が一番漢語含有率が高いのは，文体として，漢文訓読文の影響が大きいからでしょう。『浮世風呂』「二篇巻之上」と『働く私』との間には，近世語彙と近代語彙の質的差異が認められます。数値の増減は，テキストの選択に大きく依存するので，それを歴史的変化と捉えることはできません。

### ④ 音声・音韻史

**上代〜平安時代**

　上代の『万葉集』など，万葉仮名を用いると，8世紀，奈良を中心とする上流階級の人々の発音がかなりの程度わかってきます。それは，万葉仮名のもとになった漢字の発音が，中国語学によってよくわかるようになったからです。

上代の発音で重要な点の一つに,「上代特殊仮名遣い」があります。例えば現在,「き」の発音は1種類しか区別されておらず,だから「き」の仮名も(平仮名のなかに)1個しかありませんが,上代文献をよく調べると,2種類の「き」の万葉仮名があり,単語によって使い分けがあることがわかりました。研究者の間では前者を「き」の甲類,後者を「き」の乙類と呼んで区別しています。このような万葉仮名の書き分けを上代特殊仮名遣いというわけですが,これは発音の違いに基づく仮名の選択であったと現在では理解されています。上代特殊仮名遣いは,イ列ではカ行の他に,ガ,ハ,バ,マ行,エ列でもカ,ガ,ハ,バ,マ行,オ列ではカ,ガ,サ,ザ,タ,ダ,ナ,(マ),ヤ,ラ行で見られます(モの甲乙の書き分けは『古事記』のみに見られる)。

　各行の子音の発音についても,今と違っていたところがあります。サ行子音は,当時は「ツァ　チ　ツ　チェ　ツォ」のような音に近く,またザ行音は「ズァ　ジ　ズ　ジェ　ゾ」のような音だったのでしょう(オ列甲乙の区別は省略。以下同様)。タ行音は「タ　ティ　トゥ　テ　ト」,ダ行音は「ダ　ディ　ドゥ　デ　ド」のような音だったのでしょう。

　面白いのはハ行音で,「パ　ピ　プ　ペ　ポ」つまりp音であったと考えられています。つまり,「光(ひかり)」という単語は「ピカリ」のように発音されていたわけです。

　その他,ヤ行音は「ヤ　ユ　ヨ(甲類・乙類)」の他に,エ列(「ィエ」のような音)がありました。例えば動詞「越ゆ」の連用形「こえ」の「え」はヤ行で,「コ・ィエ」のような発音であったと考えられます。またワ行は現在,ア列音ワしかありませんが,当時はイ列,エ列,オ列音があり,それぞれ「ゥイ,ゥエ,ゥオ」のような発音であったでしょう。

　上代から平安時代にかけて,上代特殊仮名遣い(イ列,エ列,オ列の甲乙の対立)は失われました。ハ行子音は,p音からfに近い発音に変わっていったと考えられます。また,語中語尾のハ行音は11世紀までにワ行音と合流していました。例えば,「川」は上代には「カパ」と発音されていましたが,11世紀(『源氏物語』が書かれたころ)には現在と同じ「カワ」になっていました。このような発音の変化を「ハ行転呼音(てんこ)」と言います。

　ヤ行エ列音「ィエ」は,10世紀中頃,ア行エ列音エとの区別がなくなりました。つまりヤ行は現在と同じヤユヨになった,ということです。ワ行音は上代のままでしたが,ワ行音を書き表す仮名として「わゐゑを」「ワヰエヲ」が用いられました。その後,13世紀までにはワ行イ列音「ゐ」エ列音「ゑ」オ列音

「を」がそれぞれア行の「い」「え」「お」と合流したようです。

### 16世紀以降

16世紀末のキリシタン資料のローマ字表記を見ると，当時の発音がとてもよくわかります。それによると，平安時代以降，京都周辺では次のような変化が起こったことがわかります。サ行子音は「サ　シ　ス　シェ　ソ」のようになり，タ行は現在と同じ「タ　チ　ッ　テ　ト」のようになりました。なお，先に述べた"四つ仮名"「じ」と「ぢ」，「ず」と「づ」にはまだ対立があったようです。ハ行は平安時代と同じ「ファ　フィ　フ　フェ　フォ」です。

平安時代に「あう」「あふ」(あはア列の仮名。以下同様) と書かれていた音（例「やうやう」）や，平安時代に「おう」「おふ」「おお」「おほ」「おを」と書かれていた音（例「多（おほ）し」）は，室町時代末の中間的な段階を経て，江戸時代には区別が無くなり，現在のようなオ列長音になりました。平安時代に「いう」「いふ」と書かれていた音は，キュー，チューのような音に，また「えう」「えふ」と書かれていた音はキョー，チョーのような音になりました。これらを拗長音と言います。

これらの変化の結果として，例えば「今日（きょう）」という単語は，上代以降，次のような変遷を経てきたことになります。

　　　ケプ　＞　ケフ　＞　ケウ　＞　キョー

まず上代は「ケプ」のように発音されました。平安時代には「ケフ」となり，さらに「ケウ」（ハ行転呼音）のようになりました。そして，17世紀以前に拗長音化して「キョー」と発音されるようになったわけです。

17世紀以降，中央では次のような変化が起きました。サ行は「サ　シ　ス　セ　ソ」となりました。四つ仮名は「じ」「ぢ」，「ず」「づ」がそれぞれ合流して発音の区別がなくなりました。ハ行音は現在と同じ「ハ　ヒ　フ　ヘ　ホ」になりました。

### 発音と仮名遣い

ここで，仮名表記と発音との関係について述べておきます。仮名は誕生した当初は，個々の拍（モーラとも。おおよそ，子音＋母音の組み合わせに対応する）を書き取ることを目的とする文字ですから，発音通りに書くのが原則でした。ところが音声・音韻に変化が生じた場合，その変化の過程は気づかれない

ことが多く，必ずしも仮名の使い手が発音の変化を忠実に書き写すとは限りません。むしろ表記が変わってしまうと違う単語のように詠まれてしまい，文字本来の働きを果たさなくなる危険があります。そもそも文字・表記は，時間や空間を越えて相手にメッセージを届けることを目的とするので，本質的に保守的なのです。

さて発音が変わってしまうと，表記と発音の間に差異が生じることとなります。発音の支えを失うと，表記者の側に迷いが生まれ，揺れが生じます。例えば，「川」をカワと発音するようになった時点で，「かは」と書くべきか，「かわ」と書くべきかは，その時代の人には判断ができません。またそのような揺れを収束して，"正しい"表記を求めようとする欲求も生じます。例えば13世紀の高名な歌人，藤原定家が行った表記を，定家を慕う人々はまねしようとしました。その結果定家の用いた表記をもとに仮名表記の規範が生まれ，これを「定家仮名遣い」と称することが起こりました。定家仮名遣いは和歌の世界では重視されましたが，江戸時代になると「定家仮名遣い」を根拠薄弱として，より古い写本の表記に依ろうとする国学者の一派が現れました。これが「歴史的仮名遣い」の起源です。歴史的仮名遣いは，明治時代に日本語の正書法として採用され，一般化しました。歴史的仮名遣いは第二次世界大戦中まで広く行われていましたが，終戦後はこれに変わって「現代仮名遣い」（1946年，1986年）が教育界その他で採用されることとなりました。現代仮名遣いは発音通りの表記が原則ですが，それでも助詞の「は」「へ」「を」やオ列長音，四つ仮名表記等に，表記の"慣習"として歴史的仮名遣いの痕跡を残すこととなりました。

## 5　形態論——動詞の活用

### 古文と現代語の動詞活用の対応

中学・高校で古文がきらいという人の多くは，文法でつまずいています。動詞の活用や助動詞の暗記が嫌われる元凶のようです。古文は，実は現代語の昔の姿であり，そこには歴史的なつながりがあります。つまり，何も教わらなくても知っている現代語の文法を最大限に生かし，現代語の文法と関連づければ，古文の文法はもっとわかりやすい，身近なものになります。

現代語の動詞活用について整理しておきます。現代語の動詞の活用の型は，5つの種類に分けられます。学校文法で言う，「五段活用」，「上一段活用」，

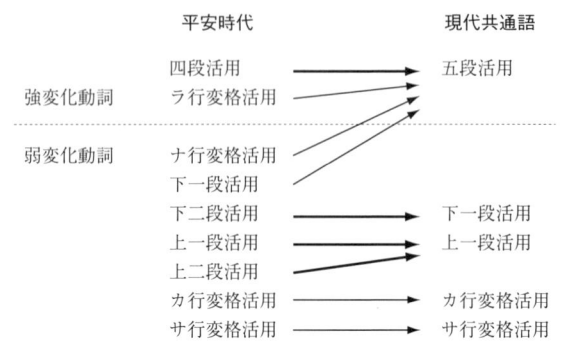

```
              平安時代                    現代共通語

              四段活用        ━━━━▶    五段活用
  強変化動詞    ラ行変格活用    ━━━━▶
        ┄┄┄┄┄┄┄┄┄┄┄┄┄┄┄┄┄┄┄┄┄┄┄┄┄┄┄┄
              ナ行変格活用
  弱変化動詞    下一段活用

              下二段活用      ━━━━▶    下一段活用
              上一段活用      ━━━━▶    上一段活用
              上二段活用
              カ行変格活用    ━━━━▶    カ行変格活用
              サ行変格活用    ━━━━▶    サ行変格活用
```

図1-1 古文（平安時代）動詞活用と現代共通語動詞活用の対応関係

表1-1 平安時代の強変化動詞活用表

|  | 四段 | ラ変 |
|---|---|---|
| 例 | 書く | あり |
| 未然形 | かか（む） | あら（む） |
| 連用形 | かき | あり |
| 終止形 | かく | あり |
| 連体形 | かく | ある |
| 已然形 | かけ（ば） | あれ |
| 命令形 | かけ | あれ |

「下一段活用」，「カ行変格活用」，「サ行変格活用」です。また活用形として，未然，連用，終止，連体，仮定，命令の6活用形が教えられています。現代語と古文（平安時代）の動詞活用は，どのような関係にあるでしょうか。それを一覧したのが図1-1です。

　ここで，「強変化動詞」と「弱変化動詞」という分類を新たに導入しました。この区別は次のようにしてつけます。現代語で，「て」の形と連体修飾の形（連体形）を比べた場合，五段活用動詞は「指して」「指す（とき）」のように長さが変わりませんが，それ以外の動詞は「起きて」「起きる（とき）」のように，連体修飾の形で1拍長さが伸びます。この1拍延びた音「る」を持つ動詞を弱変化動詞，持たない動詞を強変化動詞と呼ぶことにします。

　図1-1で，太い線で示されているのは，組織的な推移で，グループとしてどっと推移したことを表しています。細い線は，マイナーな動詞で，語数も少ないグループの動きです。これらの推移は，2つの変化としてまとめられます。1つは，マイナーな動詞が最大メジャーな動詞グループ五段活用（実は四段活用と同じ）へ吸収・合併されたこと，もう1つは，「〜二段動詞」が「〜一段動詞」に鞍替えしたことです。あとは，「昔の名前」のままです。この2つの変化には，「連体形・終止形の合流」「二段活用の一段化」という2つの動きが関係しています。

表1-2 平安時代の弱変化動詞活用表

|  | ナ変 | 上一 | 上二 | 下一 | 下二 | カ変 | サ変 |
|---|---|---|---|---|---|---|---|
| 例 | 死ぬ | 見る | 起く | 蹴る | 受く | 来 | す |
| 未然形 | しな(む) | み(む) | おき(む) | け(む) | うけ(む) | こ(む) | せ(む) |
| 連用形 | しに | み | おき | け | うけ | き | し |
| 終止形 | しぬ | みる | おく | ける | うく | く | す |
| 連体形 | しぬる | みる | おくる | ける | うくる | くる | する |
| 已然形 | しぬれ | みれ | おくれ | けれ | うくれ | くれ | すれ |
| 命令形 | しね | みよ | おきよ | けよ | うけよ | こよ | せよ |

　ここで改めて、古文の9型の活用の種類を、その活用形とともに表1-1および表1-2に挙げておきます。未然形は、「む」を添えた形で示します。

　四段活用動詞は、古今を通じて最大の動詞のグループです。

　ラ行変格活用動詞は、「あり」「をり」「はべり」「いまそかり」(「いまそがり」「いますかり」とも)の4語であると言われます。その他、「〜なり」「〜たり」「〜けり」等の助動詞もラ行変格活用ですので、古文にとってラ行変格活用はとても重要な活用の型であると言えます。ラ行変格活用の特徴は、動詞のなかで唯一、終止形がイ列音「り」で終わる、という点です。

　ナ行変格活用は、「死ぬ」「去(い)ぬ」の二動詞の他、完了の助動詞「〜ぬ」が含まれます。この動詞は、連体形、已然形を除くとむしろ四段活用動詞に似ています。終止形、連体形、已然形だけを見ると、弱変化動詞の特徴を備えています。

　上二段、下二段動詞は、「る」「れ」という延長された語尾を持つほか、終止形の末尾および「る」「れ」の直前の拍がウ列音になるという特徴があります。これに対し上一段、下一段動詞は、これらの拍は未然形、連用形末尾の拍と同音(つまりそれぞれイ列音、エ列音)です。なお上一段動詞は、連用型が一拍のみじかい動詞がほとんどであるという特徴を持っています(例「見る」「似る」「射る」「干る」等)。

　カ行、サ行変格活用動詞は、未然形と連用形の末尾の音が異なる(「こ」と「き」、「せ」と「し」)という点を除くと、上二段、下二段動詞と活用が似ています。

## 平安時代以降の変化

　日本語(特に京都・大阪、東京など中央)の歴史のなかで最大の事件は、終止形が実質上失われ、終止形が担っていた機能が連体形に移行したことです

（連体形・終止形の合流）。京都・大阪では，16世紀末までに完了しました。これは動詞だけでなく，あらゆる述語に同等に起こりました。その原因は，終止形の機能が乏しいためにいわば"リストラ"されたと言えそうです。終止形が失われた結果，ラ行変格活用などは，ラ行四段活用動詞となんら変わるところがなくなり，ラ行変格活用という活用の型自体が失われました。

　また，平安時代の音声言語には，「ぞ」「なむ」「や」「か」が文中にあると連体形で結ぶという，係り結びの現象がありましたが，終止形と連体形の区別がなくなることと相前後して，このような係り結びも中央の音声言語から無くなってしまったようです（どちらが先か，という問題は，ちょうど話しことばを反映した資料の乏しい時期にあたるので，よくわかっていません）。

　ともあれ，この変化により，現代語の動詞の「終止形」「連体形」は実は同じもので，1つにまとめて「終止・連体形」と呼ぶのが正しい，ということになります。

　もう1つの事件は，二段活用の一段化です。これは，上二段，下二段活用動詞の，連体形，已然形の「る」「れ」の直前の拍に現れるウ列音（例「起くる，起くれ」の「く」，「受くる，受くる」の「く」）が，それぞれの未然形・連用形（例「起き」の「き」，「受け」の「け」）と同音になる，という現象です。これは京都・大阪では終止形が無くなった17世紀に入ってから起こりました。その結果，「起きず，起き，起きる，起きれば，起きよ」「受けず，受け，受ける，受ければ，受けよ」のように，ほぼ現代語と同様の活用になりました。上一段活用動詞はすでにグループとして存在していましたから，そこに上二段活用動詞が合流し，新たに大きな上一段動詞のグループとなったわけです。下二段活用動詞は，大挙して下一段活用動詞となりました。なお，平安時代の下一段活用動詞「蹴る」は特殊な動詞で，最終的にラ行四段（五段）活用動詞に合流しました（「蹴らない，蹴り，蹴る」等）。

　この現象の原因は，意味にほとんど関わらないウ列音の活用をなくすことによって，弱変化動詞の活用を簡略化するという効果を持っています。

　なお，ナ行変格活用動詞は，所属動詞が少ないこともあり，活用の型が失われ，四段動詞に吸収・合併されました。

　四段活用動詞と五段活用動詞は，「書こう」というオ列の活用形が加わっただけで実質的な違いはありません。

　これらの変化に見るように，無意識的な変化の多くは，意味の区別にあまり関わらない要素を省略したり簡略化したりするなど，記憶や発音の省力化の方

向に進む，という特徴が見て取れます。図1-1に見るように，中央の日本語の動詞活用は，基本的に合流の方向に進んでいます。そんななかで，主たるグループはグループとして保たれており，周辺の特殊なマイナー・グループが，メジャーなグループに吸収・合併されているわけです。

## 練習問題

1. 現代仮名遣いでは，四つ仮名は「じ」「ず」を本則とし，「ち」「つ」が語の連合によって濁音化する場合（例「べんきょう＋つくえ」＞「べんきょうづくえ」）と同音連呼の場合（「ちちむ」＞「ちぢむ」）に限って「ぢ」「づ」を用いるとしています。次の例で「ぢ」「づ」を用いる例を選びなさい。
　　a．地図　b．布地　c．恥　d．二人連れ　e．弾む　f．続く
2. 次の□に適当な語を入れなさい。
　　a．ガ行五段活用の「漕ぐ」は平安時代には□行□活用で，その連体形は「□」
　　b．ラ行五段活用の「有る」は平安時代には□行□活用で，その連体形は「□」
　　c．ザ行下一段活用の「混ぜる」は平安時代には□行□活用で，その連体形は「□」
3. 漢字「蝶」が日本にもたらされた頃の中国語原音は [tep] のような音でした。日本に受け入れられた時，[tepu] という発音になったと考えられますが，以後，今日に至るまでの変化の過程を推定して示しなさい。

## 読書案内

① 井上史雄『日本語ウォッチング』岩波新書，1998年。
　＊「見れる」「食べれる」等の「ら抜き言葉」その他，「日本語の乱れ」と言われる表現を例にとり，社会言語学的手法を用いつつ，歴史的に考察しています。ら抜きことばの歴史は実は「書ける」「読める」等のいわゆる可能動詞に始まっており，400年以上の歴史をかけて現在も進行中です。
② 野村剛史『話し言葉の日本語史』吉川弘文館，2010年。
　＊助詞「の」「が」の意味や，主格助詞への変化の過程を明らかにしています。また係り結びの起源として，"注釈的二文連置"という説を唱えています。また江戸時代の話し言葉におけるスタンダードとは何であったかを探求しています。
③ 山口仲美『日本語の歴史』岩波新書，2006年。
　＊万葉仮名の発明から言文一致体の完成まで，日本語の歴史を話し言葉と書き言葉のせめぎあいとして捉えています。柔らかい文体で易しく楽しく学ぶことができます。

## 参考文献

大野晋・柴田武他編，宮島達夫他著『岩波講座日本語9　語彙と意味』岩波書店，1977年．

S・ピンカー著，椋田直子訳『言語を生みだす本能』(上)・(下) 日本放送協会，1995年．

### 🔖 Column 🔖

#### 活用の歴史と方言差

　上代・平安時代の動詞活用と現代共通語との活用の違いとして，いわゆる「音便形」の位置づけの違いもまた挙げられます．四段活用動詞に「て」「たり」が付加された場合，語尾が「促音，撥音，狭母音（イ，ウ）」等に弱化して音節数が減るという現象が起こります（例「書きて＞書いて」）．これが音便形ですが，音便が起こるかどうかは文体や文脈によって異なり，またたまたま起こったり起こらなかったりすることもあります．

　これに対し，現代語では，五段動詞に「て」「た」「たら」「たり」が付いたとき，「書きて＞書いて」「立ちて＞立って」など活用行によっては必ず起こります．

　音便を起こさないのはサ行四段活用動詞のみです（例「指して」）．このような音便の必須化は16世紀末には確認できます．

　ところで，このような音便形の選択には方言差があって，アワ行五段活用動詞（かつてのハ行四段活用動詞）の音便形は西日本の広い地域ではウ音便およびその変化形ですが，東日本では促音便になっています（例　西日本「買うて」対　東日本「買って」）．東西方言の違いということで言えば，弱変化動詞の命令形語尾は西日本では広く「よ」の変化した形が見られますが，東日本では「〜ろ」が現れます．

|  | 西日本 | 東日本 |
|---|---|---|
| 上一段 | 見い | 見ろ |
| 下一段 | 受けえ | 受けろ |
| サ変 | せえ | しろ |

　西日本の形態は，「見よ」「受けよ」「せよ」等，古文の形式からの変化と考えられますが，東日本はもともとの東日本の方言形に基づくもののようです．共通語の形式はほぼ東日本の形式が取り入れられていますが，カ行変格活用「来い」のみ西日本の形式に沿っています．この「来る」の命令形も，東日本の方言によっては「来（け）ろ」など「〜ろ」の形が用いられます．こういった対立は，すでに19世紀初頭の江戸時代の江戸語資料（歌舞伎，戯作など）で観察されます．

動詞活用以外にも，例えば断定の助動詞（西日本「雨じゃ」東日本「雨だ」），打ち消しの助動詞（西日本「書かぬ／書かん」東日本「書かない／書かねえ」），形容詞連用形（西日本「赤うなる」東日本「赤くなる」）の対立が江戸時代の作品にすでに見え，現代の方言でも観察できます。

# 第2章 方言

大西拓一郎

― この章で学ぶこと ―

　この章では，方言を扱います。方言とはどのようなことばなのかということからはじまり，それがどのようにしてできたのかまで考えてみることにします。

　方言とは何でしょうか。テレビなどで話題になる地方で使われる面白いことばや言い回しみたいなものが方言でしょうか。

　方言が何なのかはともかく，土地が変わるとことばも変わるということは，何となくわかります。それでは日本のなかではどのようになっているのでしょうか。沖縄のことばはとても変わっているようですが，沖縄県に入ると急に変わるのでしょうか。東北の人の発音は難しそうに聞こえますが，どこからそのような発音が使われるようになるのでしょう。

　そのようなことばの違いが方言だとして，方言の対になることばに共通語があります。共通語というのはどのようなことばなのでしょう。東京の人が使っていることばでしょうか。都会の人が使っていることばでしょうか。アナウンサーが使っていることばでしょうか。また，共通語とよく似た意味のことばで，標準語というのも耳にすることがあります。共通語と標準語というのは同じなのでしょうか。

　自分では全国どこでも誰にでも通じると思って使ったことばが，理解されなかったという経験はないでしょうか。例えば，南九州では，黒板に書かれたチョークを消すための道具をラーフルと言います。学校でもあたりまえに使われていることばですから，それが別の地域では通じないとは思いもよりません。

　それでは，以上のようなことばの違い，場所が離れると発生することばの差は，どうして生まれたのでしょうか。ずっと昔からあったのでしょうか。そして，将来はどうなるのでしょうか。考えてみましょう。

**キーワード**

　方言，俚言，共通語，標準語，方言区画，方言の形成，ことばの変化，通じることば

# 1　方言とは何か

**日本語はひとつなのか**

　いろんな人とお話をしてみると，旅行が趣味だという人がけっこういるものだなあと思います。そんななかでも海外旅行が楽しいという人が割と多いようです。私は仕事柄，旅に出ることが少なくありません。旅先のことに思いをはせるのは楽しいのですが，いったん旅にでると，方向がすぐにはわからない，何かとしきたりが違う等々，いまひとつ心の底から楽しめないというのが正直なところです。とりわけ海外に行ったときには心細くて，早くおうちに帰りたいとばかりに，幼児のような泣きべそ顔にいつもなっているのではないかと思うほどです。

　その点，国内ならどこでも日本語が通じます。ですから，海外旅行と違って，国内旅行は気が楽です。ホテルや旅館，駅や空港での受け答えに困ることはほとんどありません。行き先に迷って尋ねれば，道行く人から日本語で教えてもらえます。あたりまえのことながら，海外旅行のことを考えると何と気軽なことでしょう。

　そんな旅先で，地元の人どうしが話していることばにちょっと聞き耳を立ててみます。あまりお行儀のよいことではありませんが，聞こえてくるものはしかたない，ということにしておきましょう。するとどうでしょう。思いのほか，言っていることがわからないものです。もちろん，話題があまりにローカルということもあるでしょう。でもそれだけではなく，ちょっとした言い回しや単語そのものがわからないということは，少なくないはずです。

　地元の人と話をしてみるとどうでしょう。以前は，何を言われているのかさっぱりということもありましたが，最近はほとんどそういうことがありません。たいていのことは理解できるでしょう。でも，家族や友達とおしゃべりする時のように話し，聞くことができるでしょうか。どこか音の高低が違ったり，何となく意味がわからないところがあったりするのが普通だと思います。

　旅先で使われているのは日本語です。普段使っているのも日本語です。同じ日本語ですが，違う日本語なわけです。

**方言とは**

　進学するとつきあいの範囲が広がります。中学校は市区町村内のいくつかの

小学校を卒業した人たちが，ひとつの学校に集まることが多いと思います。場所にもよりますが，小学生にくらべてはるかに広い地域の人たちとつきあうことになるでしょう。高校となるとさらにそれが広くなります。都道府県全体や近隣の都道府県に範囲が及ぶことも少なくないでしょう。大学に入ると日本全国から人が集まってきます。そうなるとことばの違いが話題にあがることが多いことでしょう。自分のふるさとにはこんな言い方がある，よその地方出身の人が使っているこのことばがわからない，このことばがよその地方の人には通じないとは思ってもいなかった，などなど，ことばをめぐって話に花が咲くかもしれません。

進学先ではじめて触れたよその地方のことばも日本語です。みな，自分のふるさとに帰れば，その日本語でおたがいに話し，暮らしているのです。こうしてみると，日本語といってもいろいろな日本語があることがわかります。そして，そのいろいろな様子は，それぞれの人のふるさとにより違っています。このことは，日本語には多様性があり，その多様性はそれぞれの日本語が使われている場所によって決まっている，とも言い換えることができます。このように日本語はひとつではありません。日本語のなかにさまざまなバリエーションがあるわけです。そして，それが使われている場所や地方により異なる日本語，これが日本語の方言です。

すべての人は，どこかの場所に住んでいます。どこかの地方で暮らしています。どんな田舎もどんな都会もすべては「場所」であり「地方」です。ですから，それぞれの意識はどうであれ，だれもが方言を使っていることになります。

### 方言と俚言

こんな会話がありました。

Aさん：「私の田舎は，長野県なんだけど，「捨てる」ことをブチャルって言うんだ。でもこれが方言だっていうことは，最近知った。ほかにも，「前」のことをマエデとか，「間」のことをアイサとか，こんなの方言だって知らないで使ってた。」

Bさん：「私は関西だけど，大阪の方言では「捨てる」ことをホカスって言ってる。友達に東北から来た子がいるけど，その子の方言ではナゲルって言うらしいよ。」

2人の会話がかみあっているのかどうかは別にして，Aさんが使っている

「方言」とBさんの「方言」の意味は同じでしょうか。

　Aさんの使っている「方言」は，Aさんの出身地で使われているブチャル・マエデ・アイサといった単語を指しています。それに対して，Bさんはどうでしょう。大阪や東北といった特定の地域で使われている言語を指して言っているようです。

　日本語として，どちらが正しいとか間違っているということを，ここでは言おうとしているわけではありません。「方言」という語が，複数の意味を持っていることを知ってもらいたいのです。特定の地域で用いられている言語，つまり，中国語とかフランス語と同じように「○○方言」ということがあります。大阪方言とか東北方言とか，九州方言，名古屋方言というのがそれにあたります。一方，ブチャル・ホカス・ナゲルなど，共通語・標準語と呼ばれるものとは異なる単語を指して「方言」と呼ぶこともあります。

　方言を専門に研究する分野は「方言学」といいます。方言学でこれらを厳密に区別する場合に，前者（特定の地域のことば全体）を指すときには「方言」と言い，後者（個別の単語）を指すときには「俚言」と言うことになっています。ですから，「方言」と「俚言」は立派な学術用語（術語）です。

　とは言っても実際には方言学者でも常にこれらを厳密に使い分けているわけではありません。通常は特に区別なく「方言」と言い，必要に応じてこれらの術語で区別しているというのが現実です。しかしながら，「方言」は多義的であり，術語としての「方言」と「俚言」は確かに意味が異なるわけですから，これらの違いを知っておくことは大事なことです。

　ただし，あまり厳密に使い分けるとかえってわかりづらくなります。そこで，この章のなかでも特別に区別する必要があるときを除いて，「方言」という用語を用いますが，「方言」と「俚言」のいずれの意味なのか，ときどき考えながら読みすすめてください。

## 2　日本の方言

**素朴な疑問**

　方言学にも国際学会があります。世界にはいろいろな言語があり，それぞれの言語に方言があるのです。そのような方言が世界中で研究されていて，数年に一回，世界中の方言学者が集まり，研究成果を発表するわけです。そのような学会に参加して，海外の方言学者と話をするとたいていの場合，尋ねられる

のが、「日本語にはいくつ方言があるのか」ということです。

　時折ですが、中学生や高校生の訪問を受けることがあります。修学旅行の一環ということもあるようですが、ときにはわざわざ国語研究所の見学だけを目的に訪ねて来ることもあります。地方で生活していると、自分の暮らしている土地やよそのことばに興味がわくのでしょう。日本語の方言について説明を求められることが少なくありません。皆さん、日頃抱いている疑問を整理し、なかなか要領よく準備して来るので感心するのですが、そのときに投げかけられる質問のトップは、国際方言学会と同じで、「日本語にはいくつ方言があるのか」です。

　これに対して答えることは、難しくありません。日本語の方言は、大きくは、本土方言と琉球方言に分かれます。本土方言は、さらに東部方言・西部方言・九州方言の3つに分類されます。このうち、東部方言は、北海道方言・東北方言・関東方言・東海東山方言・八丈方言の5つに分類されます。西部方言は、北陸方言・近畿方言・中国方言・雲伯方言・四国方言の5つに分かれます。九州方言は、肥筑方言・豊日方言・薩隅方言の3つに分かれます。一方、琉球方言は、奄美方言・沖縄方言・先島方言の3つに分類されます。

　以上を総計すると、本土方言が東部方言に含まれる5つと西部方言の5つと九州方言の3つの合計13の方言からなり、琉球方言が3つに分かれますから、日本語には全部で16個の方言があることになります。

　この分類は、日本の方言学の母と称されることもある東条操（とうじょうみさお）という方が導き出したものです（「母」と言っても実際は男性です）。東条先生は、前節で述べた方言と俚言を区別し、各地の方言を言語としてきちんととらえ、日本語全体にどれだけの方言がどこを境界として存在し、それらの系統関係を明確にすることにこそ方言学の目的があることを主張されました。東条先生の考え方は、「方言区画論」と呼ばれます。

　今挙げた16個の分類は、東条先生が最終的に設定された方言区画に従うものです。それぞれの方言の位置は図2-1に示しました。

### 実は難しい「方言区画」

　このように東条先生の最終案に従って答えるだけなら簡単なことです。ところが、この「方言区画」というのは、考え出すと、とても難しいのです。

　そもそも方言区画の結論、つまり、いくつの方言があって、どこで分かれるのかについては、東条先生のほかにも何人もの研究者が提案しています。方言

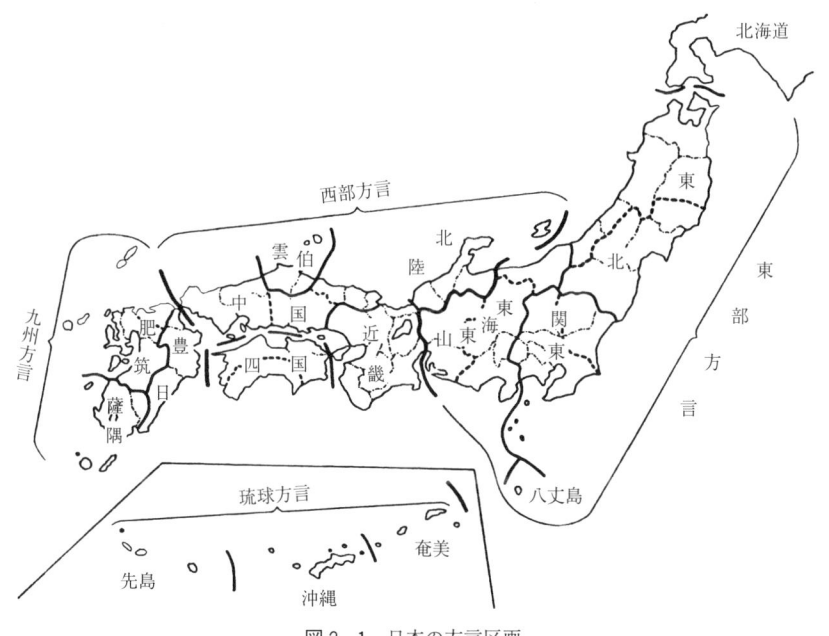

図2-1　日本の方言区画

出典：東条（1954）をもとに加藤（1977）が整理した図。

学の流れをみると方言区画論が盛んに議論された時代があり，そのころには，学界を挙げて1冊の研究書がまとめられたりもしています（日本方言研究会編 1964）。それを読むと，実にさまざまな区画案があることがわかります。また，そこに収められていないものでも区画の考え方として重要なものがあることも知られています（加藤 1977）。まさに百家争鳴と言っても過言ではなさそうです。ところが，方言区画論が下火になると，結局のところは，東条先生の最終案でだいたいのところは落ち着いたというのが現実なのです。

　そのような学問の流れを追求することは興味深いことですし，ここからの話もまったく別のことではないのですが，話題の中心がずれてしまいますので，ここまでにしておきましょう。もとに戻って，区画図をながめることにします。日本語に方言が16あることになっていますが，それぞれがとても広いことがわかります。実際にそこに暮らしている人にとって，どのように受け止められるでしょうか。東北地方の北の方の人のなかには，同じように東北方言になっているけれども南の方とはずいぶん違うという感じを経験的に持っている人も少なくないでしょう。同じようなことはほかの地方でもあるはずです。

さらにはこんなこともあるでしょう。図の境界線の近くに住んでいるけれども，境界線のこちらと向こうよりも同じ区画のなかの別の場所との間の方が大きく違っているといったことです。例えば，三重県の四日市市あたりは，図２－１では近畿方言になっていますが，同じ方言に分類されている大阪市のことばよりも東海東山方言に分類されている名古屋市のことばに類似しているというのが実感ではないでしょうか。また，福島県の南の方の人は，同じ東北方言の青森県のことばよりも北関東のことばの方が近いと感じられるのではないかと思います。

　文化や民俗など人間にまつわることがらは，境界が明確にひけるものと，そうではなくだらだらと異なりが現れていくものがあることが知られています。前者は白黒はっきりコントラストがつき，後者はグラデーションを描くといったイメージです。この後者のような状態は「勾配」と呼ばれます。方言どうしの違いは，勾配的な性格を強く持っています。ですから同じように近畿方言に分類されていても，東の方に行くと東海東山方言的な性格を帯びるようになり，西の方に行けば中国方言的になります。南東北と北関東でも同じようなことが起こるわけです。つまり，そもそも勾配的な事態に対し，明瞭な「線」で境界を引き，左右に分けるというのは，方法としてそぐわないものなのです。そう考えると，日本語には16の方言があるというのは間違いではないのですが，だいたいの目安にすぎないことになります。

　ただし，ひとつだけ気をつけておきたいことがあります。それは，勾配的性質があることは否定できないものの，かなり違いが明確な境界も存在しているということです。そのひとつは，日本語の方言を分類した際の最初の区切りにあたる本土方言と琉球方言です。図では奄美の北に線が引かれています（したがって，鹿児島と沖縄の県境ではありません）が，ここを境界とした方言間の異なりは，他の境界と同等に論じられない明瞭さを持っています。具体的には発音（本土の５母音に対し，琉球は３母音が基本）や文法（本土にはない文法上の意味区別が琉球にはある）といった言語としての根本的なところがかなり違っているのです。そんなこともあって，日本語と琉球語のような名称を与えて分けることもあるくらいです。もうひとつは，八丈方言です。東部方言のなかに分類されていますが，この方言は文法のなかでも活用のような基本的な語形の作り方において，かなり際だった特色を持っています（八丈方言には他の本土方言にはない終止形と連体形の区別がある）。地図上の境界線は皆同じように示されていますが，言語的に見た場合にどのような性質の異なりがあるの

かに注意が必要です。

## ③ 方言と共通語

**通じることば**

　テレビやラジオでニュースが流れます。大きな事件のこと，スポーツのこと，県内の話題などのほか，天気予報も知らされます。そこでは，誰が聞いてもわかることばが用いられています。

　旅先であなたは道に迷ってしまいました。畑仕事をしている人に道を尋ねます。自分の出身地の方言で話すと通じないのではないかと心配です。そこで，よその地方の人が聞いてもわかることばで尋ねることにしました。畑仕事の手を休めて教えてくれるおじさんも，旅の人にわかるように気遣い，ことばを選んで教えてくれるかもしれません。

　ある地方の家庭を想像してください。今夜は，おでんです。お料理をしていたお母さんが，「あっマルヤマ忘れたわ，ちょっと買ってきてくれる？」とお父さんに頼みます。買い物に行くお父さんがいっしょに来いと言うので，ついていくことにします。ところが，近所のお豆腐屋さんは，日曜日はお休みでした。うちからちょっと離れた駅前のスーパーまでお父さんの運転で行くことにします。面倒くさがりのお父さんは，車で待っているからお前マルヤマ買ってこい，と言います。しかたないので，スーパーに入りましたが，最近店内の改装をしたらしく，マルヤマがどこに置いてあるのかわかりません。店員さんに，マルヤマはどこにありますか，と尋ねました。店員さんはおでん種のあるところまであなたを連れて行き，これですね，と言って，「がんもどき」と書かれたパッケージを渡してくれました。

　ことばは，お互いに通じ合うための道具です。話したことばが相手に伝わり，理解され，そして，相手があなたに話しかけ，話を理解する。相互に行き来して，理解し合えることで，ことばの機能が果たされます。そのためには，話し手と聞き手のことばが共通していることが必要です。共通のことばを身につけているからこそ，ことばは通じるのであって，ことばが共通でなければ，互いに理解できません。共通のことばを持たない外国の人とことばで話をすることはできません。方言どうしの場合は外国語と違ってまったく理解不能とまではいかないにしても，細かいところまでなかなか理解が行き届かないことになります。

方言の違いは，外国語ほど違うわけではありませんから，共通のことばがあれば，このような方言の違いをこえてお互いにコミュニケーションを行うのに役立つはずです。これが共通語です。

　ニュースは，誰が聞いてもわかることばで伝えられます。聞く人は不特定多数であり，全国に正確に伝わることばが使われなければなりません。全国の人が関心を持つような重大な事件や命を左右するような天候異変の内容が，人によりまちまちに理解されるようでは困ります。

　しかし，そのようなことばを誰もが使いこなせるとはかぎりません。旅の人に道を尋ねられた畑仕事の人は，目的地までの道順が正しく伝えられればこと足ります。道のりが複雑だったら，途中の目印になる場所までを教えて，後はそのあたりでまた誰かに聞きなさいということもあるでしょう。ごく普通の会話はそんなことで成り立っているものです。

　同じ地域の人どうしは，気安く話ができます。このことばが伝わるかどうかなどいちいち気にすることはありません。「がんもどき」のことをマルヤマと言うのはあたりまえのことです。ただし，マルヤマはよそで通じないことに気づいていない可能性は否定できません。そうだとすると，北陸のとある町に暮らすこの一家の人たちは，旅行先のおでん屋さんで，マルヤマを頼むかもしれません。

　このように考えると，通じることばとしての共通語もいろいろだということになります。

### 標準語・共通語・方言

　全国の誰にでも正確に伝わることばは理想です。そしてそれこそが標準語です。「標準」を標榜するのですから，理想を掲げて当然です。ただし，理想というのは達成するのがなかなか困難なものです。

　通じればよいというだけのゆるやかなことであれば，今の日本では，ほぼ全国的に共通語が行きわたっているといえそうです。ただし，本当に伝わるかどうかは，試してみないとわかりません。地元では普通に使っているから全国どこでも伝わると思いこんでいることばが，よそで理解されないということは案外あるものです。

　「通じる」ことを基準にする共通語ですが，どれくらいの地域で通じるのかは，ことばによって違います。メ（目）・ハナ（鼻）・クチ（口）は，ほぼどこでも使うでしょうし，命に関わるような注意事項を伝えるときでも「メを閉じ

ろ」「ハナから吸うな」「クチから出せ」のように言うはずですから，標準語であると断言できます。それでは，目の縁にできる小さなできものは，メバチコでしょうか，モノモライでしょうか。近畿地方では，メバチコがどこでも通じると思っている人が多いと思います。反対にモノモライは近畿地方の人にはわかってもらえない可能性があります。松の結実のことは何というでしょうか。今では，マツボックリが全国的に通じるでしょうが，マツカサということばもあります。全国ニュースでこれに関わることを伝えようとするときは，マツカサが選択されるかもしれません。

　全国に通じる共通語があり，標準語はそれを基盤に理想的に想定されています。一方，ある程度広い地域で通じることばとしての共通語もあり，もっと狭い範囲で使われるのが方言ということになります。つまり，標準語・共通語・方言は，連続線上にあり，それぞれの間に明確な線引きはできないのです。

## 4　通じない共通語？

### いくつもの共通語

　通じることばとしての共通語があるわけですが，その通じる範囲はさまざまです。ということは，同じことを表す共通語がいくつもありえることを意味します。例えば，黒板にチョークで書いた文字や絵を消す道具がありますが，あれを何と言うでしょうか。コクバンフキでしょうか。コクバンケシでしょうか。コクバンケシに違和感を抱く人もいると思います。「黒板を消す」というのは魔法みたいな言い方であり，黒板に書いた字を消すものだろう，というのはもっともらしい屁理屈であって，「嘘をつくな」ということを「嘘をつけ」というのはいかがなものか，「焼き鳥」「焼き肉」と言うのだから「すき焼き」は変で「焼きすき」と言うべきだ，みたいな話になってしまいます。コクバンケシということばを使っている人にとっては，語源や語構成は問われることなくあたりまえのことなのです。

　この道具をラーフルと言う人もいます。ラーフルと言う人たちには，コクバンケシ同様にあまりにあたりまえな言い方なので，全国どこでも通じると思われているようです。ラーフルが使われるのはおもに南九州ですが，このラーフルということばは，もともとは商品名だったようで，それが普通名詞化したものです。学校で使われているうちにそれらの地方で共通語になったものでしょう。このような商品名の普通名詞化は，模造紙や絆創膏でも知られています。

理想を掲げる標準語と違って，共通語というのは，誰かが定めるものではありません。通じることばとして自然に発生したものです。ですから，人により共通語をどのように認識するのか，ずれがあって当然です。そのずれが大きくなってくると，どれが正しいかという議論が生じます。そして，「正解」を求める意見に応じて，「正解」を振りかざす人が出てきます。しかし，たいていは自然な流れに飲み込まれるものです。自然には逆らえません。

### 通じることでことばとなる

　ことばはお互いに意思疎通するための道具です。通じなければ，道具として成り立たないことになります。新しい言い方が発生して，みんながそれを使って生活しているときに，「それはけしからん，古い言い方に戻せ」とか，「こちらの言い方を推奨する」などと言っても，すでに通じている状況を変えることは簡単にはできないのです。ただし，理想を掲げる標準語レベルでは話は別です。教科書のような規格的な性格を有する強力な普及手段を持ち得るからです。しかし，共通語は通じさせるものではなく，通じることが前提となって存在しています。新しいことばが生まれ，それがみんなに通じるようになれば，古いことばは通じなくなりますから，消えていくのが自然です。これが，先に逆らえないと言った自然です。

## ⑤　方言はなぜあるのか

### 人のいとなみ

　全国誰もが同じことばを使っていれば，行き違いも生じず苦労がないはずです。それなのに面倒なことのもとになる方言があるのはどうしてなのでしょう。
　ここで理解しておきたいのは，人間が他の生き物と比べてどんなに進化して文化や文明を持つようになったと言っても，生身を持つことから逃れるにはまだいたっていないことです。未来のことはわかりません。携帯電話などの情報機器類の急速な展開がさらに進むと，科学小説や映画のようなことが現実になることはむやみに否定できないような気もします。しかし，思考が身体から遊離することは，まだちょっと考えにくい。
　未来のことはともかく，ある場所で暮らす人はそこで生活する別の人と一定の生き方をともにすることが必要です。別の人というのは，他人とは限りません。親兄弟などの家族や親類，また，回覧板やゴミ当番がまわってくる隣近所

や町内会，小中学校のクラスやクラブ活動，行きつけのお店，仕事仲間，同じような趣味を持つ友達グループなどなど，いろいろな人と関わりを持たずに生きていくことができないのが，生身の人間なのです。そんな人間どうしが意思疎通するときにもっとも有効な方法として使うのがことばであることは先にも述べました。そして，意思疎通するためには，それぞれの関わりのなかでことばが通じる，つまり，同じようなことばが共有されていることが求められます。

ことばは変化する
　ところで，その共有されていることばが，不変のものであればそれにこしたことはないのですが，経験的に明らかにされていることとして，ことばは必ず変化することが知られています。このことは，国語で古文を学ぶと実感されます。同じ日本語ですが，古い時代のことばは理解しづらい。これは昔の人が，わざわざ難しいことばで書いたからではありません（正確には，わざわざ書いたということも，あるにはあるのですが，すべてがそうではありません）。実際に時間の流れのなかでことばが変化したからなのです。
　「近頃の若い者のことばはなっていない」「最近使われていることばは変だ」といったことを聞いたり読んだりしたことはないでしょうか。このような話は，最近に始まったことではありません。昔から延々と言われ続けてきています。なぜ，言われ続けるのか。それはまさにことばの変化が止まることを知らないからです。
　このことは日本語だけのことではありません。どんな言語であっても変化します。変化しない言語はありません。ということは，日頃親しんでいる日常的に生活のなかで使っていることばも変化するということにほかなりません。

変化もいとなみも一律ではない
　そのようなことばの変化はどのように進むのでしょうか。このことを詳しく調べてみると，一定の法則があることがわかっています。ただし，これは，ことばのなかのある特徴を持ったことがらが，どのように変化していくかについて法則として整理されているものであって，いつの時代になったら，その変化が発生するかまで予測するようなものではありません。むしろ，変化を起こす時期というものは，まちまちだと言うべきです。ですから同じような特徴のことばを持った地域が2つあったとしても，同時に変化するわけではありません。
　今，隣り合ったAとBという地域があったとします。そこではxということ

ばを同じく使っていました。ある時，Aではxがyに変化しはじめました。地域のなかでことばが違っていると意思疎通に困りますから，Aではyがしだいに普及し，xは廃れるようになります。しかし，Bではまだその変化が起こらず，xが保たれています。このことで地域AとBの間で，xとyということばの違いが発生したことがわかります。

　これが方言の発生です。人間が地域という一定の範囲に根ざした集団を作って生活していること。そして，その集団のなかでことばという共通の伝達手段を持っていること。そのことばが変化すること。しかし，そのことばの変化の進み方は，地域により違っていること。このことで，地域ごとのことばの違いとしての方言が生み出されるのです。

　ところで，人のつきあいというものは，そう簡単に割り切れるものではありません。時には，小さな集団とつきあい，別の時にはもう少し遠いところの人とやりとりすることもあるはずです。人間というのはその程度の複雑なことを難なくこなす生き物です。ですから，地図上でひいた地域AとBの境界は，これがある程度人間の行き来を拘束するものであることは確かだとしても，あくまでも目安であって，すべてがこの線で割り切れるものではないはずです。一人の人間のことを考えてもそうですから，地域Aに暮らす人，地域Bに暮らす人のすべてについて，また地域AやBに出入りする人，何らかの形で関係する人のすべてについて考えるともっと複雑です。

　方言の境界と一般に言われる地域の境界を較べると必ずしも一致しません。方言の個々の要素，つまり俚言の差を示す境界はさらにいろいろで対象ごとに異なります。それは，このような人間のいとなみの複雑さがあるからなのです。

　方言を考えるとき，このような人間という生き物とその人間のことばのありかたを考えておくことが必要です。

練習問題

1．身近なところで経験した方言の違いと俚言の違いを挙げなさい。
2．標準語と共通語が異なる実例を挙げなさい。
3．実際に発生していることばの変化の実例を挙げなさい。
4．方言の分布を示す資料にどのようなものがあるのか探しなさい。
5．ことばの境界線と行政上の境界線の関係を示しなさい。

読書案内

① 柴田武『日本の方言』岩波新書，1958年。

＊日本語の方言のありかたや標準語・共通語といったものの考え方をはじめて解説した古典です。今から見ると多少古いところもありますが，このような時代がかつてあったことに思いをはせながら読むのも興味深いと思います。
② トラッドギル，ピーター（土田滋訳）『言語と社会』岩波新書，1975年。
　＊さまざまな言語を対象にして，ことばと社会の関係を論じた古典です。ことばというものがそれのみで存在しているわけではないこと，ことばと人間を取り巻く社会との間にどのような関係があるのか，考えさせます。
③ 徳川宗賢編『日本の方言地図』中公新書，1979年。
　＊山登りをする人は，地形図を読むことが求められます。方言の分布図でも同じような「読図」の方法があります。方言の分布には，ことばやことばが対象とするものの歴史が映しだされています。その読図法を解説しています。
④ 佐藤亮一監修『方言の地図帳』小学館，2002年。
　＊国立国語研究所編『日本言語地図』（全6巻）は，世界的によく知られた言語地図ですが，あまりに大部です。そこで，地図を簡略化し，各地図に簡単な解説を付したのが本書です。一家に一冊揃えておくと何かと便利です。
⑤ 真田信治『方言は気持ちを伝える』岩波ジュニア新書，2007年。
　＊柴田先生の『日本の方言』の現代版ともいうべき本です。現代社会のなかにおける方言の位置づけや若者の方言使用，ことばの変化の発生など，生き生きとした方言の現在がとらえられています。巻末のキーワード集も参考になります。

## 参考文献

加藤正信「方言区画論」『岩波講座日本語11 方言』岩波書店，1977年，41-82頁。
東条操「序説」東条操編『日本方言学』吉川弘文館，1954年，7-86頁。
日本方言研究会編『日本の方言区画』東京堂出版，1964年。

---

### ― *Column* ―

**世界の方言学**

　世界中で方言研究がなされていることを本文に記しましたが，研究の内容や研究者と研究対象の関係をみていると地域で違いがあるようです。
　欧米では，ことばの変化や変化の要因に対する関心が強いようです。さまざまな言語の方言を通して普遍的な法則を見いだすことを最終的な課題としているのではないかと思われます。それに対して，アジアではことばの実際や方言がどこで区分されるのかということに力が集中されることが多いように感じます。普遍性といったことを求めるよりも事実に向き合うことが重視されているのかもしれません。
　これと関係しそうなのが，研究者と研究者が対象とする方言との関係です。欧米では，自分の出身地とは関係なく，研究対象としての関心から対象地を選ぶようで

す。例えば，カナダの大学の先生がルーマニアやスペインの方言を研究していたり，ドイツの大学の先生がイギリスの方言を研究したりといったことはごく普通に行われています。日本の国内でも古くはグロータースというベルギー出身の先生が，新潟県ほか各地の方言を研究されていました。現在もアメリカ出身で日本各地の方言を研究している先生やニュージーランドやフランス出身で琉球方言を研究している方など，何人もおられます。

　それに対して，アジアでは自分の出身地の方言を対象とすることが多い。このことは以前から日本と欧米の方言学を比べて言われることが多かったのですが，韓国や中国の方言学の学会に参加してみても日本の方言学に通じる傾向があると思います。なお，これにはむろん例外もあって，日本人で中国の方言を熱心に研究なさっている先生もいらっしゃいますので，すべてにあてはまるわけではありません。

　方言に対する考えや思いの違いが現れているようでちょっと面白く感じています。

# 第3章 敬　語

菊地康人

―― この章で学ぶこと ――

　「同じ内容のことを言うのでも，相手によって言い方を変える（丁寧な言い方をしたり，そうしなかったりする）場合がある」ということは，おそらく世界中どの言語にもあることでしょう。しかし，日本語は，その「言い方を変える」ということが，たまたまいくつかの語について個別的・散発的に行われる，という程度ではなく，体系的な仕組みをなして行われる，つまり体系的に発達した敬語をもっているという点が，世界の諸言語のなかでも特筆に値する点です。

　例えば，「書く→お書きになる」「読む→お読みになる」……というように，多くの動詞について敬語を作ることができます。名詞や形容詞についても「お名前」「お忙しい」などと敬語が作れます。また，敬語の種類も，例えば「言う」なら「おっしゃる」「申し上げる」「申す」など，いろいろなものがあります。「体系的に発達している」というのは，例えばこのような意味です。

　その敬語について学ぶのが，この章の目的です。知識を細かく学ぶというよりも，敬語を日本語学として分析することに重点を置きます。「日本語学として分析する」というのにも，いろいろな分析がありますが，ここでは，敬語にはどのような種類があるか，それぞれの種類はどのような働きをするのかといった最も基本的なところをしっかり分析してみます。

　敬語については，小学校以来，それなりに知識を与えられてきたことでしょうが，そのような知識を知識として確認し勉強するという行き方ではなく，まず，私たち自身で敬語を観察し，そこから何がわかるか，わかることを抽き出していくという行き方をしてみましょう。これが，分析ということです。その過程で，今までは気づいていなかった，いくつかの驚きも，きっとあることでしょう。

**キーワード**

　敬語，尊敬語，謙譲語Ⅰ，謙譲語Ⅱ（丁重語），丁寧語，美化語，〈主語に対する敬語〉，〈補語（向かう先）に対する敬語〉，〈聞き手に対する敬語〉

# 1 「言う」と「おっしゃる」

「ことばの観察から出発し，そこから何かを抽き出していく」という「ことばの分析」を敬語について行うのがこの章の目的です。その結果として敬語の知識をこれまで以上に身につけることにもなるでしょう。

### 「おっしゃる」は〈高く扱う〉表現

はじめに，この節では，「言う」と「おっしゃる」はどう違うかを考えてみましょう。まず，次の2つの文を比べることから始めましょう。

(1) a. 山田さんがそう言ったので，一気に空気が和みました。
　　 b. 山田さんがそうおっしゃったので，一気に空気が和みました。

「山田さん」が同じ人を指すとして，(1)aのように述べる場合と，(1)bのように述べる場合とでは，何が違うでしょうか。述べられている内容（事実）自体は，(1)aも(1)bも同じです。違いは，「山田さん」の〈扱い〉だといえるでしょう。(1)aの「言った」はごく普通の述べ方で，「山田さん」が普通に扱われているのに対し，(1)bでは「おっしゃった」が使われていることで，「山田さん」はいわば〈特別扱い〉されていると感じられます。簡単にいえば，この〈特別扱い〉の表現が敬語なのです。

(1)では，aの「言った」も，bの「おっしゃった」も，どちらもありうる表現で，その違いが問題でしたが，次に〈「おっしゃる」を使うと，おかしい言い方になる場合〉を考えてみましょう。そのような例を考えてみてください。

例えば，次のような場合が思いつくでしょう。

(2) 「おれ，行くことにしたよ。」「え，おまえ，それ本当か。きのう，おまえ，行かないっておっしゃっていたじゃないか。」
(3) 　ドアをうっかり開けたら，押し売りだったんです。その押し売りが，あれ買え，これ買えっておっしゃって，帰らないんです。
(4) 「君のお父さんはどういうご意見だった？」「父は，私が自由に決めていいとおっしゃっていました。」

(2)(3)(4)では，どれも，下線部が「言って」ならおかしくないのですが，「おっしゃって」ではおかしいと感じられます。このことから，どんなことが

抽き出せるでしょうか。

　（2）からは，「おまえ」とか「……じゃないか。」で話すような相手について，その行為を「おっしゃる」と言うのはおかしいことが見てとれます。（3）からは，「押し売り」というような社会常識から見て高く評価されない人について，「おっしゃる」と言うのはおかしいことが見てとれます。これらの場合に「おっしゃる」がなじまないということは，逆にいえば，「おっしゃる」が，その人を高く扱う表現であるという「証拠」になるでしょう。

　（4）がおかしいのは，「他人と話す場合に，自分の父親について「おっしゃる」と言うのはなじまない」ということですが，ここからは，（i）「「おっしゃる」は，その人を高く扱う表現である」ということ（これは，いま見た（2）（3）からも抽き出せますが）とともに，（ii）「自分の身内を高く扱ってはいけない」ということが，セットで抽き出せます。もちろん，話し手自身が「言う」ことを，

　（5）　私がさっきおっしゃったことについて，もう少し補足させてください。

などと言うのも，おかしい言い方です。こう言うとすれば，自分自身を高く扱ってしまうのでおかしいわけですが，（4）の「父」のような身内も，自分自身に準じて考えなければいけないわけです。

　（1）aと（1）bとの比較からだけでも，「おっしゃる」についてある程度捉えることはできましたが，このように（2）（3）（4）（5）のようなケースも観察すると，「おっしゃる」が（「言う」に比べて）〈特別扱い〉の表現であること，より具体的にいえば，その人を〈高く扱う〉表現であることの「証拠」がしっかり示されたことになります。

　なお，いつもは相手のことを「おっしゃる」と言わないような関係にある二人（例えば夫婦）が，喧嘩になると，

　（6）　そうおっしゃるのなら，それでよろしいのではないでしょうか。

というような口をきくことがありますが，これは，形の上で相手を〈高く扱う〉ことで，意図的によそよそしさや皮肉な感じを出す用法です。本来の働きが〈高く扱う〉ものだからこそ，このような用法も派生するのだと考えられます。

「おっしゃる」は〈主語に対する敬語〉

さて,「おっしゃる」は(「言う」に比べて)〈高く扱う〉表現だということの「証拠」を見てきましたが,これで安心するのではなく,次に,「おっしゃる」は,誰を,誰(何)に比べて〈高く扱う〉のかをおさえておきましょう。

まず,〈誰を〉でしょうか。これを考える手がかりとして,先の(2)を,次のように変えてみましょう。

(7)「山田先輩,行くことにしたってよ。」「え,おまえ,それ本当か。きのう,山田先輩,行かないっておっしゃっていたじゃないか。」

(7)も(2)と同じように,話す相手は「おまえ」と呼ぶような相手ですが,(7)では,(2)と違って,下線部「おっしゃって」はおかしくありません。それは,(2)では,「おっしゃる」人は,「おまえ」と呼ばれるその人ですが,(7)では,「おっしゃる」人が「山田先輩」だからだと考えられます。つまり,「おっしゃる」という語は,「おっしゃる」人を——「おっしゃる」の主語あるいは行為者を——〈高く扱う〉語なのです。「主語」と「行為者」は厳密には完全に同義ではないので,より厳密な議論のためにはここを詰めておく必要がありますが,ここではその点は省略して,以下「主語」で代表させることにすると,「おっしゃる」は〈主語に対する敬語〉なのです。あとで見るように,敬語には,これ以外のタイプのものもあるので,この点は重要なポイントです。

次に,〈誰(何)に比べて〉ということですが,これは,〈話し手に比べて高く扱う〉ように感じられるかもしれません。しかし,(1)aと(1)bに戻って考えると,〈普通の扱いに比べて〉,つまり,〈敬語を使わずに普通に(=「言う」という表現で)扱われる人に比べて〉,あるいは〈同じ人が,敬語を使わずに普通に扱われる場合に比べて〉と考えるのが,最もあたっていると思われます。

以上,「おっしゃる」の使い方を十分に観察して,その性質を考えてみた結果,「おっしゃる」は,主語を,普通に「言う」で扱う場合に比べて〈高く扱う〉表現であることがわかりました。「おっしゃる」が敬語であるということの意味を,道筋をしっかりつけて改めて確認できたことになります。これが,日本語学的な分析の方法です。

## 2 「言う」と「言います」

**「ます」は〈聞き手に対する敬語〉**

　敬語には,「おっしゃる」とはまた違うタイプのものもあります。実は,「言います」(の「ます」) も敬語の一種なのです。「おっしゃる」に比べて「言います」は, 丁寧さの程度が軽いと感じられるかもしれませんが, 実は「程度」以外に,「おっしゃる」と「言います」とでは, 質的な違い（働きの違い）もあります。次に, このことを考えてみましょう。

　次の文を比べてみましょう。どう違うでしょうか。

(8) a. 山田さんがそう言った。
　　 b. 山田さんがそう言いました。

　上の文は, 誰（どのような人）に対して発していると考えられるでしょうか。わかりやすい例としては,(8) a は, 例えば友だちや弟妹に話す場合,(8) b は, 例えば先生や目上に対して話す場合だと考えられるでしょう。これから抽き出せることは,「ます」は, 話の相手（聞き手。書きことばなら読み手。以下,「聞き手」で代表させます）次第で, 使ったり使わなかったりする語だということです。言い換えれば,(8) b の聞き手は,(8) a の聞き手に比べて丁寧に扱われているといえます。つまり,「ます」は〈聞き手に対する敬語〉です。先生・先輩その他の目上に対して話すときに「ます」を抜いて(8) a のように言ったとしたら, 一種「失礼な感じ」になってしまうでしょう。（なお, 先に見た

(1) a. 山田さんがそう言ったので, 一気に空気が和みました。〔再掲〕

は,「言った」となっていますが, この文は目上に対して使えます。それは,(1) a では, 文末の「和みました」に「ます」が使われていて, それが聞き手への敬語になっているからです。(8) a は, 文末が「ます」でない形になっていて, 聞き手への敬語になっていないという点で,(1) a とは事情が違います。)

**「おっしゃる」と「ます」の敬語としての働きの違い**

　さて, ここで念のため, 次の二文を比べておきましょう。

(8) a．山田さんがそう言った。(再掲)
　　　 c．山田さんがそうおっしゃった。

　この差は，先にも見たとおり，主語「山田さん」が，普通に扱われているか，高く扱われているかという違いです。
　つまり，(8) a vs. (8) b の「言う」と「言います」は〈聞き手の扱いの違い〉で，「ます」は〈聞き手に対する敬語〉，一方，(8) a vs. (8) c の「言う」と「おっしゃる」は〈主語の扱いの違い〉で，「おっしゃる」は〈主語に対する敬語〉である，と整理できることになります。
　ちなみに，(8) c では，「おっしゃる」によって「山田さん」は高く扱われていますが，「ます」はないので，この文の聞き手は丁寧な扱いを受けていません。つまり，(8) c も，(8) a と同様，友だちや弟妹に言う場合の言い方です。例えば，友だちに対して，先輩（友だちと話し手の共通の先輩）の「山田さん」の話をする場合に，(8) c のように言うわけです。一方，(8) b に戻ると，この文では，話の相手は丁寧な扱いを受けていますが，主語「山田さん」は普通に扱われています。
　では，主語「山田さん」についても高く扱い，聞き手に対しても丁寧に扱おうとする場合の言い方は，どうなるでしょうか。「おっしゃる」と「ます」を両方使った(8) d が，それにあたります。

　(8) d．山田さんがそうおっしゃいました。

　(8) d では「おっしゃる」が主語への敬語，「ます」が聞き手への敬語です。つまり，目上に対して，別の目上のことを話すような場合の言い方です。
　以上のように，〈主語に対する敬語〉と〈聞き手に対する敬語〉とは，区別して捉える必要があります。敬語としての働き（機能）が違うわけです。
　〈主語に対する敬語〉には，「おっしゃる」のほか「いらっしゃる」「なさる」「お／ご……になる」などがあります。これらは伝統的に「尊敬語」と呼ばれてきました（この名称には問題もあるのですが，ここではこの点は不問にし，慣習に従って「尊敬語」と呼んでおきます）。一方，〈聞き手に対する敬語〉には，「ます」のほか「です」があり（この両者をまとめて「です・ます」という場合がよくあります），これらは「丁寧語」と呼ばれてきました（この名称も慣習に従っておきます）。「ございます」も，より敬度の高い丁寧語です。
　以上の要点を整理すると，次のようになります。

表3-1 「尊敬語」と「丁寧語」の整理

|  |  | 〈聞き手への敬語〉（丁寧語） | |
|---|---|---|---|
|  |  | 使う（例，聞き手＝目上） | 使わない（例，聞き手＝友人） |
| 〈主語への敬語〉（尊敬語） | 使う（例，主語＝目上） | 山田さんがそうおっしゃいました。（＝(8)d） | 山田さんがそうおっしゃった。（＝(8)c） |
|  | 使わない（例，主語＝友人） | 山田さんがそう言いました。（＝(8)b） | 山田さんがそう言った。（＝(8)a） |

　なお，ここまでは，主語として，たびたび「山田さん」を使い，それが聞き手とは別人（第三者）であるということで説明をしてきましたが，実際には，主語と聞き手が同一人物である（つまり，相手本人のことを主語として話す）場合も多く見られます。例えば

（9）　すみません。いま何とおっしゃいましたか。聞きとれなくて……。

というような場合です。（9）では，「おっしゃる」で，主語としての相手を高く扱い，「ます」で，聞き手としての相手を丁寧に扱っていることになります。

### ③　「言う」と「申し上げる」

#### 「申し上げる」は誰に対する敬語か

　さて，「言う」意味の敬語でも「おっしゃる」と「言います」とでは敬語の種類が違うことを見ましたが，敬語には，さらに違う種類のものもあります。「言う」意味の敬語としては，ほかに「申す」や「申し上げる」もあることが思い起こされるでしょう。これらは，どんな敬語なのでしょう。

　ここで気をつけるべきことは，「申す」と「申し上げる」は，形が似てはいますが，まったく同じかどうかはわからない，ということです。初めから同じものだという予断をもつのはやめて，一つずつ見ていくことにしましょう。

　まず，「申し上げる」から見ていきます。「申し上げる」を使う場合の例を考えてみると，例えば，次のような場合が思い浮かぶでしょう。

（10）　学生A：先生，あの，先日お願いした件なんですけど，いかがでしょうか。
　　　　教師B：ああ，あのことですね。私としては問題ありませんけど，C

第3章　敬語　57

先生には話しましたか。
学生A：はい。あのあとC先生にも<u>申し上げました</u>が，問題ないということでした。
教師B：じゃあ，まったく問題ないですね。どうぞ進めてください。

　下線部の「申し上げる」は，適切な使い方です。これは，誰に対する敬語でしょうか。直観として，この学生からC先生への敬語のように感じるでしょう。念のため，ほかの可能性も検討してみましょう。〈主語に対する敬語〉でしょうか。そうではありません。この場合，主語は学生A自身ですから，自分に敬語を使うはずはありません。「申し上げました」の「ます」の部分は，先に見たように〈聞き手（この場合はB先生）への敬語〉ですが，「申し上げる」の部分は，B先生への敬語ではなく，C先生への敬語だと感じられるでしょう。

### 誰に対する敬語か——人を変えてみての「実験」

　「感じ」ではなく，もっとしっかりした「証拠」を得るには，どうしたらいいでしょうか。「(10)で，Bを，先生ではなく友人に変えたらどうなるか」「(10)で，Cを，先生ではなく友人に変えたらどうなるか」という「実験」をすれば，はっきりするのではないでしょうか。
　まず，(10)で，Bを，先生ではなく友人に変えてみましょう。

(11)　学生A：あの，この間お願いした件なんだけど，どうかしら。
　　　学生B：ああ，あのことね。私はいいけど，C先生には話した？
　　　学生A：うん。あのあとC先生にも<u>申し上げた</u>けど，問題ないって。
　　　学生B：じゃあ，まったく問題ないね。どうぞ進めて。

　学生どうしの会話で「申し上げる」を使うとは大仰だ，と感じる人もいるでしょうが，(11)の下線部は，決して間違いではなく，正しい敬語です。そして，この「申し上げる」は，学生Bに対する敬語だとは見られません。学生Aは，学生Bに対して「です・ます」も使っていないからです。(11)の「申し上げる」は，C先生に対する敬語だと見られます。
　次に，(10)で，Cを，先生ではなく友人に変えてみると，どうなるでしょう。

(12)　学生A：先生，あの，先日お願いした件なんですけど，いかがでしょうか。
　　　教師B：ああ，あのことですね。私としては問題ありませんけど，C

　　　　さんには話しましたか。
　　学生A：はい。あのあとCさんにも言いましたが，問題ないということでした。
　　教師B：じゃあ，まったく問題ないですね。どうぞ進めてください。

　(12)の学生Aの2つめの発話では，(10)と違って，「申し上げました」ではなく「言いました」を使うのが普通でしょう。これは，(10)の言う相手は先生なのに対し，(12)の言う相手は友人だからです。ということは，「申し上げる」は，「誰それに言う」の「誰それ」を高く扱う敬語だということになります。

### 「申し上げる」は〈補語（向かう先）に対する敬語〉

　このように，(10)と(11)，また(10)と(12)を，それぞれ比べると，(10)の「申し上げる」がC先生への敬語だということが，(10)だけを見ていたときよりも，はっきりしてきました。「申し上げる」は，〈主語に対する敬語〉や〈聞き手に対する敬語〉ではなく，〈「……に言う」の……に対する敬語〉なのです。
　同じような敬語は実はたくさんあって，例えば「お目にかかる」は「……に会う」の……に対する敬語，「お届けする」「ご報告する」も「……に届ける」「……に報告する」の……に対する敬語です。「お招きする」「ご案内する」の場合は「……を招く」「……を案内する」の……に対する敬語で，このように〈「……に」や「……を」にあたる人物に対する敬語〉という一群があります。「「……に」や「……を」にあたる人物」を，「補語」あるいは「向かう先」と呼ぶとすると，これらは〈補語（向かう先）に対する敬語〉です。あとで改めて整理しますが，これらは「謙譲語Ⅰ」と呼ばれる種類の敬語なのです。
　尊敬語の場合，高く扱われる主語は，第三者のときも，話の相手本人のときもありましたが，それと同じように，謙譲語Ⅰの場合も，補語（向かう先）は，第三者のときも，話の相手本人の場合もあります。これまでの例(10)(11)では第三者でしたが，次の(13)では話の相手本人が補語（向かう先）になっていて，「申し上げる」によって高く扱われています。

(13)　先生，あの，先日申し上げた件なんですけど。

　(13)は，先の(10)や(12)の学生Aの最初の文の「お願いした」を「申し上げた」に変えた文にあたります。この場合，「……に申し上げる」の……（補語，向かう先）は，第三者ではなく，話の相手本人です。

## 4　「申し上げる」と「申す」

「申す」も〈補語（向かう先）に対する敬語〉か

　「申し上げる」は〈補語（向かう先）に対する敬語〉である，ということを見てきました。では，ここで「申す」に目を向けてみましょう。語形から受ける第一印象では，「申す」も「申し上げる」も同じような働きで，「上げる」の付く「申し上げる」のほうが「申す」より敬度の高い敬語なのではないか，と思えることでしょう。本当に働きが同じかどうか，先に見た「申し上げる」の文のいくつかを，「申す」に変えてみましょう。

　(10′)　学生Ａ：先生，あの，先日お願いした件なんですけど，いかがでしょうか。
　　　　 教師Ｂ：ああ，あのことですね。私としては問題ありませんけど，Ｃ先生には話しましたか。
　　　　 学生Ａ：はい。あのあとＣ先生にも申しましたが，問題ないということでした。
　　　　 教師Ｂ：じゃあ，まったく問題ないですね。どうぞ進めてください。

　(10′)の学生Ａの２つめの発話は，(10)の下線部の「申し上げる」を「申す」に変えたものですが，これも，敬語の使い方として問題なく成り立ちます。そこで，やはり「申す」と「申し上げる」は同じような働きなのだと考えてしまいがちですが，(10)も(10′)も敬語の使い方として適切だからといって，働きまで同じかどうかはわかりません。(10)の「Ｃ先生にも申し上げましたが」の「申し上げる」はＣ先生への敬語でしたが，(10′)の「Ｃ先生にも申しましたが」の「申す」も同じようにＣ先生への敬語なのでしょうか。

　そうだと感じる人も，もしかしたらいるかもしれません。そうではない，と感じる人もいることでしょう。「感じ」で議論をするのは危険なので，もっとしっかりした「証拠」を求めることはできないでしょうか。上で，(10)については，Ｃ先生を学生「Ｃさん」に変えた(12)を考えました。(12)では，言った相手が「Ｃさん」なら「申し上げました」ではなく「言いました」を使うほうが普通で，このことから，「申し上げる」が「誰それに言う」の「誰それ」を高く扱う敬語だということが確認できたのでした。では，(12)のその部分を「申す」を使って言い換えてみると，どうでしょう。

(12′)　学生A：先生，あの，先日お願いした件なんですけど，いかがでしょうか。
　　　　教師B：ああ，あのことですね。私としては問題ありませんけど，Cさんには話しましたか。
　　　　学生A：はい。あのあとCさんにも申しましたが，問題ないということでした。
　　　　教師B：じゃあ，まったく問題ないですね。どうぞ進めてください。

　この「申しました」は，敬語の使い方として，おかしくありません。ここから何が抽き出せるでしょうか。(12′)の「申す」は「Cさん」に対する敬語ではないということ，より一般的に言えば，「申す」は「……に言う」の……（補語，または向かう先）を高く扱う敬語ではないということが抽き出せます。ということは，(10′)でも，実は，「申す」はC先生への敬語ではなかったのです。

## 「申す」は〈聞き手に対する敬語〉

　では，「申す」は，誰に対する敬語なのでしょうか。これまでに見た，「申す」が使われている二例(10′)と(12′)では，どちらも，聞き手は教師B，つまり学生Aから見れば，改まって丁寧に話すべき相手であることが留意されます。そこで，「実験」として，聞き手を変えて，友人に話す場合に「申す」を使った例を考えてみましょう。例えば，下の(11′)がそれに該当します（これは，先の(11)の下線部を「申す」に代えたものにあたります）。

(11′)　学生A：あの，このあいだお願いした件なんだけど，どうかしら。
　　　　学生B：ああ，あのことね。私はいいけど，C先生には話した？
　　　　学生A：うん。あのあとC先生にも［申した／申しました］けど，問題ないって。
　　　　学生B：じゃあ，まったく問題ないね。どうぞ進めて。

　(11′)の「申したけど」がおかしいのは，「申す」は，普通，「ます」とともに使わなければならないからです。そこで「申しましたけど」とすると，形自体はおかしくないのですが，友人に話すときにそんな言い方はしない，というおかしさがあります。
　以上の観察から，「申す」は〈聞き手に対する敬語〉として働いていると見

られます（(10′)でも(12′)でもそのように働いていたわけです）。先程、「ます」について〈聞き手に対する敬語〉だということを確認しましたが、いま触れた「「申す」は、普通、「ます」とともに使う」ということ自体、性質の近さを感じます。ただ、「ます」が軽い敬語なのに比べて、「申す」は、聞き手に対してかしこまった、あるいは改まった気持ちで使う、敬度の重い敬語です。「ます」が上述の通り「丁寧語」と呼ばれてきたのに対し、「申す」は「謙譲語Ⅱ（丁重語）」と呼ばれるタイプの敬語です（「申す」を「謙譲語」と呼ぶ理由については、あとで触れます）。

要点を改めて整理すると、「申し上げる」と「申す」は、形は似ていますが、「申し上げる」は〈補語（向かう先）に対する敬語〉、「申す」は〈聞き手に対する敬語〉であり、働きが違う、ということです。(10)と(10′)の学生Ａのそれぞれ2つめの発話（下にそこだけ再掲します）、

 (10) あのあとＣ先生にも申し上げましたが、問題ないということでした。
 (10′) あのあとＣ先生にも申しましたが、問題ないということでした。

では、前者はＣ先生への敬語、後者は聞き手（Ｂ先生）への敬語なのです。

## 「申し上げる」と「申す」の違いをしっかり論証する

ここまでのところは、敬語を比較的使い慣れている読者には感覚を共有していただけると思いますが、中には、ぴんとこないと感じる人もいるかもしれません。「申し上げる」が〈補語（向かう先）に対する敬語〉であること、「申す」がその性質をもたないことについて、さらにしっかりした「証拠」を求める――論証する――には、どんな方法が考えられるでしょうか。ここで思い出されるのが、先程「おっしゃる」の働きを確認するときに用いた〈その敬語を使うとおかしい言い方になる場合〉を考えてみる、という方法です。同じような方法を「申し上げる」「申す」の場合でも、とってみましょう。次の各文がおかしいかどうか、チェックしてみてください。

 (14) 私はその泥棒に悔い改めるように［ａ．申し上げました／ｂ．申しました］。
 (15) 「君のお父さんには伝えましたか？」「ええ、父に［ａ．申し上げたら／ｂ．申しましたら］、喜んでくれました。」

(14)(15)どちらも、ａの「申し上げる」を使った文のほうは、おかしいと感

じられるでしょう。これは,「泥棒」や,自分の父親は(事情は違いますが)高く扱われるべき人ではないのに,「申し上げる」で高く扱われているからです。つまり,(14)(15)のaがおかしいということは,「申し上げる」が〈補語(向かう先)への敬語〉であるということの「証拠」になるわけです。一方,(14)(15)のbのほうは——もちろん,「申す」で話すのにふさわしい,それなりの相手と話す場合ならということですが——〈聞き手への敬語〉として少しも問題ありません。(14)(15)のbがおかしくないということは,「申す」には補語(向かう先)を高く扱う働きはない,という「証拠」になります。

「申し上げる」も「申す」も,伝統的には「謙譲語」と呼ばれてきました。どちらも,主として自分の行為に使う(自分が「言う」ことを述べる)もので,自分を低く扱うかのような響きも感じられることから,こう呼ばれてきたのでしょうが,実は,上に見てきたように,一方は〈補語(向かう先)に対する敬語〉,一方は〈聞き手に対する敬語〉だという根本的な違いがあります。

もっとも,「……に申し上げる」の補語(向かう先,つまり,……にあたる人)が第三者ではなく,話の相手本人である場合,つまり,話の相手本人に対して,その人に言う(言った),ということを述べる場合は,

(16) 先生,あの,先日 [a.申し上げた/b.申しました] 件なんですけど。[(16) a は(13)と同じ]

のように,「申し上げる」「申す」どちらも使うことができます。厳密にいえば,「申し上げる」の場合は,「先日……に申し上げた」の補語としての相手に対する敬語,「申す」の場合は,いま話をしているその聞き手としての相手に対する敬語,という違いがあるわけですが,実質的にはどちらも同じような印象を受けるでしょう。このように,補語(向かう先)=聞き手の場合には,どちらを使っても事実上同じような効果になるので,それで,両者の区別がつきにくくなってしまうことにもなります。

しかし,(10)と(10′)を思い出してください。(10)はC先生への敬語,(10′)は聞き手(B先生)への敬語でした。このように,補語(向かう先)と聞き手とが別人の場合は,「申し上げる」と「申す」とでは,〈誰に対する敬語か〉ということがまったく違ってくるのですから,両者ははっきりと区別する必要があります。伝統的に「謙譲語」という名で括られていたこの両者を,近年は「謙譲語Ⅰ」と「謙譲語Ⅱ(丁重語)」に分けるようになってきました。

実は,敬語の研究者たちの間では,いわゆる「謙譲語」のなかに働きの違う

2種類のものが含まれているのではないかという趣旨のことは早くから指摘されていたのですが，当初は，その厳密な「論証（証明）」——「証拠」をあげること——が行われていたわけではありませんでした。その論証として示されたのが，上記(14)(15)のような例です。先程も見たように，これらの文では「申し上げる」はおかしいが「申す」は問題なく，このことから，「申し上げる」は〈補語（向かう先）への敬語〉であり，一方，「申す」はそうではない（→〈聞き手への敬語〉である），ということが抽き出せるわけです（この論証の仕方は，菊地（1979）で行われたもので，例文(14)も同論文のものです）。

「申し上げる」「申す」以外の「謙譲語」についても，同じようにして，「申し上げる」タイプのものと「申す」タイプのものを区別することができます。このようにして，いわゆる「謙譲語」のなかに異なるタイプのものがあるということがしっかり論証され，研究者の世界で確立されたのを受けて，2007年に文化審議会が示した「敬語の指針」でも，「謙譲語Ⅰ」と「謙譲語Ⅱ（丁重語）」とが区別されるに至ったのです。

以上，ことばの研究における科学的な「論証」ということの一例を，また，「研究成果の確立」ということの一例を示す目的も兼ねて，伝統的な「謙譲語」のなかの区別について紹介しました。

### ⑤ 敬語の種類のまとめ

ここまで，「尊敬語」「丁寧語」「謙譲語Ⅰ」「謙譲語Ⅱ（丁重語）」の4種類を見てきました。ここで，種類ごとに，要点を改めて整理し，語例を追加して，本章のまとめとしておきましょう。なお，ここまでのところは，動詞についての敬語を中心に見てきましたが，敬語には，名詞や，ほかの品詞についての敬語もあるので，以下では，それらについても簡単に補っておきます。

① 尊敬語：主語を高く扱う敬語。
〈語例〉おっしゃる，いらっしゃる，なさる，お／ご……になる［例，お使いになる，ご利用になる］，……(ら)れる［例，読まれる，始められる］
〈補足〉形容詞・形容動詞の尊敬語の例は「お若い」「ご立派」などで，やはり主語を高く扱います。名詞の尊敬語は「お名前」「ご住所」などで，その語に「……の」で係る人物（「先生のお名前／ご住所」なら「先生」）を高めます。

②　謙譲語Ⅰ：補語（向かう先）を高く扱う敬語。

〈語例〉申し上げる，伺う，さしあげる，いただく，お／ご……する［例，お届けする，ご案内する］

〈補足〉「いただく」（例，「先生からいただく」「先生に指導していただく」）の場合は，物の動きや行為（上例でいえば「指導する」）の方向について見れば「先生」は「出どころ」「行為者」ですが，「いただく」側から見れば，「先生」は，「いただく」という動詞の〈向かう先〉だと捉えることができます。したがって，「いただく」も謙譲語Ⅰです（上例では，「もらう」「指導してもらう」という場合に比べて「先生」が高く扱われています）。

名詞の謙譲語Ⅰとしては，「突然お手紙をさしあげる失礼をおゆるしください」のような，こちらから先方に向かう場合の「お手紙」などがあげられます。この場合も〈向かう先〉が高く扱われています（なお，「お手紙ありがとうございました」のように先方から自分への「お手紙」の場合は尊敬語です）。

③　謙譲語Ⅱ（丁重語）：主として自分側のことを，聞き手（読み手）に対して改まって丁重に述べる敬語。

〈語例〉申す，まいる，いたす，おる

〈補足〉この章でこれまで見てきた謙譲語Ⅱ（具体的には「申す」）の例文は，すべて「私」のことを述べたものでした。実際，謙譲語Ⅱは，一般に，「私」のことか，「父はそう申しました。」のように身内のことを述べるのに使います。上の定義は，このことを踏まえたものです。

このほか，「兼好法師が申しますには……」などのように，身内（自分側）とはいえない第三者について使う場合も，部分的にはありますが，その場合も，「聞き手に対して改まって丁重に述べる」という働きをしている点は同じです。なお，このような使い方はあるにしても，基本的には自分側に使うものなので，相手側や高く扱うべき人の行為について「先日あなたが（先生が）申しましたように」などと使うのは不適切で，いまの場合なら「おっしゃいましたように」とすべきところです。ちなみに，「申されましたように」も不適切です。

名詞の謙譲語Ⅱとしては，「拙著」「小社」などがありますが，ほぼ書きことば専用です。

④　丁寧語：聞き手（読み手）に対して丁寧に述べる敬語。

〈語例〉です，ます

〈補足〉「です」「ます」は敬語（そのなかの丁寧語）であるとともに，また，文体という面ももっています。それは，「です」「ます」は，使うなら一貫して使う，使わないなら一貫して使わない，というのが一般的だからです。一貫して「です」「ます」を使う文体を「です・ます体」と呼びます。この本も「です・ます体」で書かれています。

　なお，さらに丁寧さの度合いの高い丁寧語として「ございます」もあります。

　付．美化語

　このほか，「お酒」「お料理」などを「美化語」と呼び，敬語の一種として立てることがあります。これらは，実は，誰かに対する敬語というわけではなく，例えば親が自分の子と話すようなときにも使うことばなので，「お」は付いているものの，厳密には，敬語とは区別すべきものですが，丁寧に述べようとするときに美化語があらわれやすくなることは確かですし，広い意味では敬語的なものと見ることもできるでしょう。

　ちなみに，「尊敬語」の名詞（「お名前」）と「美化語」（「お酒」）の区別は，どうつけたらよいでしょうか。「尊敬語は自分のことに使ってはおかしい」という，先に例文（5）で見たことを利用すれば，「私のお名前」はおかしいので「尊敬語」，「私のお酒」（例，「これは私のお酒だから，飲まないでね。」）はおかしくないので「美化語」，というように判断できます。

　以上，敬語について見てきました。敬語についての知識を伝えることを主眼とするのではなく，敬語を日本語学として分析することに重点を置いて述べてきましたが，最後は，上記のように各種の敬語の要点を整理して結びとします。

### 練習問題

1．「尊敬語」は，本文の例文（5）のように，自分について（＝自分を主語として，また自分のものについて）使うとおかしい使い方になります。
　　このことを利用して，次の各語のなかから「尊敬語」を選びなさい。
　　　①お帰りになる，②お金，③おからだ，④お目にかかる，⑤お餅，
　　　⑥お呼びする，⑦お若い，⑧帰りやがる，⑨ございます，⑩ご熱心，
　　　⑪ご報告する，⑫ごらんになる，⑬ご両親，⑭卒業いたす，⑮卒業なさる，
　　　⑯尊敬する，⑰存じ上げる，⑱拝見する，⑲弊店，⑳めしあがる
2．「行く，訪ねる」の意味の「謙譲語」として，「伺う」「まいる」があり，例えば次のように使います。

a．これから山田先生のところに伺います。
　　　b．これから山田先生のところにまいります。
　一見似ていますが，敬語としての働きが同じかどうかを，次の方法で確認しなさい。
　①　まず，次の各文の適否を考えなさい。また，適切な場合，聞き手はどういう人かを想像してみなさい。
　　　c．これから例の悪徳政治家のところに伺います。
　　　d．これから例の悪徳政治家のところにまいります。
　　　e．これから弟のところに伺います。
　　　f．これから弟のところにまいります。
　②　①から，「伺う」「まいる」は，それぞれ，誰に対する敬語だと考えられますか。敬語の種類（謙譲語Ⅰか謙譲語Ⅱか）については，どうですか。
　③　上のa，bは，それぞれ，誰に対する敬語として使われていることになりますか。
3．上記2．を参考にして，前記1．の語群のなかから「謙譲語Ⅰ」を選びなさい。
4．前記1．の語群のうち，「尊敬語」でも「謙譲語Ⅰ」でもないものについて，どのような語か（「謙譲語Ⅱ」か「丁寧語」か「美化語」か，あるいは「敬語や美化語ではない」か「敬語と反対の働きをもつ語」か）考えなさい。

## 読書案内

①　菊地康人『敬語再入門』講談社学術文庫，2010年。(1996年に丸善（丸善ライブラリー）から刊行した同タイトルの著書に一部加筆して再刊)
　＊敬語の苦手な人にも，十分使える人にも役立つ入門書。100項に分けてQA方式で解説し，敬語の基礎知識，上手な使い方，問題になる敬語（例「させていただく」）など，さまざまな話題を一通りカバーしてあります。「学問的な水準・体系性と，わかりやすさ・実用性」「読み物としての内容と，辞書としての利便性」をともに求めたもので，敬語について1冊選ぶなら本書を薦めます。
②　菊地康人『敬語』講談社学術文庫，1997年。(1993年に角川書店から刊行した同タイトルの著書を再刊)
　＊前掲『敬語再入門』よりも豊かに情報を盛り込んだ啓蒙書で，敬語の教科書として代表的なもの。敬語の諸問題をほぼカバーしてあり，内容は相応に豊かですが，予備知識は特になくても読めるように記されています。
③　菊地康人編『敬語』（朝倉日本語講座8）朝倉書店，2003年。
　＊12人の執筆者が分担して敬語の諸相を紹介したもの。理論系（1～4章），社会言語学系（5～7章），敬語史系（8～11章）に分かれ，これまでの膨大な敬語研究の成果のうち，重要な点や魅力的な点を選んで平易に紹介してあります。第12章は，外国人の日本語研究者の目から見た敬語論。
④　文化審議会『敬語の指針』，2007年。

＊文部科学大臣の諮問に答えて，文化審議会が，敬語の専門家による検討を経て，2007年に同大臣に答申したもの。新書判1冊程度のボリュームがあります。web上で入手可能。(http://www.bunka.go.jp/kokugo_nihongo/keigo/guide.pdf)

⑤ 『文学』隔月刊9巻6号（11・12月号［特集＝敬語とコミュニケーションの現在］），岩波書店，2008年。

＊敬語の特集号。狭い意味での敬語にとどまらず，広範な話題に及んでいます。

## 参考文献

菊地康人「「謙譲語」について」『言語』第8巻第6号（6月号），大修館書店，1979年，32-37頁。

菊地康人『敬語』講談社学術文庫，1997年。

菊地康人「敬語の現在——敬語史の流れの中で，社会の変化の中で」『文学』隔月刊第9巻第6号（11・12月号），岩波書店，2008年，8-23頁。

菊地康人『敬語再入門』講談社学術文庫，2010年。

文化審議会『敬語の指針』，2007年。

---

### Column

**「させていただく」**

はじめに，次の場合にどう言うか考えてみてください。

＊ケース① 観光地で，カップルがお互いに写真を撮り合っているのを見たとします。ツーショットのところを撮ってあげようかなと思って，そのカップルに話しかけるとき，何と言いますか。

＊ケース② ぜひ写真を撮っておきたいと思うものを見たとします。例えば，すてきな衣装を着た人，寺社の宝物など何でもかまいませんが，撮るには相手にことわったほうがよさそうです。このとき，何と言って許可を求めますか。

①②の場合の，普通の言い方と，謙譲語の言い方を考えてみてください。

①は，「撮りましょうか。」と答えた人が多いでしょう。これが普通の言い方で，謙譲語を使うなら「お撮りしましょうか。」です。「お撮りする」は「撮る」の〈向かう先〉である相手を高める謙譲語Ⅰです。相手が熟年カップルだったりしたら「お撮りしましょうか」のほうがよさそうです。

②は，普通の言い方は「撮ってもいいですか。」「撮らせてもらえませんか。」といったところでしょうか。謙譲語を使うと「撮らせていただいてもいいですか。」「撮らせていただけませんか。」となります。「させていただく」の形です（「させていただく」は，このように五段動詞に付く場合は，「撮らせていただく」「飲ませて

いただく」等,「せていただく」となりますが,ここでは,「せていただく」の場合も含めて「させていただく」と示すことにします)。

「させていただく」は,この②のようなケースが代表的な使い方です。「させる」(この例なら「撮らせる」)は,いわゆる使役の言い方ですが,この場合は,許可の意味を込めた使役です。つまり,「相手から〈写真を撮らせる(＝撮ることを許す)〉という恩恵を与えていただく」という気持ちで「撮らせていただく」というわけです。上のケース②は,これにぴったりです。

「させていただく」は,このように「相手の好意的な許可・恩恵を得て,そうする」場合に使うのが本来の使い方で,謙譲語Ⅰ「いただく」が使われているので,許可・恩恵の与え手(＝〈向かう先〉に相当します)が高められます。「いいお話を聞かせていただきました。」は,許可ではありませんが,話を聞かせてもらったことを恩恵と捉えているわけです。

ところで,日本語には,人から何かを受けた場合,それが実際には特段の恩恵ではなくても,恩恵と捉えて表現するほうが礼にかなっている,という発想があります。パーティーの出欠を問われて「出席させていただきます。」と答える場合,それは「出席させてもらえるのは,私にとって恩恵です」と捉えた言い方です。実際にはそれほどありがたくないパーティーでも,こう答えるとすれば,それは〈恩恵と見立てている〉ということになります。

ここから,「させていただく」の用法は,いろいろな〈見立て〉の場合に広がっていくことになりますが,過度に広げると違和感があります。例えば,冒頭のケース①で,もし「撮らせていただきましょうか。」と言うとすると,多少とも違和感があるのではないでしょうか。それは,こちらが相手に恩恵を与えるケースだからだと考えられます(もっとも,相手に恩恵を与えるほうの側が言うケースでも,「５％割引きさせていただきます」のように,「させていただく」がそれほどおかしくなく響く場合もありますが)。

日本語学としては,「させていただく」の用法が広がって(あるいは変わって)きていることを,批判したり支持したりすることが大事なのではなく(それは個人の自由でいいと思います),このような現象がなぜ起こっているのかを分析することが大事なテーマになります。分析のキーワードを１つだけあげるなら〈見立ての恩恵〉ということになると思いますが,さらに分析を深めると,いろいろおもしろいことが見えてきます。「させていただく」に興味をもった方は,参考文献欄にある菊地(2008, 2010)をごらんください。

# 第 II 部
# 日本語の仕組み

# 第4章 音　声

中井幸比古

> **この章で学ぶこと**
>
> 　この章ではサ行（サシスセソシャシュショ）の子音を例として取り上げ，日本語の音声を観察するさまざまな方法を学びます。
> 　第1に，サ行子音やそれに類似する音について，日本語に限らず一般的な枠組みに従って見ていきます。発音しているときに口のなかがどのような様子になっているのか，発音された音を音響的に分析するとどのようになるのかを説明します。
> 　第2に，サ行子音のバリエーションを，現代の首都圏の個人差・各地の方言・日本語史の各面から述べます。そしてそれらの相互関係を考えます。
> 　第3に，サ行子音が現代共通語のなかでどのような働きをしているのかを考えます。これを音素論的解釈と言いますが，音素論的解釈は一通りではなく，どの基準を重視するかなどで複数の可能性が出てきます。そのいくつかを取り上げて紹介します。
> 　第4に，外国語学習との関わりを，母語の発音がどのように影響するかという観点から述べます。
> 　本章で取り上げる内容は限られていますが，日本語の子音・母音全体を扱おうとする場合も，似た方法で考えていけると思います。
>
> **キーワード**
> 　音声学，音素論，サ行子音，調音，音響分析，方言，日本語史，外国語学習，子音の弱化，人名などに付くサン

## 1　サ行子音と類似する諸言語の子音

### 音声記号と口の中の様子

　ヘボン式のローマ字で，サシスセソシャシュショは sa shi su se so sha shu sho と書きます。ここでサスセソの子音が s，シシャシュショの子音が sh な

のは，両者の発音が違っているからです。実際に発音してみると，sh は s よりもかなり奥で音が出ていることが感じ取れると思います。

　sh の綴りはヘボン式ローマ字のもので，国際音声記号（IPA＝International Phonetic Alphabet）では共通語の典型的な発音を [ɕ] で表記します。したがって，IPA の簡略表記で共通語の典型的なサ行の発音は [sa ɕi su se so ɕa ɕu ɕo] となります。IPA は [　] で囲みます。

　もう少し詳しく観察してみましょう。図4-1（Catford（2001）から改変・編集）は，日本語だけでなく，さまざまな言語に見られる [s] [ɕ] およびそれに類似する音を示したものです。記号がたくさん並んでいて「大変だ」と思う人があるかもしれませんが，自分自身で実際に舌を動かして種々の発音を試みながらゆっくり読むと，それほど難しくないと思います。じっくり取り組んでください。

　これらの音の調音位置（音を出す場所）は，上側：上の歯〜歯茎〜後部歯茎（歯茎の少し奥のやや膨らんだ部分）〜前部硬口蓋（やや膨らんだ部分よりも少し奥）と，下側：舌尖（舌のほんとうの先）〜舌端（舌尖よりやや内側）〜前舌（さらに内側）の両方の組み合わせで決まります。

　上側（図4-1の(1)〜(4)）についてはお馴染みの方もあるかもしれません。下側の舌のどの部分が近づくか（図4-1の(a)(b)）は馴染みが薄いかもしれませんが，舌尖がどこにあるかに注目するとわかりやすいでしょう。(a)の系列では舌尖が上側に近づいているのに対して，(b)の系列では下の歯の裏に触れたり，近づいたりしています。

　図の音を1つずつ見ていきましょう。まず(a)の4つ（(1a) 〜 (4a)）から。

　[θ]（舌尖・歯）は標準的な英語の "th" の音（例："three" "think"）が該当します。舌が上の歯と下の歯の間から突き出される必要はなく，英語では舌は上の歯の縁または歯に近づいているのが普通です。

　舌尖を上にあげたまま，[θ]の位置から少しずつ奥にずらしていくと[s̺]（舌尖・歯茎）と[ʃ]（舌尖・後部歯茎）になります。上側が奥に移動するにつれて，舌のほうも，接近する部分が少しずつ尖端から裏側に向かって移動していくのがわかると思います。さらに奥の[ʂ]（舌裏舌端・前部硬口蓋）になると，完全に舌の裏側の舌端部分で調音を行うことになります（「そり舌音」と言います）。そのため，舌尖を示す ̺ の補助記号が付いていません。

　[s̺][ʃ][ʂ]の音はあまり身近ではないかもしれません。[s̺]は残念ながら身近な言語に例が見あたらないようですが，[ʃ]はロシア語に現れます（例：

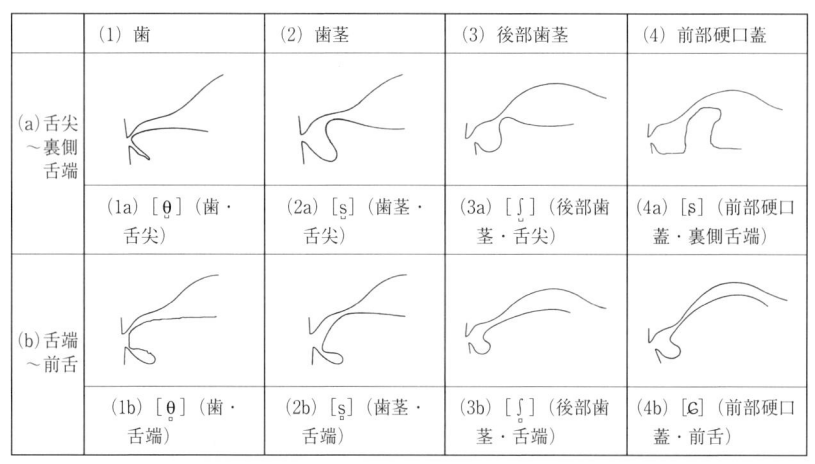

|  | (1) 歯 | (2) 歯茎 | (3) 後部歯茎 | (4) 前部硬口蓋 |
|---|---|---|---|---|
| (a) 舌尖〜裏側舌端 | | | | |
| | (1a) [θ]（歯・舌尖） | (2a) [s]（歯茎・舌尖） | (3a) [ʃ]（後部歯茎・舌尖） | (4a) [ʂ]（前部硬口蓋・裏側舌端） |
| (b) 舌端〜前舌 | | | | |
| | (1b) [θ̻]（歯・舌端） | (2b) [s̻]（歯茎・舌端） | (3b) [ʃ]（後部歯茎・舌端） | (4b) [ɕ]（前部硬口蓋・前舌） |

図 4-1　共通語のサ行子音と類似するさまざまな子音

"ボリショイ劇場"の"ボリショイ"の"ショ"の子音。ロシアで使われるキリル文字で"ш"）。また[ʂ]は中国語でよく聞かれる音です（中国で使われるローマ字表記である拼音で"sh"で表します。例："師，十，是"すべて拼音で"shi"）。ロシア語や中国語を知らない人は，インターネットで「○○語　発音」「そり舌音」などを検索すると，容易にその音声を聞くことができます。最近はインターネット上に豊富な音声が存在しますので，ぜひ試して下さい。

次に（b）の4つ（(1b) 〜 (4b)）について。

[θ̻]（舌端・歯。下の小さな四角は舌端を示します）は，舌尖を下の歯裏の上端近くに付けると発音できます。下の歯裏の根元から歯茎のほうに付けると，必然的に調音位置が奥に移動するため，[s̻]（舌端・歯茎）になります。残念ながら[θ̻]は身近な言語に例がないようです。

[s]は日本語共通語の標準的なサスセソの子音，英語の標準的な"s"（例："sea"）の発音です。標準的な日本語共通語は英語よりやや前寄りのようですが，歯裏にまでは前進しません。舌尖を下の歯の裏に近づけるか，あるいはむしろそこに触れると発音できます。

[ʃ]（舌端・後部歯茎）は標準的な英語の"sh"の音（例："she"）が一例です。英語では唇の丸めを伴うことが多いので，次の[ɕ]より舌の位置が奥にあると錯覚する人があるかもしれませんが，実際にはより前です。唇の丸めを伴わずに発音すれば，シとスィの中間のような非常に異なる音になります。[ʃ]以外の7子音も円唇を伴う発音も不可能ではありませんが，前後に円唇母音が

第4章　音　声　75

来ない限り稀です。

　[ɕ]（前舌・前部硬口蓋）は日本語共通語の標準的なシ,シャ,シュ,ショの子音です。中国語にも似た音があります（拼音で"x"。例：西，吸，夕"すべて"xi"）。日本語のシ,シャ,シュ,ショの子音を[ʃ]で表すことがありますが，これは[ʃ]と[ɕ]などをひっくるめた，ごく大雑把な表記法です。

　なお，[θ]→[s]→[ʃ]と奥に移動するにつれて，調音に参加する位置は，同じ舌端でも少しずつ奥に移動していきます。[ɕ]では舌端というより，より奥の前舌の一部で調音するため，舌端を意味する　の補助記号を付けてありません。

　以上 8 種類の音の区別をきちんと理解することはすぐには難しい人もいるかもしれません。発音し分けることは比較的やさしいと思いますが，このすべてを聞き分けることはやや厄介です。実際，世界中の多くの言語の音声を扱っている Maddieson (1984) の資料をみても，これらの区別が詳細に報告されている言語は少ないのです。同書ではおそらく，[s～s̪]を /*s/ に，[θ～θ̪]を /θ/ に，[ʃ～ʃ～ɕ]を /ʃ/ に，それぞれまとめてあります。さらに，[θ～θ̪]と[s～s̪]のいずれか一方が現れるか区別のない場合も多く，その場合これらを /*s/ としてまとめてあります。ここで/ /は，[ ]のなかの音をまとめたある程度抽象的な単位「音素」であることを示します（第 3 節参照）。そり舌音の[ʂ]は扱われていないようです。

　同書によれば，/*sθʃ/ のうち /*s/ がもっとも多くの言語に見られ，/ʃ/ がそれに次ぎ，/θ/ はかなり頻度が低いです。わずかな例外はありますが，上記の最大 3 種を区別しておけば，ある言語において意味が通じない・意味が変わる・非常に変だ，というようなことはそれほど起こりません。しかし，細かな音の区別を理解しておくことは大切で，きちんとした観察は日本語研究だけでなく音声一般の研究の基礎になります。

　ともあれ，以下では日本語に比較的多く現れる，または日本人にとって馴染みがある[θ s ʃ ɕ]の 4 種を中心に扱うことにします。そして記号も簡略化して，[θ]は[θ]に，[s]は[s]に，[ʃ]は[ʃ]に，[ɕ]は[ɕ]のまま，それぞれ表記します。なお，これまで出ているさまざまな文献で使われている記号はほぼ[θ s ʃ ɕ]に限られていて，舌についての情報が欠けていることが多くあります。

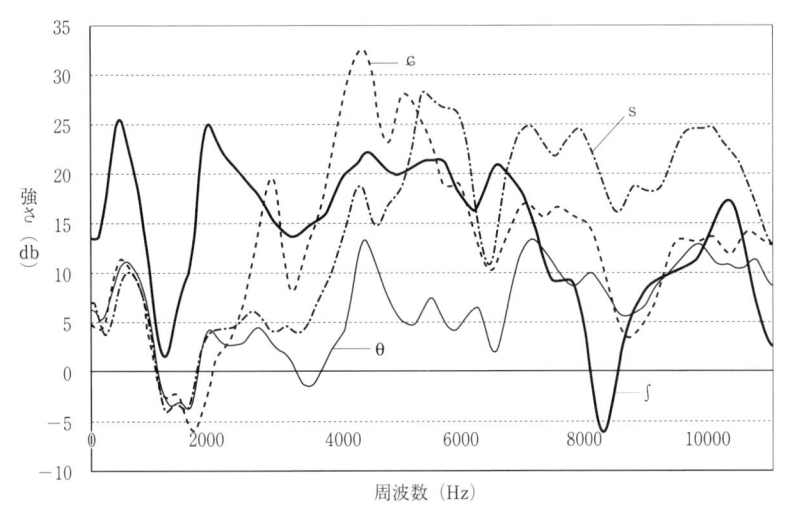

図4-2 [s ɕ ʃ θ]を子音単独で発音した場合のスペクトル

**音響的な特徴**

[s ɕ ʃ θ]（各々上記狭義のもの。[ʃ]は強い唇の丸めを伴う発音）は，音響的にどのように違っているかを図4-2で見てみましょう（発音者中井。音響分析ソフト Praat で測定）。

図4-2でエネルギーが集中している部分（強い部分）を見ると，[s ɕ ʃ]の3つについては，[s]がいちばん高い周波数にあり，[ɕ]がそれに次ぎ，[ʃ]がもっとも低い周波数にあることがわかります。実際，音の高さに着目しながら発音してみると，[s→ɕ→ʃ]の3つはその順に音が低くなっていくように感じられると思います。

また，[θ]は全体的な強さが他の3つとはずば抜けて弱い点が異なります。[ʃ]もやや弱いですが，[θ]ほどではありません。同じくらいの量の息を出しながら4つの子音を発音し，確認して下さい。

## ② サ行子音の変異

**首都圏に見られる発音**

日本語共通語の「標準的な」サ行子音は上記のようですが，現実にはさまざまな変種が報告されています。

首都圏については，例えば以下のような記述があります。

（1）サスセソの子音について
  a．英語の…th の音，またはそれに似た音，つまり［θ］を使う人がいる。今日の若い世代，特に女子に多い（川上 1977）
  b．サスセソの子音を摩擦の鋭い［s］ではなく，［θ］（とその変種）や［l̥］で発音する人も急増している（上野 2004）。
（2）シシャシュショの子音について
  a．若い流行歌手などには西洋式の［ʃ］で発音する者がいる（川上 1977）
  b．東京の下町の人などには「し」に［si］を使う人が稀にある（川上 1977）
  c．スィ［si］とシ［ɕi］との中間のような発音が若い世代で増えている。（井上（1989）およびそれが引用する諸文献）

いくらかコメントしておきます。
 （1）b の［l̥］は無声化した［l］（小さな丸は無声化を示します）ですが，［l］を長く延ばして発音しながら声帯振動を止めれば発音できると思います。摩擦が弱めですが［ɬ］（無声側面摩擦音）で表してもいいと思います（また新しい記号が出てきてすみません。インターネット検索で音声を探してみて下さい）。これらの記号には歯～歯茎～後部歯茎・舌尖～舌端の可能性がありますが，歯と舌尖の組み合わせが普通かと思われます。（1）a（1）b の［θ］には，歯・舌尖に加えて歯・舌端（［θ̪］）も含まれているかもしれません。
 （2）a の［ʃ］は歌だけでなく，通常の話し言葉でも，英独仏語などに堪能な人の一部にはその影響で［ʃ］の発音をする人があります。かりに今後も英語が強い影響力を持ち続けるならば，増えていく可能性があります。
 （2）a の［ʃ］と（2）c のスィとシの中間音は，ともに［ɕi］より調音位置が前ですが，先にも触れたように，両者は大きく違う音です。唇の丸めの有（［ʃ］）無（スィとシの中間音）や舌の形状（舌の中央のくぼみが［ʃ］で顕著）が異なり，それに対応して音響的にも，［ʃ］は低い周波数にエネルギーが集中しているのに対して，スィとシの中間音は，伊藤（1991）によれば，［ɕi］より高い周波数にエネルギーが集中しています。（2）c についてはやや不明確なところもあり，一層の調査研究が待たれます。また，（2）b と（2）c が相互に関係があるのかどうかも不明です。

## 各地の方言に見られる発音

琉球・北海道を除く各地の方言の発音を簡単に見ておきましょう。

サスソの子音は大部分[s]ですが，[θ]が高知県などで報告されています。首都圏同様，若い世代ではもともと[s]だった地域でも[θ]が徐々に増えてきていると言われていますが（例えば井上 1989），これについては十分な調査がありません。私が日頃接する機会が多い近畿地方出身の大学生については，典型的な歯・舌尖の[θ]で発音する人の比率は，まだそれほど高くないようです。今後の動向が注目されます。

シは大部分[ɕi]ですが，東北地方および出雲地方で[s]なのが顕著です。これらの地方では，シとスの区別がなく，母音もイ・ウの中間的な音（[ï][ü]）となります。それとは別に，井上（1989）は各地の若い世代で上記首都圏と同様にスィ[si]とシ[ɕi]との中間のような発音が若い世代で増えているとしています。

セの子音は図4-3からわかるように地域差が大きいです。セ[s]とほぼ同じくらいの地域でシェ[ɕ]と発音されています。東北地方にはヒェ[ç]（シェより奥の硬口蓋の子音）・ヘ[h]の地域も目立ちます。これらの音は若い世代では減少しています。サスソ同様[θ]の地域もいくらかあります（図では認めていませんが高知県にも[θe]があるようです）。

近畿・四国をはじめ各地で，サスセソの子音が[h]などに（コラム参照），シが[çi, hi]（「ヒ」）になりますが，たいてい特定の単語に見られるだけで，規則的ではないようです。

シャシュショの子音は[ɕ]が大部分ですが，東北・鹿児島県の各一部で[s]（サスソ）になる地域があります。規則的かどうかは未詳ですが，シャシュショが日本語に定着する前（下記）の古い音の残存の可能性もあります。

## 古い時代の発音

古い時代の発音は不明の点が多いです。平安時代初めの近畿中央部のサシスセソは，サシスシェソ[sa ɕi su ɕe so]・シャシシュセショ[ɕa ɕi ɕu ɕe ɕo]・ツァチツチェツォ[tsa tɕi tsu tɕe tso]・チャチチュチェチョ[tɕa tɕi tɕu tɕe tɕo]などさまざまな推定があります（日本語史関係の文献ではほとんど[ɕ]ではなく[ʃ]が使われますが，両者を区別しているわけではないので，現代語に合わせて[ɕ]を使っておきます）。

室町時代になってはじめて，近畿中央部でサシスシェソシャシュショ[sa ɕi

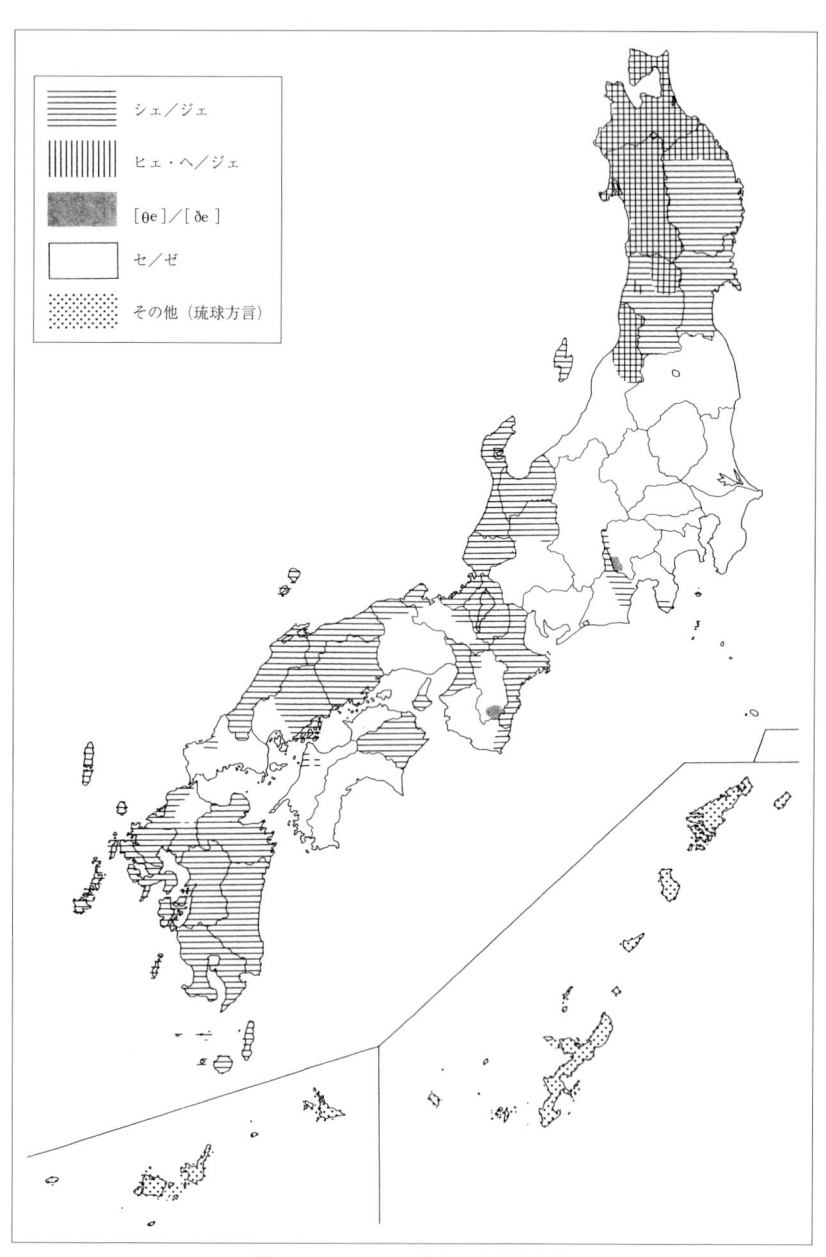

| | |
|---|---|
| ☰ | シェ／ジェ |
| ‖‖‖ | ヒェ・ヘ／ジェ |
| ■ | [θe]／[ðe] |
| □ | セ／ゼ |
| ⋯ | その他（琉球方言） |

図4-3　セ・ゼの発音の地理的分布

出典：上野他（1989）。

su ɕe so ɕa ɕu ɕo]で，シェを除いて現代共通語と同じであることが明らかになります。当時から関東ではシェではなくセ[se]であったことも知られています。

　近畿中央部でシェ→セが起きた時期ははっきりしません。江戸初期にすでにセの発音もあったとする説もある（奥村 1972：121 など）一方で，明治生まれの京都市・大阪市出身者にはセの人も多いもののシェもある程度残っており，録音も残されています（遠藤 1982；中井 2002 など）。シェとセの中間的な音（円唇性なし）もしばしば聞かれます。この変化は長期にわたり，徐々に起こったものなのでしょう。

　拗音シャシュショは，元来日本語になかった音で，中国語の影響で確立したと考えられており，その時期は平安後期頃とも言われています。現代語でも，擬声語・擬態語を除き，シャシュショは和語にはほとんど見られません。シャシュショの古い時代の発音は，サシスセソ同様諸説があります。

### さまざまな発音のまとめ

以上のさまざまな音を図4-4にまとめておきましょう。

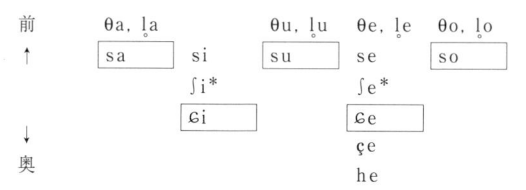

```
前        θa, la            θu, lu    θe, le    θo, lo
↑       ┌────┐    si      ┌────┐  ┌────┐  ┌────┐
        │ sa │            │ su │  │ se │  │ so │
        └────┘            └────┘  └────┘  └────┘
                ʃi*                ʃe*
              ┌────┐              ┌────┐
              │ ɕi │              │ ɕe │
              └────┘              └────┘
                                   çe
↓                                  he
奥
```

図4-4　サ行子音の発音のまとめ

注：*英語の"sh"に近い音（英語の影響を受けた発音）と「シ・スィやシェ・セの中間音（唇の丸めなし）」の両方を含む。両者は音響的に非常に異なる。

　かりに，室町時代の京都方言（長方形で囲んだもの）が元で，さまざまな音はそれが変化してできあがったものとすると，表中の音のほとんどが，それから調音位置が前へ移動してできたものということになります（井上 1989 参照）。このうち，移動後の[θ]［l］は，移動前の[s][ɕ]よりも強度が小さいので，子音の弱化が起こったとも考えられます。

　一方，調音位置の奥への移動はほとんどないのですが，唯一奥へ移動した[çe]はさらに[he]（特定位置での狭めはなく，強度は[s][ɕ][ç]より小さい）に変化している場合も多く，これもまた子音の弱化と位置づけられます。

## ③ 共通語のサ行子音を「音素」にまとめる

　前節で述べたようにさまざまな発音はあるものの，日本語の変種（方言，時代……）の多くは，音の区別としては2種類があるだけで，それ以上の微細な違いは，その変種の内部では，どちらでもいい問題です。このような微細な違いを捨象して音をまとめたものを音素と言います。現代共通語に限ってこれを見てみましょう。

　音素のまとめかたは一通りではなく，どの基準を重視するかなどで，ある変種について複数の解釈の可能性が生まれます。現代共通語の[sa ɕi su se so ɕa ɕu ɕo]の解釈として，例えば以下の4つが挙げられます。①/sa si su se so sja sju sjo/，②/sa sji su se so sja sju sjo/，③/sa ʃi su se so ʃa ʃu ʃo/，④/sa ʃe su se so ʃa ʃu ʃo/。各解釈を説明するためには子音全体を扱う必要があるのですが，ここではこのデータの範囲で説明します。なお，[s]が[θ]などになる人もあることを考えれば /s/ は /s*/ と表記することになります。

　①は服部四郎による，よく普及している解釈です。「シ」がスィ[si]でなく[ɕi]なのは後続の[i]の影響（ɕのほうがsより調音位置がiに近い）であり，シと区別があるスィはまだ日本語には定着していないと考えて，シを /si/ としました。また，これと並行してシャシュショの子音を /sj/ としました。なお，[j]はIPAでは日本語のヤ行子音の音を表しており，ヤ行子音は母音[i]と調音位置が同じです。音素の数も少なく（音素の数は少ないほどよいとされています），50音図とも綺麗に対応していますが，この解釈では人によって外来語などに現れるスィを扱えないのが問題で，現代の新しい体系を扱うのには向いていません。

　②は外来語音にスィ /si/ が定着したと見て，シを /sji/ としたものです。①②ともシェは /sje/ とすることになるでしょう。

　③は /j/ を立てず，/ʃ/（[ɕ]も含めた表記）としたものです。この解釈は音素の数を増やしてしまう，拗音（ャュョ付きの音）のまとまりをなくしてしまうという欠点がありますが，外来語音を自由に取り込むことができるのは利点です。

　④はバーナード・ブロック（Bernard Bloch）が一案として試みたもので（Vance 1987），③と同様に /s/ と /ʃ/ をたてるのですが，母音 /i/ を廃した結果，5母音ではなく4母音と解釈しています。①では後続母音がその前の子音

に影響を与えたと考えましたが，今度は逆に，子音 /ʃ/ が後続母音 /e/ の音色を[e]から[i]に変えたと考えます。この解釈ではシェを扱えないのが問題ですし，4母音説は日本語母語話者の直観と著しく食い違っているのも問題です。

一般に，音をまとめるほど外来語などに新しい音が入ってきたときの対処が困難になるので，②または③が現実的な解釈だと思います。

## 4 外国語学習との関わり

最後に，サ行子音について，日本人が外国語を学ぶ場合と外国人が日本語を学ぶ場合の問題点を，母語の影響の観点から見ていきましょう。

1節で触れたように，Maddieson (1984) によれば，サ行子音と類似する子音について，世界の諸言語において，わずかな例外やそり舌音を除くと，最大3つの音素 /*s/・/ʃ/・/θ/ の区別があり，出現頻度は /*s/＞/ʃ/＞/θ/ の順で，2つの音素の区別がある言語では /*s/ と /ʃ/，1つしか音素がない言語では /*s/ があるのが普通です。先に述べたように，/*s/ は，/θ/ との区別がない場合，音声としては[s]と[θ]の両方を含む可能性があります。

日本語の共通語は，前節で述べたように，2つの音素——[s]または[θ]/s*/ と，[ɕ]/sj または ʃ/——の区別があると考えられました。したがって，世界の言語のなかで特に珍しくありませんが，外国語学習の際にはいくつか問題があります。

まず，/s*/ が[s]と[θ]に揺れていることが問題になります。中学校の英語の授業などでは，[θ]が日本語にないから難しいと説明されることがありますが，一部の日本語話者にとってはむしろ[s]の発音が難しいわけです（川上1977）。

[θ]は，その聞き取りについて，話者の母語によって違いがあることも問題です。英語の[s ʃ f θ]の発音を聞いたとき，日本語話者は[θ]を[s]と混同する率が非常に高く，英語話者は[θ]と[f]を混同する率が高いです（ただし，混同の割合は日本語話者よりも小さい）（Johnson 2003：132-133）。音響的には[θ]と[s]はかなり異なり，[θ]と[f]のほうがずっと似ている（[θ]と[f]はともに強さが弱い音）ので，英語話者のほうが自然な反応だと言えます。日本語話者の反応は，日本語で[θ]と[s]の区別がなく，そのいずれで発音しても通じることが原因だと思われます。

[θ]と[s]の知覚上の近さは日本語独特ではなく，/θ/が独立した音素になっていない言語では起こることがあるようです。例えば国際交流基金 (2009) 付属のCD-ROMを聴くと，日本語のサスセソを，日本人教師のモデル発音[s]の後でも[θ]と発音している外国人日本語学習者がいます。しかもこれは発音矯正の対象になっていません。

　次に，/ʃ/については，[ɕ]か[ʃ]かといった細かな音色が問題になることに加え，/*s//ʃ//θ/のうち /*s/ の1つしか音素がない言語の話者が，2つ以上の音素がある言語を学習するときに問題が起こります。例えば，タイ語 (/*s/のみ) 話者が日本語を学習するとき，シが発音できずチになることなどがあります。

　また，日本語共通語では，サとシャ，スとシュ，ソとショの区別があり，セとシェの区別もほぼ確立していますが，スィとシについては個人差があります。スィとシの区別が確立していない日本語話者にとっては，英語のような[si]と[ʃi]を区別する言語の発音が難しく，[si]が発音できずシ[ɕi]で全部押し通してしまったり，逆に[ʃi]と発音すべきところを直しすぎて全部スィにしてしまったりすることがあります（井上 1989）。

　このように，母語の発音の詳細な観察は，外国語学習にも有用です。

## 練習問題

1. 図4-1にあげたサ行子音およびそれに類似するさまざまな子音について，自分自身で発音し，かつそれを録音しなさい。そして，その録音を聴いて，それぞれを聞き分けられるかどうか確かめましょう（参考：Catford 2001）。
2. 琉球諸方言のサ行子音について調べてみましょう（参考：上野他 1989）。
3. 室町時代より前のサ行子音がどのような音だったと推定されているかについて，より詳しく調べてみましょう（参考：斎藤 (2007) およびそれが引用する諸文献）。
4. サ行子音，あるいは子音全体の音素論的解釈について，より詳しく調べてみましょう（参考：上野 2004；Vance 1987）。
5. 初級レベルの外国人日本語学習者の，サ行あるいはその他の子音の発音を観察して，その問題点を母語の影響の観点から考えてみましょう（参考：国際交流基金 2009）。

## 読書案内

① 国際交流基金（磯村一弘他執筆）『音声を教える』ひつじ書房，2009年
　＊日本語教育を前面に出した本ですが，日本語の音声・音韻の概説書としても有用です。付属CD-ROMは内容豊富。本章を読んだ後で，あるいは本章を読みかけてくじけそうになった場合にまず読むことを勧めます。

② J. C. Catford, *A Practical Introduction to Phonetics*, Oxford University Press, 1988 (2001 2nd edition)（竹林滋他訳『実践音声学入門』［第2版による］大修館書店，2006年）．
＊一般音声学の概説書ですが，音声器官（舌，唇，その他）を実際に動かしながらさまざまな音声を出す方法を詳細に教えてくれて有益です．
③ 上野善道「音の構造」『言語学』東京大学出版会，1993年（2004年，第2版），195-250頁．
＊現代日本語共通語の音声・音韻全般に関する解説が含まれています．特に音素論的解釈について学んで下さい．
④ 中井幸比古『京阪系アクセント辞典』勉誠出版，2002年。
＊上記①③などを読んだ後で，データに基づく音声研究に興味がある人に勧めます．本章で触れなかったアクセントが中心ですが，子音についても触れています．
⑤ Ladefoged, Peter, *Phonetic Data Analysis*, Blackwell, 2003 の 4 ～ 7 章。
＊録音された音声を，パソコン上で動くソフトを使って音響分析を行う方法について具体的に述べており，有益です．

## 参考文献

伊藤秀樹「現代日本語におけるサ行子音の一変化について」『日本方言研究会第52回研究発表会発表原稿集』，1991年。
井上史雄「子音の発音の変化」『講座日本語と日本語教育第2巻　日本語の音声／音韻（上）』明治書院，1989年，109-134頁（『方言学の新地平』明治書院，1994年に再録）。
上野善道「音の構造」『言語学』東京大学出版会，1993年，195-250頁（2004年，第2版）。
上野善道他「音韻総覧」『日本方言大辞典』小学館，1989年，ⅰ-ⅵ頁，1-77頁。
遠藤邦基「京都府の方言」『講座方言学7　近畿地方の方言』国書刊行会，1982年，87-112頁。
奥村三雄「古代の音韻」『講座国語史　音韻史・文字史』大修館書店，1972年。
川上蓁『日本語音声概説』桜楓社，1977年。
国際交流基金（磯村一弘他執筆）『音声を教える』ひつじ書房，2009年。
斎藤孝滋「サ行音・ザ行音」『日本語学研究事典』明治書院，2007年，346-347頁。
斎藤純男「音声記号」『新版日本語教育事典』大修館書店，2005年，7-13頁。
中井幸比古編著『京阪系アクセント辞典』勉誠出版，2002年。
中井幸比古「京都方言の形態・文法・音韻」(1)，(2)，(4)『方言・音声研究』2008, 2009, 2010年，(1) 9-200頁，(2) 37-53頁，(4) 77-106頁。
前田勇『上方語源辞典』東京堂出版，1965年。
Catford, J. C., *A Practical Introduction to Phonetics*, Oxford, Oxford University Press,

1988 (2001 2ndedition)（竹林滋他訳『実践音声学入門』［第2版による］大修館書店，2006年）．

Johnson, Keith, *Acoustic & Auditory Phonetics*, Malden, Blackwell, 1997 (2003 2nd edition).

Ladefoged, Peter, *Phonetic Data Analysis*, Malden, Blackwell, 2003.

Maddieson, Ian, *Patterns of Sounds*, Cambridge University Press, 1984.

Vance, Timothy, J., *An Introduction to Japanese Phonology*, Albany, State University of New York Press, 1987.

## Column

### 人名などにつく「サン・ハン」

本文でも触れた，サスセソの子音→[h]・シ→ヒ[çi, hi]への変化の一例として，明治・大正生まれの京都市方言の，人名などにつくサン→ハンについて見てみましょう。

サン・ハンおよびツァンは，人の姓・名，人称代名詞，地位・分限・職業，神仏およびそれに準ずるものに付きます。改まった場合にサンを使い，ややくだけた親しみをこめた場合にハン・ツァンを使います。歴史的にはサンが古く，ハンは近世後半から多く使用されるようになった新しい語形ですが，明治以降は近畿地方を中心にかなり広い地域に分布します。

ハン・ツァンは現れる音環境（前後にどのような音が来るか）が限定されています。前田（1965）の京阪方言に関する記述を補訂して掲げると以下のようになります。

①ハンは，その前が母音 aeo およびその長音である場合にだけ現れる。例：ハラダハン（原田），ハルエハン（春江），ハルオハン（春雄）。

②母音 iu・ン・ッに後続する場合はサンが原則。但し，［チツ］＋サンはッツァンになることがある。例：スズキサン（鈴木），ゴサクサン（吾作），バンサン（伴），タカッサン（孝）；ハンヒッツァン（半七），オハッツァン（お初）。

しかし，この記述は実際の資料から帰納したものではありません。そこで，サン・ハンに限って，実際の談話資料の調査結果（中井 2008）を見てみましょう。下表で前の音の種類別に出現頻度・％をみると，同じ①に属する aeo でも，a が eo よりはるかにハンの比率が高いことがわかります。また，iu についてはわずかですが例外も見られます。

この表からみると，サン→ハンの起こりやすさの条件は前田氏の「aeo＞iu ンッ」という2段階よりも，「a＞eo＞iu＞ンッ」という4段階が適当です（長母音について a: が e: よりハンの率が低いのは資料不足のためだと思います）。

ここで「a＞eo＞iu＞ンッ」の順に，口の開きが「大→小」になっていることに

注意して下さい。sは口の中で狭めを作らないといけませんが，前後の母音の口の開きが大きいと，狭めが相対的に作りにくく，狭めがないhに変化（弱化）しやすいのだと考えられます。

ちなみに，理由を表す接続助詞のサカイ→ハカイについても類似の現象が見られます。例えば，シタサカイ（したから）に加えてシタハカイが多く現れますが，スルサカイ（するから）は？スルハカイにはほとんどなりません。

上のハンの現れやすさの順序は，京都市だけでなく近畿中央部各地や四国の徳島などでも成り立つようです。もちろん，絶対的なものではなく，サン→ハンの変化が進んで，前に来る音と無関係にすべてハンが可能な個人や方言もあるようです。なお，最近の若い世代ではサンしか使わなくなっています。

このような現象は，言語資料を注意深く観察してはじめて気づくことができます。一般的な原理・原則との関係を考えることもできます。皆さんもぜひ観察を試みて，他人が気づいていない現象を発見して下さい。

京都方言の談話における
サン・ハンの比率

| 前の音 | さん | はん | はん(%) |
|---|---|---|---|
| a | 200 | 226 | 53 |
| e | 105 | 29 | 22 |
| o | 166 | 77 | 32 |
| i | 234 | 20 | 8 |
| u | 166 | 2 | 1 |
| ッ | 79 | 0 | 0 |
| ン | 204 | 0 | 0 |
| a: | 80 | 8 | 9 |
| e: | 39 | 10 | 20 |
| o: | 139 | 4 | 3 |
| i: | 76 | 0 | 0 |
| u: | 65 | 0 | 0 |

# 第5章 語彙

斎藤倫明

## この章で学ぶこと

「語彙」ということばは，日常語としても使われますが，日本語学における使い方は必ずしもそれと同じではありません。日本語学では専門語として厳密に使うので，まず両者の違いを理解する必要があります。その上で，語彙には量的な側面と質的な側面の2つの側面があることが示されます。ただし，ここでは語彙の質的な側面のみを扱います。

語彙の質的な側面を見るには，語彙を何らかの観点から分類してみることが有効です。分類するためには，語彙を構成する1つ1つの語の特質を考慮する必要があるからです。分類の観点には，理屈の上ではさまざま考えられますが，ここでは，日本語の語彙全体を分類しうる観点として，意味・出自・語構成の3つを取り上げます。

それぞれの分類の際に生じる問題の例を一例ずつ挙げましょう。「干す」と「乾かす」は非常に意味の近い類義動詞ですが，両者には違いもあります。どこが違うのでしょうか。これは，語彙を意味によって分類する際に問題になってくる事柄の一つです。また，最近カタカナ語の氾濫ということが話題になっていますが，そういった点に対して，日本語学としてはどのようなことが言えるのでしょうか。これは，語彙を出自によって分類する際に考えるべき問題の一つです。さらに，「紙くず」と「おがくず」はどちらも「くず」といった構成要素を含んでいますが，もう一方の構成要素については，「紙」はわかりますが「おが」については何を指すのかよくわかりません。どう考えたらよいのでしょうか。これは，語彙を語構成によって分類する際に問題になってくる事柄の一つです。

ここでは，以上のような問題を日本語学の語彙論の立場から検討します。

## キーワード

語彙，語彙量，シソーラス，類義関係，類義語，語種，外来語の氾濫，語構成，語構成要素，無意味形態素

## 1　「語彙」とは何だろうか

### 語と語彙

「語彙」という言葉は，日常語としてもよく使われます。例えば，「あの人は語彙が豊富だ（貧しい）。」という言い方を耳にしたことがあるでしょう。あるいは，同じ意味で，「あの人はヴォキャブラリーが豊かだ（貧しい）。」という言い方をする場合もあります。この場合の「語彙」（あるいは，「ヴォキャブラリー」）の意味については，後にあらためて考えるとして，ここで重要なことは，日常語としての「語彙」と日本語学や言語学など言葉を研究する学問で使う専門語としての「語彙」とは意味が少し異なるという点です。

では，専門語としての「語彙」の意味は何でしょうか。このことについて考えるために，まず「語彙」の「彙」の字に注目しましょう。この字は，「語彙」以外にあまり使われないようですが，もともとは「はりねずみ」という動物を指していました。「はりねずみ」という動物は，全身の毛が針のように固く尖って体中に突き刺さっているような感じを与えます。そこから，「あつまる，あつめる」といった動作や，その結果出来上がった「あつまり」といった意味に抽象化していきました。そして，「語彙」の「彙」はこの意味を引き継いでいます。つまり「語彙」とは，字義的には「語の集まり」，すなわち「語のグループ」ということを意味するのです。また，ここで注意したいのは，グループを作るためには，一定の基準が必要だという点です。当該の語がそのグループに属するか属さないかはっきりしていなくては，グループを作ることができないからです。

以上の点を踏まえ，ここで，専門語としての「語彙」を次のように規定しましょう。「語彙とは，ある基準に従って集められた語のグループである」。人によっては，「語彙とは語の集合である」という言い方をする人もいます。いずれにしても，語彙とはどこまでもグループであるという点が重要です。そして，ここに「語」との違いがあります。すなわち，語彙がグループであるのに対して，語とは，時に「単語」と言うこともあることからわかるように，あくまでも1つ1つの個別的な存在を指します。なお，このような意味での語彙のあり方や特質を探究する言語研究の分野を「語彙論」と言います。

このように見てくると，語彙にとってはそれを形成する基準が何かという点が重要であることがわかります。例えば，「万葉集の語彙」「源氏物語の語彙」

「古今和歌集の語彙」といったように，作品名に「語彙」が付くことがありますが，その場合にはその作品に使われているすべての語のグループを指すことになります。また，「夏目漱石の語彙」「芥川龍之介の語彙」といったように，作家に「語彙」が付けば，その作家が作品で使用したすべての語のグループを指すことになります。ただ，「幼児の語彙」「小学生の語彙」のような場合になると，少し事情は複雑です。なぜなら，この場合，次の2つの可能性が考えられるからです。1つは，幼児なり小学生なりが使用することのできるすべての語のグループを指す場合，もう1つは，彼らが（必ずしも使うことはできなくても）聞いて理解することができるすべての語のグループを指す場合です。両者はふつう一致しないので，前者を「使用語彙（表現語彙）」，後者を「理解語彙」と呼び分けますが，一般に後者の方が前者の方より大きいことになります。なぜなら，どの年代にとっても，理解できるけれども使わないという語はたくさんあるからです。本章の冒頭で，「語彙」の日常語としての使い方を見ましたが，勘のいい人なら，それはここで言っている「使用語彙」ないし「理解語彙」の意味合いで使っているということに気づくでしょう（その点では，「ヴォキャブラリー」も同じです）。すなわち，日常語としての「語彙」の使い方は，専門語としての「語彙」の使い方のごく一部でしかないということになります。なお，さし当たり私たちにとって一番大きな語彙は，日本語にあるすべての語を集めた「日本語の語彙」ということになるでしょう。

　さて，語彙と語の違いについて上のように理解するなら，専門語としての「語彙」という言葉の使い方について，次のような点に注意する必要があります。

　1つは，語彙を構成する語の数を表す場合に何と言ったらよいかという点です。語彙は語のグループですから，そこに含まれている語がいくつあるかということは常に問題になります。その場合，よく聞かれるのは「語彙数」という言葉です。例えば，「万葉集の語彙数は6,500語である。」といった具合にです。しかし，この言い方は適切ではありません。なぜなら，語彙とは1つのグループですから，「語彙数」と言えばそのグループの数を指すことになるのが自然だからです。つまり，語彙がいくつあるかということです。したがって，語彙を構成する語の数を表す場合には，正しくは「語彙量」という言い方をします。上の例を再び使うなら，「万葉集の語彙量は6,500語である。」（この数は実際にほぼ正確です）というようにです。ただし，最近は専門家のなかにも「語彙数」という言い方を「語彙量」の意味で使う人がいるようですので，あまり神

経質になる必要はありませんが，語彙の考え方からいって，本来はこの両語は区別されるべきものです。

　もう1つは，グループではなく一語のみが問題となっている場合には，「語彙」という言い方をしないという点です。そういう場合には，単に「語」，あるいは「言葉」と言えばいいわけです。例えば，「『哲学』という語彙は西周が造ったものである。」とか，「ここで『蹉跌』という難しい語彙を使ってはいけません。」というような言い方を聞いたことがあるかもしれませんが，ここで問題となっているのは「哲学」「蹉跌」という一語だけですので，ことさらに「語彙」という言い方をせず，「『哲学』という語（言葉）は西周が造ったものである。」「ここで『蹉跌』という難しい語（言葉）を使ってはいけません。」と言えばそれで充分なわけです。

### 語彙の二面性と語彙の分類

　以上のように語彙を捉えた場合，語彙には「量的な側面」と「質的な側面」という2つの側面が存在することに注意する必要があります。前述したように，語彙は一定の基準によって集められた語のグループですから，語彙を構成する語にとって最も重要なのは，その基準に合うという点であり，場合によっては，各語がもつそれ以外の特質は問題でなくなります。そういう点では，語彙というのは同質の語の集まりとも見ることができるわけであり，これが語彙を量的に扱うことを許す根拠となります。その意味では，上の2つの側面のうち，より本質的なのは前者であると言えるでしょう。なぜなら，今見たように，前者の方が，語彙を構成する個々の語のいわば個性にまで踏み込まないという点で，語彙の規定から直接的に出てくる側面に他ならないからです。ただ，本章では，限定的ではあるもののより多彩なあり方を示す後者の内実について，語彙の分類という立場から見ていきたいと思います。分類を施すということは，語彙を構成する各語の特質に目を向けるということであり，それは語彙の質的な側面を論ずることに直結するからです。

　理屈の上では，一定の明確な基準によって語彙が形成された場合，そこに含まれる語を何らかの観点から分類することは自由にできます。ただし，日本語の語彙のような大きな語彙の場合には，すべての語を分類できるような観点は自ずと限られてきます。具体的には，次の4つが代表的な観点です。

① 意味

② 出自
③ 語構成
④ 文法機能

このうち，④の文法機能は，さし当たっては，名詞・動詞・形容詞といったいわゆる品詞が分類の結果として出てくることになるので，語彙の問題ではなく文法の問題に属します（第6章）。したがって，本章では，以下，残りの3つの観点からする日本語の語彙の分類について順次見ていきたいと思います。

### ② 意味による語彙の分類——大きな体系と小さな体系

意味による日本語の語彙の分類については，大きく次の2つに分けて考えることができます。

(a) ことばとは別に概念の体系を最初から頭の中で考え，それに合わせて1つ1つの語を振り分けることによって語彙の分類を行おうとするもの
(b) 個々の語の意味の間にどのような類型的な意味的関係が成り立ちうるかを考え，それに基づいて語彙の分類を行おうとするもの

(a)は，いわば「大きな体系」を形作ることによって日本語の語彙を分類しようとするものであり，(b)は日本語の語彙のなかに「小さな体系」をいくつか形作ることを通して日本語の語彙をできる範囲で分類しようとするものです。(b)は，日本語の語彙を構成する語のすべてを分類できるわけではありませんが，個々の体系自体は多彩で興味深いものです。

**大きな体系**
日本語の語彙全体を意味の観点から分類しようとする試みは，古い時代から行われており，それは古辞書における意味分類という形で現在目にすることができます。例えば，10世紀前半に成立した『倭（和）名類聚抄』という古辞書には，「天部・地部・水部・歳時部・鬼神部・人倫部……」といった分類が見られます。なお，こういった試みは，中国から来たものです。
しかし，近代以降におけるこの種の意味分類体の辞書として最も有名なものは，英国人ロジェ（P. M. Rojet）が編纂し1852年に出版した *Thesaueus of English Words and Phrases.* でしょう。これは，英語の語彙を意味別に6類

表 5-1 『分類語彙表』の組織

| 1. 体 の 類 | 2. 用 の 類 | 3. 相 の 類 | 4. そ の 他 |
|---|---|---|---|
| 1.1 抽象的関係 | 2.1 抽象的関係 | 3.1 抽象的関係 | |
| 1.2 人間活動の主体 | | | |
| 1.3 人間活動―精神および行為 | 2.3 精神および行為 | 3.3 精神および行為 | |
| 1.4 生産物および用具物品 | | | |
| 1.5 自然物および自然現象 | 2.5 自然現象 | 3.5 自然現象 | |

出典：田中（1978：15）による。

(ABSTRACT RELATIONS・SPACE・MATTER・INTELLECT・VOLITION・AFFECTION) 1,000項目に分類，整理したものです。そして，これが評判を呼びその後版を重ねたことから，こういった意味分類体の語彙表のことを一般に「シソーラス」と呼ぶようになりました。

日本では，国立国語研究所が1964年（増補改訂版，2004年）に刊行した『分類語彙表』がシソーラスとして有名です。日本語の語およそ32,600語（増補改訂版では約96,000語）を大きく4類11項目（全分類項目は798〔増補改訂版では895〕項目）に分類，整理し，巻末に五十音順索引を付したものです。具体的には，分類の大枠は表5-1のようになっています。

例として，1964年版の分類項目「1.427 寝具」に分類されている語を列挙してみましょう（斜線は改行を示します）。

寝具・夜具・夜着／蒲団・掛け蒲団・敷き蒲団・座蒲団・クッション・羽蒲団／敷布・シーツ／枕・水枕・氷枕・草枕・高枕／ハンモック

シソーラスは，その枠組みに従って語彙を分類してみると，その語彙の特色がある程度見えてくるので，日本語と韓国語（個別言語），東北方言と九州方言（方言），万葉集と古今和歌集（作品），といったように一定程度大きな語彙を対照させることによって語彙の特色を探る際に使われたりします。

**小さな体系**

この場合には，語と語の間にどのような意味的関係を考えるかが重要です。従来，そういった関係としていくつか提案されていますが，ここでは，代表的なものとして次の3つを挙げたいと思います。

① 類義関係……意味がお互いによく似ている関係。

② 対義関係……意味がある特定の点において反対になる関係（それ以外の点では共通）。いくつかに下位区分できる。「男」と「女」，「高い」と「低い」，「貸す」と「借りる」，「先生」と「生徒」等。

③ 包摂関係……一方の語の意味範囲にもう一方の語の意味範囲が含まれる関係。「上下関係」とも言う。「木」と「松」，「品詞」と「名詞」，「高い」と「小高い」等（いずれも左が「上位語」，右が「下位語」と呼ばれる）。

以下，類義関係について少し詳しく見てみましょう。

類義関係にある語を「類義語」と呼びますが，類義語はさまざまな品詞において見られます。例えば，「辞書」と「辞典」，「歯痛(シツウ)」と「歯痛(はいた)」，「すみ」と「かど」（名詞），「嬉しい」と「楽しい」（形容詞），「上がる」と「登る」，「当たる」と「ぶつかる」，「触る」と「触れる」（動詞），「おそらく」と「たぶん」と「きっと」（副詞），「けれども」と「しかし」（接続詞），といった具合にです。こういった類義語は，外国人に日本語を教える際に，両者の違いがどこにあるのかという点が常に問題になります。今，このことを，「干す」と「乾かす」という類義動詞を使って実際に考えてみましょう（両者の相違については，基本的に柴田編（1976）の説明に拠っています）。

まず最初に，両者の共通点ですが，これは〈対象の水分をなくす〉という点です。次に，両者の相違点ですが，類義語の違いを明らかにするためには，両者ともに使われる文を見ているだけではなかなかわかりません。例えば，「干す」と「乾かす」の場合なら，「洗濯物を干す／乾かす。」のような文です。しかし，対象が「蒲団」であれば，「干す」は使えますが，「乾かす」は通常使えません。また，「大根」であれば，「乾かす」の場合は，水で洗った大根を調理するために行う行為ということになりますが，「干す」の場合は，「干し大根」のような加工品を造るための作業です。以上から，両者の第一の相違点，〈どこの水分を対象とするのか〉という点が出てきます。すなわち，「干す」は対象の内部の水分を対象とし，「乾かす」は対象の表面の水分を対象とするということです。「飲み干す」とは言うけれども「飲み乾かす」とは言えないというのもこの点に関係します。次に，「干す」場合には，大体が日光や風に当てて水分を蒸発させますが，「乾かす」際にはそういった制限がありません。したがって，「洗った髪をドライヤーで乾かす。」ことや「洗濯物を部屋の中のス

トーブで乾かす。」ことはできますが,「干す」ことはできません。これは,〈手段に制限があるかどうか〉ということで,これが第2の相違点です。さらに,「急に雨が降ってきたので,洗濯物を干したけれども乾かなかった。」と言うことができます。これは,〈動作のどの段階までを含むか〉ということで,「干す」は動作そのもの(=水分をなくすために対象を陽の光に当てる)のみを表しますが,「乾かす」は動作の結果(=乾いた状態になるということ)までをも含むということです。これが第3の相違点です。

これだけですと,単に「干す」と「乾かす」といった特定の類義動詞の相違点の話になりますが,この問題はもう少し大きな視野から捉え直すことができます。すなわち,日本語の動詞には,自動詞と他動詞(第6章参照)の対が存在する場合(崩れる－崩す,壊れる－壊す,拡がる－拡げる etc.)と存在しない場合(×－叩く,×－つかむ,×－殴る,座る－× etc.)とがありますが,前者における他動詞は動作の結果までも含み,後者における他動詞は動作だけしか表さない,という傾向があるのです。今取り上げた「干す」と「乾かす」の場合もまさにそうで,「干す」には対応する自動詞がないので(古くは「干る」という自動詞がありました。「干上がる」に残っています)動作だけしか表しませんが,「乾かす」には「乾く」という対応する自動詞があるので,結果までも表すわけです。

## ③ 出自による語彙の分類——語種について

「出自」というのは,でどころ,すなわちどこから来たかということですが,日本語の場合,出自によって語を分類すると図5-1のようになります。

図で,「語種」というのが見えますが,日本語の語彙を出自によって分けた1つ1つのグループを語種と言います。すなわち,日本語の語種には,「和語」,「漢語」,「外来語」,「混種語」の4つがあるわけです。語種というと,単に語の種類のような気がするかもしれませんが,そうではなくて,日本語学では上記の4種を指す術語(専門語)ですので,注意してください。

以上の説明からわかるように,語種というのは,その語の歴史的な性格による分類です。そういう点では,現代日本語を考えるに当たっては直接関係ない概念のように見えるかもしれませんが,決してそうではありません。なぜなら,語種には,現代日本語においてもある程度共通する特質が見られるからです。一番はっきりしているのが表記です。例えば,漢語は漢字で書き,外来語は片

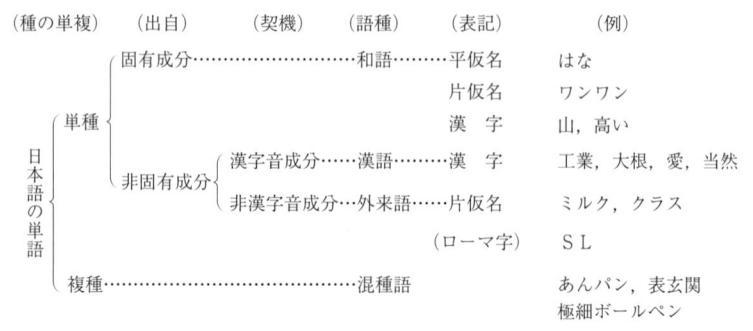

```
 (種の単複)    (出自)      (契機)     (語種)    (表記)           (例)
          ┌固有成分……………………和語………平仮名    はな
          │                        片仮名    ワンワン
     ┌単種┤                        漢 字    山，高い
日    │   │
本    │   └非固有成分┬漢字音成分……漢語………漢 字    工業，大根，愛，当然
語の   │            │
単語  ─┤             └非漢字音成分…外来語……片仮名    ミルク，クラス
     │                         (ローマ字)   ＳＬ
     │
     └複種………………………………………混種語     あんパン，表玄関
                                         極細ボールペン
```

図5-1　出自による日本語の語の分類

出典：玉村（1984：110）による。

仮名で書くといった類です。その他にも，和語は卑近で親近感がある（雅な場合もあります），漢語は硬く窮屈である，外来語は非日常的で洗練されている，といった語種ごとの大雑把なイメージが存在します。「宿・旅館・ホテル」，「手紙・書簡・レター」，「あかり・電灯・ライト」といった，語種の違いによって作られる類義語群が成り立つのもそういった理由に基づきます。

　語種のうち，現代語として最も問題になるのは外来語です。そこで，ここでは外来語に絞って考えてみましょう。

　外来語の問題点としてよく話題になるのが「外来語の氾濫」という問題です。特に役所で使う言葉が槍玉にあがることが多いようですが，そこで重要になってくるのが，実際に外来語はどれくらい使用されているのかという点です。この点を確認するために，外来語に限らずそれぞれの語種の比率について見てみましょう。ただし，語種の比率は，書き言葉か話し言葉か，書き言葉でも，新聞，雑誌，教科書等のどれを対象にするかによって違ってきます。ここでは雑誌の場合を見ます。表5-2は40年近く隔てて行われた雑誌の語彙調査による語種ごとの比率です。

　外来語に関し，まず驚かされるのは，異なり語数における比率の大幅な増加です。実に3倍以上に増えており，異なり語数では和語を上回っています。外来語の氾濫の一端がここに表れていると見ることができるでしょう。ただ，問題は延べ語数の場合の比率です。どちらの調査でも，延べ語数における外来語の比率は異なり語数の場合の3分の1ほどに激減しています。これは，つまり，使われる語の種類は多いけれども何回も繰り返し使われる語は少ないということです。別の言い方をすれば，外来語には基本的な語が比較的少ないというこ

表5-2　雑誌における語種の比率の変化

| 調査の種類 | | 和語 | 漢語 | 外来語 | 混種語 |
|---|---|---|---|---|---|
| 現代雑誌90種<br>(1956年) | 異なり語数 | 36.7% | 47.5% | 9.8% | 6.0% |
| | 延べ語数 | 53.9% | 41.3% | 2.9% | 1.9% |
| 現代雑誌70誌<br>(1994年) | 異なり語数 | 27.9% | 36.3% | 29.7% | 6.1% |
| | 延べ語数 | 41.6% | 45.9% | 10.6% | 2.0% |

出典：国立国語研究所（1964，2006）による。なお，後者からのデータ作成に関しては，国立国語研究所の山崎誠氏の協力を得た。

とです。そういう点では，外来語の氾濫というのはいわば目先の現象であり，それにあまり振り回されないことが重要だという考え方もできるでしょう。

しかし，実際の場で，わかりにくい，あるいは不必要な外来語に出会うことが多いのも事実です。そこで，そういった問題を回避するために提案されたのが，国立国語研究所による「『外来語』言い換え提案」（2003〜06年）です。そこでは，「公共性の高い場で使われているわかりにくい『外来語』」（国立国語研究所ホームページ）176語を取り上げ，1つ1つについて，理解度とともに言い換え語（在来語）が提示されています（実際には，これ以外にもいくつかの情報が示されています）。例えば，次のようにです。

　　アイデンティティー／理解度：25％未満／言い換え語：独自性，自己認識
　　グローバル／理解度：25％以上50％未満／言い換え語：地球規模
　　バリアフリー／理解度：50％以上75％未満／言い換え語：障壁なし
　　インパクト／理解度：75％以上／言い換え語：衝撃

この提案が，今後実際にどれくらい浸透するかは不透明ですし，言い換え語に漢語が多いのは問題ですが，意欲的な試みの1つとして評価できるでしょう。

## 4　語構成による語彙の分類

語をよく観察すると，語のなかには，「犬」「顔」「空」「山」「歩く」「飛ぶ」「やはり」「もし」のように，意味と形の面から見て，それ以上分けられないものと，「青空」「教室」「友達」「真水」「長さ」「汗ばむ」「歩き回る」「高める」「飛び跳ねる」のように，さらに小さい部分（「語構成要素」という）に分けられるものとがあることがわかります。そこで，一般に，語に関して，語構成要素に分けられるかどうか，分けられるとすればどのような語構成要素に分けら

```
       ┌ 単純語（語基）……犬・顔・空・山・歩く・飛ぶ・やはり・もし・はい etc.
語 ┤    ┌ 派生語（語基＋接辞）……三枚・友だち・長さ・反作用・真水・
   └ 合成語 ┤                        汗ばむ・大人ぶる・高める etc.
            └ 複合語（語基＋語基）……青空・教室・黒板・山すそ・早起き・
                                    歩き回る・飛び跳ねる・高々 etc.
```

図5-2　語構成による語の分類

れ，その間の関係はどうなっているのか，また語構成要素と一語全体との関係はどうなっているのか，といった点を問題にすることができることになりますが，語の有するこういった側面を「語構成」と言い，語構成を研究する分野を「語構成論」と呼びます。

　語構成要素（「形態素」と言うこともあります）は，語の意味的な中心部分を担う「語基」と，語基の前か後ろに付いて語基に形式的な意味を添えたり語全体の品詞を決定したりする「接辞」とに大きく分かれます。語基は単独でそのまま語になり得る場合が多いのですが，そうでない場合もあります。接辞は単独では語になれません。なお，接辞には，語基の前に付く「接頭辞」と後ろに付く「接尾辞」とがあります。

　語構成要素をこのように分類すると，日本語の語を，どのような語構成要素から成り立っているか，という観点から図5-2のように分類することができます。

　ここで，注意しなければならないのは，単純語は語基一個から構成されていると考えるという点です。例えば，「山」という語は「山」という語構成要素から成り立っていると見るわけです。外見は同じでも，材料として見れば語構成要素であり，できあがった結果として見れば語ということになります。

　語構成を考えるに当たって重要になってくるのが一語としてのまとまりという観点です。以下，この点を強く感じさせる問題を2つ紹介しましょう。

　1つは，一語（合成語）全体の意味は必ずしも語構成要素の意味とその関係からだけでは説明できないという問題です。例えば，「綱引き」という語の場合，その意味は，ちょっと考えると，「綱」「引き」という語構成要素の意味と，前者が後者の対象であるという関係から説明できるように思えます。すなわち，「綱を引くこと」といった意味ですが，この語の実際の意味は，そういった単純なものではなく，「綱の両端を多人数で引き合って勝負を争う競技。」（『新明解国語辞典』第6版，三省堂）といった複雑なものです。そして，ここで重要なのは，「多人数で引き合う」とか「勝負を争う競技」といった要素は，表面的

には「綱引き」という語のどこにも含まれていないという点です。この種のいわば由来のわからない意味的要素の種類は，次にその一端を示すように多岐にわたります（詳しくは，斎藤（2004）をご覧下さい）。

〈時期について〉
　月見…（陰暦8月15日や9月13日の）月を見て楽しむこと。
　早生まれ…（1月1日から4月1日までの）早い時期に生まれたこと（人）
〈主体について〉
　共働き…（夫婦が）どちらもともに勤めに出ること。
　夜泣き…（乳幼児が）夜，急に泣くこと。

　その他,「五月病」のように,「5月頃に罹る（4月に入った新入生や新入社員が）（新しい環境に馴染めず）（不適応症状を示す）病」といった複雑なものも数多くあります。湯本（1978）は，合成語の意味に見られるこういった非構成的な性質を「ひとまとまり性」，構成的な性質を「くみあわせ性」と呼び，この2つの相反する性質はどのような合成語にも多かれ少なかれ含まれているものだと述べていますが，合成語の意味に必ずひとまとまり性が備わっているのは，どこまでも語が1つのまとまった存在であるからです。

　もう1つは，宮島（1972＝1994）で指摘された「無意味形態素」という問題です。無意味形態素とは，「おがくず」の「おが」のように，合成語の一部（ここでは「くず」）が語構成要素として認められるため，残りの部分も必然的に語構成要素と判断されるもののその意味がよくわからないというものです。もちろん，意味がわからないというのは現代語としてであって，歴史的に遡れば意味がわかるということはあります。例えば，上記「おがくず」の「おが」はもともとは「大形ののこぎり。木挽（こびき）などに用いる。」（『日本国語大辞典』第2版，小学館）を指していました。この他にも,「うわごと」「ざりがに」「ビー玉」「耳たぶ」「かなぐり捨てる」「しがみ付く」「悪びれる」の下線部等，このような要素は数多く見られますが，重要な点は，なぜ語のなかにこのような要素が存在するのかということです。そして，それは，現実と直接結び付いているのはあくまでも語であって語構成要素ではないからであると考えられます。つまり，語の意味にとって本質的なことは，最終的に全体としてどういう意味を有しているのかという点に他ならないということです。

## 練習問題

1. 次の(a)〜(c)の対義語に見られる対義関係は，必ずしも同質ではありません。どのような点が異なっているでしょうか。
    (a)生・死，(b)深い・浅い，(c)入口・出口，(d)医者・患者
2. 次の類義語の違いはどのよう点にあるでしょうか。
    (a)避ける・避ける，(b)楽しい・嬉しい，(c)角・隅
3. 次の外来語は，いずれも日本で独自に造られたもの（「和製英語」と言います）です。本来の英語では何と言うか調べ，両言語の造語の発想の違いについて考えてみましょう。
    (a)キーホルダー，(b)スキンシップ，(c)タイムリミット，(d)フリーダイヤル，(e)モーニングコール
4. 次の各対は，表面上は同じような形をしているけれども，語構成論的には異なった在り方の語です。どう異なっているか考えてみましょう。
    (a)反ユダヤ主義・反スターリン主義，(b)物珍しさ・物欲しさ
5. 次の合成語に見られる非構成的な意味的要素はどのように記述したらよいでしょうか。
    (a)庭石，(b)ハンドバッグ，(c)副作用，(d)豆まき，(e)有権者

## 読書案内

① 田中章夫『国語語彙論』明治書院，1978年。
  ＊現在までに刊行されたうちで最も専門的な語彙の概説書。全12章。これまでのさまざまな先行研究の成果がコンパクトにまとめられていて便利です。現在では簡単に入手できないので，図書館などでぜひご覧になってみて下さい。
② 玉村文郎『日本語教育指導参考書12・13　語彙の研究と教育（上・下）』大蔵省印刷局，1984・1985年。
  ＊上巻（6章），下巻（6章）の全12章。語彙全般に関する概説書。日本語教師用に書かれているので，説明が具体的でとてもわかりやすいです。練習問題が豊富に付されているのも大きな特色です。
③ 秋元美晴『日本語教師・分野別マスターシリーズ　よくわかる語彙』アルク，2002年。
  ＊コンパクトな語彙の概説書。全11章。日本語教育能力検定試験を意識し，要領よくまとめられています。語彙に関する知識の整理に大変便利です。各章末の基本問題と発展問題はよく練られています。
④ 柴田武・国広哲弥編『言葉の意味』（全3巻）平凡社，1976〜82年（元は平凡社選書でしたが，現在は，平凡社ライブラリーとして刊行されています）。
  ＊類義動詞を中心とした類義語の相違について，4人のグループで討議した結果をま

とめたものです。取り上げた類義語は少ないものの，きめの細かい説得力のある記述が展開されています。読み物として読んでも面白いものです。

⑤ 影山太郎『日英対照による英語学演習シリーズ2 形態論と意味』くろしお出版，1992年。

＊語彙論的な語構成論というよりも，語構成と文法との関わりについて，さまざまな観点から論じたものです。理論と記述の両面から，従来，日本語学ではあまり取り上げられなかった問題について興味深く論じられています。

## 参考文献

国立国語研究所『国立国語研究所報告25 現代雑誌九十種の用語用字第三分冊 分析』秀英出版，1964年。
国立国語研究所『現代雑誌200万字言語調査語彙表 CD-ROM 版』，2006年。
斎藤倫明『語彙論的語構成論』ひつじ書房，2004年。
斎藤倫明・石井正彦編『これからの語彙論』ひつじ書房，2011年。
柴田武編『ことばの意味 辞書に書いてないこと』平凡社，1976年。
田中章夫『国語語彙論』明治書院，1978年。
玉村文郎『日本語教育指導参考書13 語彙の研究と教育（上）』大蔵省印刷局，1984年。
宮島達夫「無意味形態素」『語彙論研究』むぎ書房，1994年，121-136頁（初出は1972年）。
湯本昭南「あわせ名詞の意味記述をめぐって」松本泰丈編『日本語研究の方法』むぎ書房，1978年，75-93頁（初出は1977年）。

### Column

**語彙（論）は今時はやらない？**

日本語学の場合はそうでもないようですが，言語学の最近の概説書や入門書を見ると，語彙，あるいは語彙論に関する章を独立に立てていないものが結構目につきます。音韻論や文法論に関してはそんなことは考えられませんが，語彙（論）については，どうしてそういうことが起こるのでしょうか。

1つには，言語における語彙の位置に関わりがあるように思われます。本文で述べたように，語彙とは語のグループですが，それを言語構造のなかに位置づけようとすると，どうしても次のような形になります。

語構成要素 ⟶ 語 ⟶ 文 ⟶ 文章（テキスト）
　　　　　　↑集合
　　　　　　語彙

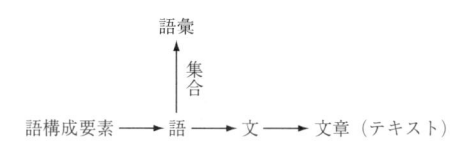

しかし，従来，言語の構造と言う時，一般に想定されているのは，語構成要素か

ら文章（テキスト）に至る横の流れです。ところが，上図からわかるように，語彙はこの流れに乗っていません。いわばそれからはみ出しているわけで，それが語彙を文法などと一緒に扱うことを難しくしているのだと思われます。

　もう1つは，語の重要性という問題です。語彙にとっては語という存在はなくてはならないものです。ところが，最近は，語を含め一般に言語単位という観点から言語にアプローチするということがあまり重要視されません。例えば，最近よく聞く，言語に音（形）の側面と意味の側面とを考え，言語研究というのは両者の対応関係を明らかにするものであるといった考え方なども，そういった言語単位にあまりこだわらない考え方です。そういう立場では，語彙論よりも，むしろ意味論の方が重要になってくるでしょう。

　そういったこともあってでしょうか，「語彙的」といった用語の使い方も最近曖昧になっているように思われます。現在，何となく語に関わる個別的な事象をすべて「語彙的」と呼んでいるようなところが見受けられますが，「語彙的」ということの元々の意味は，「語のグループとしての語彙に関わる」ということではないでしょうか。

　いずれにせよ，語というのは，常識的ではあるけれども，言語にとって重要な単位であると私には思われます。語には，さまざまな特質が豊富に宿っており，それを文法論や意味論だけで十全に明らかにすることはできません。しかも，語のそういった特質は，語をグループとして（つまり語彙として）捉えることによって見えてくる場合も多いのです。そういう意味では，現在でも，決して語彙（論）という考え方が不要になったわけではないと言えるでしょう。

# 第6章 文　法

天野みどり

── この章で学ぶこと ──

　《文法》は嫌いだという人は，もしかしたら《文法》のことを誤解しているのかもしれません。《文法》なんて自由気ままなおしゃべりを規制する，ただ覚えるだけの堅苦しいものと思っていませんか？　実は，《文法》は，柔軟で創造性豊かな人間の言語活動を支える，基盤とも言えるものなのです。

　例えば「飼い犬のハッピーが拓真君にかみついた」と「飼い犬のハッピーが拓真君をかみついた」ではどちらが自然な日本語だと思いますか？　多くの読者は前者の方が自然だと，簡単に判断するのではないでしょうか。

　このように，日本語が母語（生まれて最初におぼえる言語）である話者なら誰でも，内省（心の中で行う自分のことばについての観察）によって日本語の文の自然さを判断することができます。それは，日本語母語話者なら誰もが，普段日本語を使用するなかで自然な日本語の文を成立させる規則を習得し，どのような文だと規則に合致していて自然で，どのような文だと規則から逸脱していて不自然かがわかるようになっているからです。習得された，自然な日本語の文を成立させる規則のことを《文法》と呼ぶとすると，日本語母語話者は誰もが《文法》を身につけているということになるのです。

　この章では，これまで「文法なんて大嫌い」と思っていた人も逆に「大好き」と宣言してきた人も，実は同じようにちゃんと母語の《文法》を身につけており，誰もがそれを上手に利用し，相手の発した文の意味を文脈に応じて適切に理解したり，自分の伝えたいことを自由に表現し，新しい文を次々と産み出したりすることができるのだということを学んでほしいと思います。

**キーワード**

　文法論，文法的知識，構文，許容度，逸脱文，「は」と「が」，名詞述語文，他動詞文，疑問詞疑問文

## 1 不自然だけど意味はわかる

　日本語の《文法》とは，日本語を母語とする人なら誰でもが持っている，日本語の文を作り出したり理解したりするために必要な知識のことです。だからこれを読んでいる皆さんももちろん，すでに持っているものなのです。でも，普段日本語を生き生きと使っているときには，そこで働く《文法》がどのようなものであるのかを改めて考えてみることなどはしません。まずは，改めて観察することから始めてみましょう。例えば次の文をどのように感じますか？

　（1）　何が彼女がお姫様ですか？
　（2）　何を本を読んでるの？

　筆者の感覚ではどちらも文末が上昇イントネーションだと少し不自然な感じがします。それはなぜなのでしょう。日本語の文としてどこかが変なのでしょうか。
　一方で，少し不自然さはあったとしても，どちらもある会話のなかで相手に対して反発しながら言っている……などという文脈・状況なら成り立ちそうな感じがするし，その場合，何だか意味が理解できそうな感じもしませんか。(1)は〈何だって？　彼女がお姫様？　そんなことない〉といった意味だし，(2)は〈本なんか読んでいる場合じゃない〉といった意味です。
　実は，実際に使用される日本語はまったくぎこちなさのない自然な文ばかりではありません。少し変な文というのもたくさんあります。でも，意味は理解できるのです。これこそ，使用者に《文法》的知識があるからです。
　それはどういうことか――(1)(2)の不自然さの理由は何なのか，不自然ながらも得られる意味とはどのようなものであり，その意味理解はどうしてできるのかを明らかにするために，少し回り道をして考えてみましょう。

## 2 文の形と意味

「岡田さんは監督だ」と「岡田さんが監督だ」
　次の文の(3)と(4)を比べてみてください。

　（3）　岡田さんは監督だ。

（4） 岡田さんが監督だ。

（3）と（4）は「は」と「が」が異なるだけです。（3）はそのままでも自然だけど（4）は何か特別な状況で用いられないと不自然だと感じた人がいるかもしれません。もしかしたら（4）は間違っている日本語だと感じた人さえいるかもしれません。でも，間違いだと判定する前に（4）が自然になる文脈がないかどうか考えてみましょう。

（5）a．2010年のワールドカップで日本チームを率いた監督ってオシムさんだよね。
　　　b．違うよ，岡田さんが監督だよ。
（6）a．2010年のワールドカップで日本チームを率いた監督って誰だっけ。オシムさんだっけ。岡田さんだっけ。
　　　b．岡田さんが監督だよ。

（5）b（6）bの下線部は例文（4）と同じですが，（5）のように言い直したり（6）のように答えとなる候補がたくさんあるなかから1つを選んだりする文脈では自然になると感じませんか。逆にこれを「は」の文にするととてもおかしな文になります。

（7）a．2010年のワールドカップで日本チームを率いた監督ってオシムさんだよね。
　　　b．*違うよ，岡田さんは監督だよ。
（8）a．2010年のワールドカップで日本チームを率いた監督って誰だっけ。オシムさんだっけ。岡田さんだっけ。
　　　b．*岡田さんは監督だよ。

（（7）b（8）bの文の前に付いている「*」は，その文が不適格であることを表すマークです。不適格とか非文法的とかまでは言えないけれども，許容度が落ちるとか不自然だとか判定される文は「？」を付すこともあります）

さて，（5）b（6）bは自然だけれども（7）b（8）bは不自然だということは，「は」と「が」だけが異なる例文（3）（4）は，それが自然になる文脈がそれぞれ異なるということです。つまり，「は」の文と「が」の文は異なる意味を持つ文だということなのです。それぞれ次のような意味だと考えられます。

（9）「AはBだ」文の意味……

						「A」はどのようなものかというと，「B」という特徴を持つものだ。
(10)　「AがBだ」文の意味……
						「B」であるものは何かとさがすと，それは「A」だ。

　(3)「岡田さんは監督だ」はA「岡田さん」はどういう人かというと，B「監督」という特徴を持つ人だ，という意味であり，(4)「岡田さんが監督だ」はB「監督」である人は誰かとさがすと，それはA「岡田さん」だ，という意味です。

「青い羽がこの昆虫の特徴だ」と「この昆虫の特徴は青い羽だ」
　「AはBだ」には(9)の他にもう1つの意味があります。それは，「AがBだ」のA・Bをひっくり返し，「が」を「は」に変えたようなものです。

(11)　青い羽がこの昆虫の特徴だ。
(12)　この昆虫の特徴は青い羽だ。

　(11)はB「この昆虫の特徴」であるものは何かとさがすと，それはA「青い羽」だという意味です。このA・Bをひっくり返し，「が」を「は」に変えたのが(12)です。(12)はA「この昆虫の特徴」であるものは何かとさがすと，それはB「青い羽」だという意味で，(11)とほぼ同じ意味を表します。

(13)　「AはBだ」文の意味②……
						「A」であるものは何かとさがすと，それは「B」だ。

　さきほど(7)(8)では，「AがBだ」文が適切になる文脈で「AはBだ」文を用いるとおかしくなると判定しました。しかし，「BはAだ」ならば(14) dのようにおかしくないのです。

(14) a．2010年のワールドカップで日本チームを率いた監督ってオシムさんだよね。
　　 b．*違うよ，岡田さんは監督だよ。
　　 c．違うよ，岡田さんが監督だよ。
　　 d．違うよ，監督は岡田さんだよ。

　ここまで，「AはBだ」文の意味2つ(9)(13)，「AがBだ」文の意味1つ(10)がわかりました。(9)の意味を「措定」，(10)の意味を「指定」，(13)の意

味を（(10)をひっくり返しているので）「倒置指定」と呼ぶことがあります。

## ２つの《文法》的知識——〈構文の意味〉と〈要素の結びつき方〉

　これまで見てきたように，「は」と「が」が異なるだけで文の意味は異なります。文の形が違えばその文の意味は異なるのです。そして，「どのような文の形ならどのような意味を表すのか」ということ，これこそ日本語母語話者なら誰もが知っている，《文法》的知識です。

　同じ文の形を持ついくつかの文が，ある抽象化された意味を共通に持つとき，この文グループのことを「構文」と呼ぶことにしましょう。例えば「ＡはＢだ」構文は措定(9)と倒置指定(13)の意味を持つし，「ＡがＢだ」構文は指定(10)の意味を持つわけです。こうした構文の意味に関する《文法》的知識を持っているために，ある文脈にその文が置かれたら自然だけれども違う文脈に置かれたら不自然になるといった判定も，私達はできるわけです。

　もう少し違う構文を見てみましょう。次の文は「ＡがＢを～」という形の文ですが不自然です。それはなぜでしょうか。

(15)　＊岡田さんがサッカーを監督だ。
(16)　＊太陽の光が洗濯物を乾いた。

　そう，「監督だ」「乾いた」と「～ヲ」とを結びつけるのが変ですよね。「監督だ」「乾く」は「Ａが」とは結びつきますが「Ｂを」とは結びつかないのです。「Ａが～」という形の文は「～」の部分に次の(17)のような種々のものが結びつき，「ＡがＢを～」という形の文は次の(18)のようなものが結びつきます。

(17)　「Ａが～」文
　　・岡田さんが<u>監督だ</u>。　　　　　　Ａが＋名詞＋だ……名詞述語文
　　・空が<u>青い</u>。　　　　　　　　　　Ａが＋形容詞　……形容詞述文
　　・選手が<u>ウォーミングアップしている</u>。Ａが＋自動詞　……自動詞文
　　・選手がボールを<u>蹴っている</u>。　　　Ａが＋他動詞　……他動詞文
(18)　「ＡがＢを～」文
　　・選手がボールを<u>蹴っている</u>。　　　Ａが＋Ｂを＋他動詞……他動詞文

　おおむねモノを表す単語群が〈名詞〉，「どのようだ」というありさまを述べる単語群が〈形容詞（形容動詞）〉，「どうする」という動きを述べる単語群が

| 名詞 | 形容詞（形容動詞） | 動詞 |
|---|---|---|
| 眼鏡・車・鉛筆…… | 暑い・痛い・美しい<br>きれいだ・陽気だ | 自動詞：生まれる・死ぬ・輝く・乾く・太る……<br>他動詞：殺す・叩く・蹴る・乾かす・暖める…… |

図6-1　名詞・形容詞（形容動詞）・動詞の例

〈動詞〉です。動詞のなかには，おおむね他者に対する働きかけの意味のない〈自動詞〉と，働きかけの意味のある〈他動詞〉とがあります。

(17)の下線が示すように，「Aが」という要素は名詞・形容詞（形容動詞）・自動詞・他動詞のどれか1つと結びつきあって文になります。(18)が示すように，「Bを」という要素は他動詞1つと結びつきあって文になります。こうした，要素の結びつき方に関する知識も《文法》的知識と言えます。この知識に照らして母語話者は先ほどの(15)(16)のような文はおかしな文だと感じるのです（(15)(16)のように《文法》規則に反する不自然な文を逸脱文と呼びます）。

### 3　疑問詞疑問文——疑問ととがめだての意味

第2節では「どのような形の文が，どのような意味を表すのか」という構文の意味に関する知識や，「「Aが～」や「AがBを～」といった文が「～」にどのような種類の単語をとるのか」といった要素の結びつき方に関する知識が，日本語母語話者なら誰もが知っている《文法》的知識だと述べました。

第1節の問題に戻ってみましょう。第1節では次の(1)のような文が少し不自然に感じられること，でも相手に反発するような意味で解釈できそうなことを見ました。その不自然さの理由は何なのでしょうか。この文の意味はどのようなものであり，その意味理解はどうしてできるのでしょうか。

（1）　何が彼女がお姫様ですか？

「何が～？」文は疑問詞疑問文と言われるものの一種と言えます。「Aが」や「Bを」といった文の要素がわからないときに，「何・誰・どこ・いつ……」などの疑問詞を使って質問するのが疑問詞疑問文です。

(19)　「何があったの？」　　　　　　　　　　　　　　（「女社長」297頁）

(19)は「Aがあった」という文で言い表せる事態の「A」の部分がわからないために，そこに疑問詞「何」を用いて質問したものです。これは通常の疑問

詞疑問文です。(20)も通常の疑問詞疑問文です。

(20) 〈市民が警官に石を投げた〉
　　　「市民」がわからないとき→　誰が警官に石を投げたの？
　　　「警官」がわからないとき→　市民が誰に石を投げたの？
　　　「石」がわからないとき→　　市民が警官に何を投げたの？

　通常の疑問詞疑問文は，わからない部分を相手に尋ねる疑問の意味を表すほか，文脈によっては相手の行動をとがめだてる意味を表す場合もあります。やっと帰ってきた子どもに「こんなに暗くなるまで，どこ行ってたの！」と母親が言うのは，行き先が知りたいからではありません。〈暗くなるまで行ったきりでいるべき場所とはどこか〉と問うことによって〈そんな妥当な場所は存在しないこと〉に気づかせ，どんな場所であれ行ったきりでいた子どもの行動をとがめているのです。「誰に物を言ってるんだ？」とか「いつまで起きてるの！」なども同じことです。疑問の意味を利用してとがめだての意味を実現しているのです。

### 逸脱して見える「何が〜？」疑問文

　先の例文(1)は形式上は「何が〜？」疑問文です。でも，「お姫様です」という1つの名詞述語に対して2つの「〜が」が結びついていて，第2節の終わりで見た，1つの「〜が」と1つの名詞述語が結びつくという《文法》規則に逸脱しているように見えます。このことが不自然さの原因と考えられます。

(1) 何が彼女がお姫様ですか？

　では(1)は単なる言い誤りなのでしょうか？　でも，このような文の実例を探してみると結構あります。それらを観察するとその特徴がはっきりしてきます。

(21) 「そうだな。それが独立するってことだものね」
　　 「何が独立よ。お金を親から持って行っていながら，独立も何もないでしょ」
　　　　　　　　　　　　　　　　　　　　　　　　　　　（「太郎」720頁）
(22) 「いま裏で洗濯してるよ。このところ忙しくてね。ずっと夜中にやってたから……」
　　 「よその店ならかき入れどきの夜の九時にサ，店のママが裏で洗濯し

第6章　文法　109

　　　　ててなにがこのところ忙しくて……だよ。ねえシーナ君」

（「新橋」190頁）

　(23)　「こういうことはな，ちゃんとマネージャーを通すもんなんだよ。マネージャーを通しなよ，マネージャーを」
　　　　「通しましたよ」
　　　　激励賞については，すでにエディと相談済みだった。
　　　　「通した？　馬鹿野郎，俺に通さないで，何が通しただよ」

（「一瞬」634頁）

　類例はみな会話に現れ，相手の発話のなかにある言い方を反復的に「何が〜だ」の「〜」の部分に引用していることがわかります。そのため，「〜」の部分は名詞だけでなく，(22)「〜て」(23)「〜た」のように，およそ普通は「だ」の前には置けないような色々なものが現れています。また，いずれも，相手がある事柄を認識してそのように言うことに対し，その妥当な点は何か，そのように言うに至った根拠・理由・背景が何であるのかを問うています。さらに，そのように問うことにより相手のその判断が自分は妥当であると思っていないこと，相手のその言い方が不適格であることを相手に述べたて，非難する意味も含意していると思われます。

　（1）も例えば「このクラスでは彼女がお姫様ですね！」という発話に続けて「何が彼女がお姫様ですか，彼女はみんなを騙したのに！」と言うような文脈で用いられるのが自然であり，「お姫様」という形式で彼女を表現する根拠は何であるのか，何をもって彼女を「お姫様」と言うのかを問うことによって，その「お姫様」という言い方が妥当ではないと非難するものと考えられます。

## 構文の鋳型のあてはめ

　でも，こうした意味解釈はどうして可能なのでしょうか。「何が彼女がお姫様ですか」は，要素「何が」＋要素「彼女が」＋要素「お姫様ですか」というように，個々の要素を単に足し算するだけではうまく解釈できません。2つの「〜が」が1つの述語と結びつくのは規則に反するからです。「彼女が」と「お姫様です」は結びついても，もう1つの「何が」は結びつく先がないのです。

　この場合，個々の要素を順次結びつけていって文全体の意味解釈に至るのではなく，逆に，まず「何が彼女がお姫様ですか」全体がある1つの〈構文〉に属する文であると捉え，その〈構文〉の持つ共通の意味をあてはめて，この文

の意味解釈を行っているとは考えられないでしょうか。

　要素どうしを1つずつ結びつけて意味解釈するだけではうまくいかないのは当たり前のことです。日常会話ではある要素を言い間違えたり聞き損ねたりすることはよくあることです。部分が多少わからなくても，私たちは全体の意味をちゃんと理解していますよね。それは，全体の意味を先に推測して，部分が欠けていてもむしろそこを補って解釈することができるからなのです。

　全体の意味の把握に役立っているのが，構文類型の持つ意味です。

　例えば(1)は，「何がBだ？」構文に属するものだと先にみなされ，「何がBだ？」構文の意味をあてはめることによって逸脱的な要素をうまく解釈しているのだと考えることができます。「何がBだ？」構文は，「AがBだ」構文のAを質問する疑問詞疑問文です。「AがBだ」構文の意味は，第2節で見たように〈「B」であるものは何かとさがすと，それは「A」だ〉というものです。そのAを疑問詞とする「何がBだ？」構文の意味は，〈「B」であるものは何かとさがすと，それは何だ？〉です。

　(24)　何が今日のおすすめのメニューですか？

　(24)は〈今日のおすすめのメニューは何かとさがすと，それは何ですか？〉という意味の通常の疑問詞疑問文です。この「何がBだ？」構文を鋳型とし，そのBの箇所に相手の発話から問い質したい部分を切り取ってはめ込み，「何がBだ？」構文の意味をあてはめて解釈するのが，逸脱的な「何が〜？」疑問文だと考えられます。

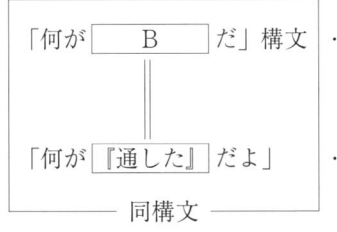

```
「何が　　B　　だ」構文　……〈「B」であるものは何かとさがすと，
　　　　‖　　　　　　　　　　　それは何か？〉
　　　　‖　　　　　　　　　　↓鋳型のあてはめ
「何が『通した』だよ」　……〈「『通した』（という発言の根拠）は
　　　　同構文　　　　　　　　何かとさがすと，それは何か？〉
```

　(21)〜(23)は，「独立」「このところ忙しくて」「通した」というさまざまな種類の表現を相手の発話のなかから切り取って，その切り取った一部を言わばひと塊の名詞のように扱い，「何がBだ？」構文の「B」にはめ込んでいるのです。名詞ではない単位を言わば臨時的に名詞化して「何がBだ？」構文のBにはめ込んでいると考えると，(1)が2つの「〜ガ」を持つことも理解できま

す。

(1) 何が 彼女がお姫様 ですか。

(1)は「彼女がお姫様（だ）」という「AがBだ」構文が臨時的に1つの名詞相当となり，「何がBだ」構文のなかのBにはめ込まれ，〈「彼女がお姫様だ」と発言することの意味・背景は何かとさがすと，それは何だ？〉と問い質す文（そしてそのことにより相手の発言を非難する意味を含意する文）になっているわけです。重層的であるために2つの「～が」の結びつく先が異なり，二重の「～が」の生起が可能となっているのです。このように，1つの構文「AがBだ」を二重に使う工夫により，少し逸脱的ながらも創造的な表現が可能になっていると考えられます。

(25) ［何が ［彼女が お姫様］ですか］
　　　───　Aが②　B②
　　　Aが①　　　B①

## 逸脱的な「何を～？」疑問文

第1節の(2)は逸脱的な「何が～？」疑問文に似た「何を～？」疑問文です。

(2) 何を本を読んでるの？
(26) 「信ちゃん，何をぼんやりしてるねん」。　　　（「塩狩峠」192頁）

(2)は「読む」という他動詞に「本を」が結びつき，もう1つの「何を」と結びつく他動詞がありません。また，(26)は「ぼんやりする」が自動詞なので通常は「＊考えをぼんやりする」とか「＊テレビをぼんやりする」のように「Bを」と結びつくことはできないはずのものです。そして，(2)や(26)は通常の疑問詞疑問文のように「Bを」を質問するのではなく，「何で」に近いような意味を表し，相手の「本を読む」とか「ぼんやりする」行為をとがめる意味を表しているように感じられます。

これらは逸脱的な「何が～？」疑問文と似ていますが，どのように異なるのでしょうか。どのような意味を表し，それはなぜ可能なのでしょうか。類例を観察してみましょう。

(27) 「何をそうビクビクしてるのよ」　　　　　　（「女社長」605頁）
(28) すると，彼は何を寝ぼけているのだという顔をして，朴と内藤を一位

と二位にすればいいと答えた。　　　　　　　　　（「一瞬」641頁）
(29)　「何を今頃まで町中をほっつき歩いているのです」　（「花埋み」600頁）

　まず，逸脱的な「何が〜？」疑問文との違いの１つ目は，逸脱的な「何を〜？」疑問文の場合，とがめているのは相手の行為であってことばではないということです。逸脱的な「何が〜？」疑問文は相手の発言の一部を切り取り，名詞化して「何がＢだ？」文の「Ｂ」にはめ込むのでした。これに対し，逸脱的な「何を〜？」疑問文は相手の発言を切り取るものではなく，相手の会話に続くとは限りません。(2)は本を読むという行為自体を問題にしています。(26)は相手のぼんやりしているという行動そのものをとがめています。

　逸脱的な「何が〜？」疑問文との違いの２つ目は，「何が」疑問文の場合にはＢにはめ込む単位・形に制約が無く，さまざまなものが名詞化されて自然な文を作りましたが，「何を」疑問文の場合には後続の要素によって自然度が異なるということです。東京の大学生78人に次の文の自然度を「自然・少し不自然・不自然」の３段階で判定してもらい，その判定結果をそれぞれ２・１・０点に換算してその平均値を計算した結果，次の例文末の点数のようになりました。

(30)　何をそんなにはしゃいでいるの。1.90点
(31)　何を暴れているの。ものに八つ当たりしないでちょうだい。1.51点
(32)　何をおいぼれてるの！　もっとしっかりしなきゃだめよ。0.69点
(33)　何をありふれてんだよ！　個性を磨くんじゃなかったのか？　0.31点

　これを見ると，同じ自動詞でも「はしゃぐ・暴れる」のように「はしゃごう・暴れよう」と言えるような意図的行為を表す場合には自然だとする人が多く，「おいぼれる・ありふれる」のように「おいぼれよう・ありふれよう」と言えず，非意図的行為を表す動詞の場合には不自然だとする人が多いことがわかります。つまり，逸脱的な「何を〜？」疑問文の「何を」は，意図的な行為の意味を持つ述語と結びつきやすいのです。

　これは，この「何を」が，最も普通の「〜を」と同じ意味，つまり，意図的な行為を表す他動詞と結びつくのと同じ意味を持っていることを示しているのではないでしょうか。この文の解釈には，他動詞のなかでも例えば「する」と結びつく「何をするのか」といった文が鋳型になっていると考えてみたらどうでしょう。「何をするのか」という文は，「勉強をする・喧嘩をする・悪巧みを

する……」などといった行為を答えとする，疑問詞疑問文です。この鋳型を使い，抽象的な行為の意味を表す「する」の代わりに，「本を読む・ぼんやりする・ビクビクする・寝ぼける・今頃まで町中をほっつき歩く・はしゃぐ・暴れる」といった，行為者自身の責任を問えるような具体的な意図的行為を表す動詞や動詞句の塊をはめ込み，それらの行為が何であるのかを問うことによってその行為自体をとがめる意味を実現しているのではないでしょうか。

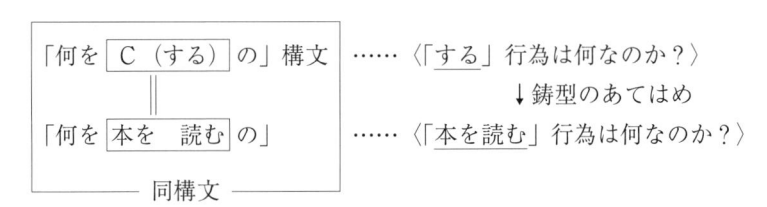

```
「何を C（する）の」構文  ……〈「する」行為は何なのか？〉
         ‖                ↓鋳型のあてはめ
「何を 本を 読む の」    ……〈「本を読む」行為は何なのか？〉
        同構文
```

つまり，逸脱的「何を～？」疑問文は，「（Aが）BをC」という他動構文の「B」を疑問詞にした疑問文「（Aが）何をC？」を利用し，Cの部分にさらに「BをC」をはめ込むといった，重層的な構造の文だということです。

```
  [何を  [文句を  言っている]の]
          Bを②   C②
  Bを①          C①
```

逸脱的「何が～？」疑問文の「何が」は「AがBだ」構文の「A」を疑問詞にしたものでその「が」の意味は「Aが」の「が」と同じだし，逸脱的「何を～？」疑問文の「何を」は「AがBをC」文の「B」を疑問詞にしたものでその「を」の意味は「Bを」の「を」と同じだということになります。

### ④ 文法論は考える学問

この章では，少し不自然だと思われるような文も実際の例を集めて観察してみると共通の特徴が浮かび上がってくるのであり，その特徴からそうした文の生成や意味理解に働く，ある《文法》的知識・《文法》的しくみが想定できるのだということを見ました。

具体例として逸脱的「何が～」疑問文と逸脱的「何を～」疑問文を取りあげ，それぞれに，ある構文に所属するものとみなされ，それを鋳型として意味理解がなされるという説明を試みました。構文の意味に関する《文法》的知識を応

用して創造的な表現が実現されると考えたのです。

　こうした考え方は，実はこれらの文の成立や意味理解を説明するさまざまな考え方のうちの，ある1つのものに過ぎません。この章の説明とは違った説明もあります。例えば，逸脱的「何が～」疑問文の「何が」は主語ではないし，逸脱的「何を～」疑問文の「何を」は目的語ではないと考える考え方もあるのです。つまり，私たち母語話者が習得している《文法》というものが一体どういうものであるのか，それをどのように使用しているのかということに関して，実は，さまざまな立場からさまざまに考えることができるのです。私たち人間が言語表現を生み出したり意味理解したりする，そのしくみを説明するものとして，最も妥当なのはたくさんの考え方のうちのどのようなものなのかを論じること，それが文法論の目的だと言えます。このように，文法論とは，決して覚えるだけの学問ではなく，考える学問なのです。

## 練習問題

1．次のAに対する発話BとCには，どのような意味の違いがあるでしょうか。
　　（1）A：このクラスから1人，ボランティアに行ってほしいのですが。
　　　　　B：私は行きたいです。
　　　　　C：私が行きたいです。
2．「生きる」は普通は自動詞とされますが，以下のように「～を」と結びついた表現があります。この場合，どのような意味を表しているでしょうか。「患者として生きる」と言う場合とどのような意味の違いがあるでしょうか。
　　（2）患者を生きる。
3．次の下線部の疑問詞疑問文も面白い表現です。「なにを……？」と言う場合とどのような意味の違いがあるでしょうか。
　　（3）「だけどみんな言ってますよね」
　　　　　と，あたりの様子を窺うようにして，坪田がひくい声で言った。
　　　　「なにが……？」
　　　　　と高木が言った。　　　　　　　　　　　　　（「新橋」190頁）
4．次の引用のことばは臨時的にどのような品詞相当になっているでしょうか。また，それはどこからわかるのでしょうか。
　　（4）和子が嬉しそうに「ありがとうございます」。
　　（5）子供たちは声をそろえて「お願いします」を何度も叫んだ。

## 読書案内

① 寺村秀夫『日本語のシンタクスと意味Ⅰ～Ⅲ』くろしお出版，1982～91年。

＊日本語の文の興味深い現象を広範にとりあげ，わかりやすく説明しています。特に第Ⅰ巻の序章は文法論の目的が簡潔に述べられていてお勧めです。
② 仁田義雄『日本語文法研究序説』くろしお出版，1997年。
＊筆者の『語彙論的統語論』(明治書院，1980年) は，本章で説明した要素の結びつき方に関する《文法》的知識を，動詞を中心に詳しく述べたものですが，本書はその考え方をさらに進展させ，本来的な単語の意味が構文・文脈のなかで変容することが示唆されています。
③ 益岡隆志『日本語文法の諸相』くろしお出版，2000年。
＊筆者の『命題の文法』(くろしお出版，1987年)『モダリティの文法』(くろしお出版，1991年)『複文』(くろしお出版，1997年) の3冊は，現代日本語文の概観が筆者の立場により述べられています。本書はそれらの考察をさらに深め，文法論の枠を越えた意味論・語用論との連携や，「叙述の類型」の重要性の指摘など，筆者の文法論的考え方が示されています。
④ 北原保雄『日本語の世界6　日本語の文法』(中央公論社，1981年)
＊筆者の『日本語の助動詞の研究』(大修館書店，1981年) は伝統的な国語学の分野で「陳述」という用語によって古くから論争されてきた述語部分の階層性を，構文論の立場から明示的に説明した書。本書はこれを一般向けにわかりやすく説明しています。日本語の文の内部構造が意味的に幾重にも重なる階層構造をなしているとされています。

## 参考文献

安達太郎「日常会話に疑問を見つける」前田富祺編「文法論は何をめざすか (古典語，現代語)」『国文学　解釈と教材の研究』第46巻第2号，学燈社，2001年，130-132頁。

安達太郎「質問と疑い」宮崎和人・安達太郎・野田春美・高梨信乃編『新日本文法選書4　モダリティ』くろしお出版，2002年，174-202頁。

天野みどり『文の理解と意味の創造』笠間書院，2002年。

天野みどり『日本語構文の意味と類推拡張』笠間書院，2011年。

上林洋二「指定文と措定文——ハとガの一面」『文藝言語研究・言語編』第14号，筑波大学，1988年，57-74頁。

高見健一「「何を文句を言ってるの」構文の適格性条件」『日本語文法』第10巻第1号，日本語文法学会，2010年，3-19頁。

寺村秀夫「連体修飾のシンタクスと意味——その1～4」『日本語・日本文化』第4～7号，大阪外国語大学留学生別科，1975～78年。

西山佑司『日本語名詞句の意味論と語用論——指示的名詞句と非指示的名詞句』ひつじ書房，2003年。

藤田保幸『国語引用構文の研究』和泉書院，2000年。

益岡隆志「連体節表現の構文と意味」『言語』第38巻第1号，2009年，18-25頁。
山寺由起「Wh 付加詞構文──「何がこの本が面白いの」」『日本語文法』第10巻第2号，日本語文法学会，2010年，160-176頁。
Konno, Hiroaki, "The *Nani-o X-o* Construction," *Tsukuba English Studies* 23, 2004, pp. 1-25.
Kurafuji, Takeo, "Unambiguous Checking," *MIT Working Papers in Linguistics* 29, 1996, pp. 81-96.

## 例文資料

「女社長」＝赤川次郎「女社長に乾杯」／「太郎」＝曽野綾子「太郎物語」／「塩狩峠」＝三浦綾子「塩狩峠」／「新橋」＝椎名誠「新橋烏森青春篇」／「一瞬」＝沢木耕太郎「一瞬の夏」／「花埋み」＝渡辺淳一「花埋み」（以上，新潮文庫の100冊 CD-ROM 版）

### ▣ *Column* ▣

**「津也の絵を売った金」**

「麻理子が焼いた魚」とか「消防士が必死で消火した戦果」という表現は，それぞれ「魚」や「戦果」という名詞の前に「麻理子が焼いた」「消防士が必死で消火した」といった文がつき，後の名詞の意味を詳しくしています。でも，よく観察してみると，この2つの表現では文と名詞の結びつきのしくみが少し違うことに気づきます。「麻理子が焼いた魚」は「麻理子が魚を焼く。」というように，文の内側にその詳しくされる名詞「魚」を入れることができます。これを内側タイプと呼んでおきましょう。他方，「消防士が必死で消火した戦果」は，「消防士が必死で*戦果を消火した」とか「消防士が必死で*戦果で消火した」のように文のなかに入れることができないのです。これを外側タイプと呼んでおきます。

後者のような外側タイプの結びつきのものには他に「墓を掘ったたたり」とか「宮里藍選手が優勝した翌日」のようなものがあります。さきほどの「魚」という名詞と「戦果・たたり・翌日」という名詞を比べてみると，後者は単独ではその意味が確定できず，何かの出来事に付随した「戦果・たたり」，何かの出来事の起こった日を基準とした「翌日」といった意味であることがわかります。つまり，後者の名詞は何かの基準によって意味が確定される相対的な意味を持つ名詞で，前に現れる「消防士が必死で消火した・墓を掘った・宮里藍選手が優勝した」がその基準を表しているのです。名詞の持つ相対性という特徴によって，その前に現れる文との結びつきの意味合いが決定されているとも言えます。

ところがおもしろいことに，相対的な意味を持つ名詞ではないのに外側タイプの表現となる場合があります。「津也の絵を売った金」，これは「津也の絵を売って手

に入れた金」という意味ですが，この名詞「金」は「津也の絵を*金で売った」とか「津也の絵を*金に売った」とは言えません。普通「金」という名詞は何かの基準を必要とせずに単独で意味が確定できますが，「津也の絵を売った金」の「金」は，何かの出来事の結果手に入るものという，他の出来事との関係を表す相対的意味を表すものに解釈されるのです（益岡 2009）。

　このような表現を見ると，外側タイプの結びつきだと理解するのにその名詞が相対的意味を持つことが必須の条件だというわけではなく，相対的意味を持つことは理解のためのほんの手がかりに過ぎないということがわかります。相対性といったわかりやすい手がかりがなくても，私達はその前後の意味的関係をうまく調整して，外側タイプの解釈を導き出すことができるのです。〈外側タイプの結びつき〉という慣習化された型を利用して，言語形式の表す意味以上の意味（この場合相対的意味）を読み込んでいるということなのです。

# 第7章 談話

ポリー・ザトラウスキー

― この章で学ぶこと ―

　私たちは「鉛筆ありますか？」のような発話を用いて鉛筆を貸してくれるように依頼することがあります。文字通りの意味では鉛筆が存在するかどうかを聞いているだけなのに，なぜ依頼になるのでしょうか。また，「いっしょに行かない？」はなぜ勧誘になるのか，どのような発話によって依頼，勧誘ができるのかを考えてみたいと思います。この章では，語用論（言語の使用に関する研究）の発話行為を出発点にし，談話分析（複数の発話からできている談話を分析する研究）の方法を説明していきます。語用論では，「鉛筆ありますか？」という発話は間接に依頼する発話なので依頼の間接的発話行為，「いっしょに行かない？」という発話は直接に勧誘する発話なので勧誘の直接的発話行為と呼びます。

　談話分析の例として依頼と勧誘を取り上げます。談話では「先行発話」が用いられますが，これはある行為（依頼，勧誘等）の前提条件が満たされているかどうかを確認する発話で，相手の拒否を避けるためのものです。例えば，買い物の場合にはその物の在庫があるかどうか，勧誘の場合には，相手が誘いたい日時が空いているかどうかと確認する発話です。先行発話連鎖（先行発話を含む発話の連鎖）は①先行発話，②先行発話に対する応答，③暗示された行為（依頼，勧誘等），④行為に対する応答からなります。しかし，かならずしもすべての発話でなされるわけではなく，①依頼の先行発話（「鉛筆ありますか？」），④依頼への応答（「どうぞ。」）のように先行発話連鎖が短くなる場合があります。「間接的発話行為」による依頼は，先行発話から依頼されることが予想され，その依頼に対する応答を即座にする場合ですが，このように見ると依頼の間接的発話行為は談話の相互作用から生まれてくるということがわかります。

　実際の談話に現れるパターンを考察する談話分析では依頼，勧誘等はかならずしもこのような形式ではなく，さまざまな発話によってなされます。発話機能を使い分けることで2人以上の参加者が作り上げる談話の単位も取り上げます。

**キーワード**

　間接発話行為，依頼，受諾，優先的な応答（体系），先行発話（連鎖），話段，発話機能，気配り発話，勧誘，メタ言語的発話

## 1  語用論

### 発話行為

　語用論では，ことばの実際の使われ方が聞き手にどのように伝達され，解釈され，話し手との相互行為に影響を与えるかを考察します。そのなかでも発話行為論は，ことばの意味と現実の言語行動との関連を探る研究です。つまり，発話は文字通りの意味ではなく，さらに何らかの行為を行うと考えます。発話行為ということばを使うことによって何らかの働きかけをすることを指します。例えば主張，宣言，命令，依頼，約束，質問，提案，警告，感謝，謝罪，情報伝達，忠告，脅かし等という働きかけです。

### 間接発話行為

　「鉛筆ありますか？」という発話は，形式上は疑問文ですが，普通は依頼の機能を持つと考えられます。このように文の統語上の形式と，それによって遂行される発話行為と異なることを指す場合，間接発話行為と言います。発話行為理論における間接的発話行為の分析では，規則によってある文と対応する「文字通りの力」が働かない場合，間接的な力がどう働くのかを説明しようとします。例えば，"Can you pass me the salt?（お塩をとっていただけますか）"のような文が，どのように「依頼」を実現するのに使われるのかを明らかにします。そのために以下のような条件で説明します。

　命題内容条件：聞き手Hによる未来の行為A
　準備条件：①　聞き手Hは未来の行為Aを行う能力がある。話し手SはHがAを行う能力があると信じている。
　　　　　　②　SとHの双方にとって，通常の状況においてはHがAをするのが明らかではない。
　成立条件：SはHにAを行ってほしいと望んでいる。
　本質条件：HにAをさせようとする行為と認められる。

## 2  談話分析

　談話分析（文章を含める人もいます）は，複数の発話からなる発話の流れを

分析する研究分野です。ここでは話しことばを中心に考察します。語用論では，「鉛筆ありますか？」という依頼の間接的発話行為，「いっしょに行かない？」の勧誘の直接的な発話行為等，発話行為の種類が限られています。しかし，実際の談話に現れるパターンを考察する談話分析では依頼，勧誘等はかならずしもこのような形式ではなされず，さまざまな発話によってなされます。談話分析の例として依頼と勧誘を取り上げます。

### 先行発話連鎖

従来の英語における会話分析の研究では第1発話（依頼）に対して第2発話（応答）は，受諾の場合は優先的な応答ですが，断りの場合は非優先的な応答です。この優先応答体系は心理的に好ましいかどうかではなく，応答のタイミングと言語形式により認定されます。英語における「優先的な応答」（受諾）は即座に単純な形をとるのに対して，「非優先的な応答」（断り）はⓐ遅延，ⓑ前置き，ⓒ説明，ⓓ拒否等を含め，形態面での共通性を持っています。

「先行発話」とはある行為（依頼，勧誘等）の前提条件が満たされているかどうかを確認する発話で，相手の拒否を避けるために用いられます。例えば，買い物の場合にはその物の在庫があるかどうか，勧誘の場合には，相手は誘いたい日時が空いているかどうかを確認する発話です。「先行発話」から始まる一連の連鎖は「先行発話連鎖」と呼び，前提条件が満たされている場合，次のT1（ターン1）〜T4の連鎖となります。話者AがT1とT3を話者Bに，話者BはT2とT4を話者Aに発話します。

T1：T3での行動が行われるための前提条件が満たされるかどうかを確認する問い。
T2：T1で問われた前提条件が満たされているという応答（T3を導く「問い」を伴うことが多い）。
T3：T2の「先へ進め」の合図に対するT1で暗示された行動。
T4：T3での行動に対する応答。

（1）は，T1〜T4からなる「依頼の先行発話連鎖」の例です。

（1） T1　C：Do you have hot chocolate?　　　　　依頼の先行発話
　　　　　　ココア，あります？
　　　T2　S：mmhmm　　　　　　　　　　　　　　先行発話に対する応答

　　　　　ええ。
　　T3　C：Can I have hot chocolate with whipped cream?　　　依頼
　　　　　ホイップクリーム入りのココア，いただけますか？
　　T4　S：Sure ((leaves to get))　　　　　　　　　　依頼に対する応答
　　　　　かしこまりました。（取りに行く）
　　　　　　　　　　（Merritt 1976：337，T1〜T4と日本語訳は筆者による）

**優先応答体系**

　T2の促しの合図がなければ，次のようにT1〜T4の連鎖は途中で終わります。

- T1：T3での行動が行われるための前提条件が満たされるかどうかを確認する問い。
- T2：前提条件が満たされないという応答（T1で暗示された行動を控えさせる発話を多く伴う）。
- T3：暗示された行動が差し控えられる。T1の発話を説明し，T2で「先へ進め」という合図が出ていれば，T3でどのような行動が引き起こされたかを言うこともある。

　依頼の先行発話連鎖は以下のa〜cの順序で非優先的なものから優先的なものへとなっています。

- a．最も非優先的：依頼の先行発話→先へ進めの合図→依頼→受諾　　（1）
- b．優先的：依頼の先行発話→申し出→申し出の受け入れ　　　　　　（2）
- c．最も優先的：依頼の先行発話→暗示された依頼への応答
　　（動作で示すことがある）　　　　　　　　　　　　　　　　　　（3）

（2）と（3）はそれぞれbとcの具体例です。

　（2）T1　C：Do you have pecan Danish today?　　　　依頼の先行発話
　　　　　　　今日は，ピーカンデニッシュ，ありますか。
　　　　T2　S：Yes we do. Would you like one of those?
　　　　　　　　　　　　　　　　　依頼の先行発話に対する応答＋申し出
　　　　　　　ええ，ありますよ。そちらのおひとつ，いかがですか。
　　　　T3　C：Yes please.　　　　　　　　　　　　　申し出の受け入れ

ええ，お願いします。

　　　　　　　　　　　（Merritt 1976：324-325，日本語訳は筆者による）
（3）T1 A：消しゴムある？
　　 T2 B：どうぞ。((消しゴムを渡す))

　「間接的発話行為」は，会話分析の「先行発話」と「優先応答体系」という考え方によって，次のように説明できます。「依頼」に対する「拒否」は「非優先的な答え」になります。「依頼の先行発話」は，依頼の成功に必要な条件が満たされるか否かを確認するので，拒否される「依頼」を事前に回避するのを可能にします。そのため「依頼」が拒否される可能性がある場合には「依頼」よりも好まれる発話になります。

　「間接的発話行為」は，「先行発話」かそれと類似する発話です。「間接的発話行為」に暗示された行為（「依頼」等）が予想され，その行為に対する「応答」を発話します。「間接的発話行為」が適切に理解され，成功すれば，最も優先的な連鎖が成立します。このように考えると，「間接的発話行為」とそれに対する「答え」の連鎖は，「先行発話」を含む一つの発話連鎖にすぎないことになります。

### 依頼に関する先行研究

　依頼の初めに日本人は「依頼予告」を用いることがあります（猪崎 2000）。「依頼予告」とは「ちょっと頼みたいことがある」という，あとで依頼がなされることを予め伝えておく発話です。また，依頼に入る前に依頼することになった理由，経緯等に関する情報を提供したり，「大変恐縮ですが，お願いできないかと思いました」のように関係作り・儀礼の機能をもつ発話と待遇表現が見られます（猪崎 2000）。

　依頼者は次のa～dを用いて被依頼者に働きかけの意図を伝えようとします（高木 2003b）。

a．「お願いがあるんですが，」のような発話。
b．被依頼者にかける負担が少ないことを予告する発話，被依頼者に決定権があることを示す発話。
c．旧情報の確認や依頼内容のキーワードに対する共有を示す発話，依頼に関する情報を確認する発話。
d．依頼者の気持ち・意思・願望，不本意の状況・義務感，依頼を明示する

発話，依頼者が実行してもらうことで得られる恩恵に言及する発話。

これに対して被依頼者は，相づちを打ち，情報を共有したり，聞き返し，言い換え，質問をし，積極的に情報を理解したり，依頼者の表現意図を汲み取ろうとします（高木 2003a）。

また，被依頼者は次のa～cを用いて依頼の実行のために交渉します（高木 2003a）。

a．依頼を受諾し，新情報を求める。
b．問題になる時間，場所等を具体的に述べ，受諾を可能にするため交渉する。
c．依頼者が期待するもの，知識，情報等は自分にはなく，やむを得ない用事があることで断わる。

それに対して，依頼者は依頼を実行しやすくするために相手の都合を聞き，新条件を提示し，依頼内容を実行してもらえるように被依頼者を説得します（高木 2003b）。依頼を受け入れてもらった後，陳謝，感謝，依頼の挨拶（「よろしくお願いします。」）等で話を終わらせます（高木 2003b）。

**日本語による依頼談話の構造とストラテジー**
　語用論では，一個一個の文・発話（「映画に行かない？」「今日はちょっと。」）を抽象的に分析しますが，実際の談話では，それぞれの発話に相当する部分が複数の参加者による発話からなっています。談話分析ではそれぞれの発話を流れのなかで動的に考察します。

　本章の資料は，従来の日本語による依頼の研究とは異なり，実際の親しい人同士の電話による会話で得られた自然な依頼談話です。依頼談話は，日米の勧誘の談話と同様，言語によって構造とストラテジーが異なります。構造の面では，英語による依頼談話が，依頼者と被依頼者がそれぞれ別なターンで依頼と依頼応答をするのに対して，日本語による談話は「依頼の話段」と「依頼応答の話段」からなっています。「話段」とは談話中の発話の集合体（または一発話）が内容上のまとまりをもち，それぞれの参加者の談話の目的によって相対的に他と区分される単位で，2人以上の参加者が「相づち的な発話」と「実質的な発話」を用いて協力して作り上げる単位です。依頼者と被依頼者が用いる発話機能の交替も話段の認定基準となります。また，言語によって依頼者と被

依頼者が用いるストラテジー（目的を達成するための手段）が異なっています。

（4）は最も優先的な連鎖で依頼の先行発話→暗示された依頼への応答の例になりますが，それぞれの部分が複数の発話によってなされます。なお本章の章末に表記記号一覧がありますのでそちらも参照してください。

（4）買い物に付き合ってほしいという依頼：O＝依頼者（女性，20代，先輩），B＝被依頼者（男性，20代，後輩）

```
1  O   あ、そんでもう一つちょっとー、
2  B                           ええ。
3  O   あの聞きたいと思ってたんだ//けど‖ね？
4  B                    //ええ。‖
5  O   あのー、あすこ、あのーーーうーん、えっと秋葉原、
6  B                                  はいはい。
7  O   秋葉原で、なんか知ってるお店あります特別に。
8  B   あります。
9  O   よく行く店。
---------------------------------------------------------
10 B   なん何を買うんですか？
11 O   あのね、ラジカセ買いたいと思うのね？
12 B   安く。
13 O   うん。
14 O   そいであの、小型のー、向こうに持っ//て行けるの。‖
15 B                          //あーあー。‖
16 B   秋葉原じゃないとだめです//か？‖
17 O                //うん‖、あのねー、｛笑い｝
---------------------------------------------------------
18 B   SSS無線。
19 O   SSS無線有名なの？
20 B   （？）
21 O   知ってる？
22 O   顔が利く？
23 B   いやー、この前ー、ちょっと買ったのがあるんで。
24 O                          はー。
```

第7章　談話　125

25 B もしかしてまた行くと、そのーーー、係りーっていうかー、
26 O うん。
27 B えーあのその人に、この前買っただろとかいって安くさせるとかいって。

5 O, 7 O, 9 O で秋葉原に B が知っている店があるかどうかを聞きます。秋葉原は電気製品を安く売る店があるので有名です。行きつけの店があれば電気製品を安く買える可能性があるため、5 O, 7 O, 9 O は電気製品を買ってもらう依頼の成功に必要な条件が満たされるか否かを確認する先行発話になります。それに対して B は 8 B で知っている店があると答えてから、10 B, 12 B, 16 B で O が何を買うのか、秋葉原でないといけないのかと聞きます。その後、18 B で知っている店の名前（「SSS 無線」。）を言います。次に O は 21 O「知ってる？」と 22 O「顔が利く？」で 5 O, 7 O, 9 O と類似する依頼の先行発話をし、今度は 25 B, 27 B で B が O のラジカセの購入に付き合ってくれるように、つまり O の先行発話から依頼を予想し、それを受け入れたように答えています。実際の会話ではこのように依頼者と被依頼者の複数の発話によって依頼の先行発話→暗示された依頼への応答がなされることがあります。

（5）は I が H という共通の友人の引っ越しを手伝ってもらうように依頼する談話です。依頼者 I と被依頼者 T が発話機能を使い分け、それぞれの目的（「依頼」と「応答」）による「依頼の話段」「依頼応答の話段」を一緒に作り上げます。発話の右側に I と T（（ ）内）の発話機能を示します。（発話機能の定義等については、ザトラウスキー（1993：67-70；1997）参照）

（5）引っ越し手伝いの依頼：I ＝依頼者（男性、20代）、T ＝被依頼者（男性、20代）友人同士

　　　　　　　　　　　　　　　　　　I の発話機能（T の発話機能）

---

依頼の話段 1
164 I　3番目の用件はねえ、　　　　　情報提供～
165 I　えーっとねえ、　　　　　　　　［思案中の自己］
166 I　7月のねえ、　　　　　　　　　～情報提供～
167 I　中旬ぐらいになると思うんだけども、～情報提供
168 I　あのー、H さんのね？　　　　　情報提供～
169 I　丸竹アパート引き払うんだって、　～情報提供

| | | | |
|---|---|---|---|
| 170 T | | へえーっ？ | （[感情]） |
| 171 I | まあ、ドイツ行くからね？ | 情報提供 | |
| 172 T | | うん。 | （[継続]） |
| 173 I | で、それでさー、 | 談話表示＋談話表示 | |
| 174 I | 引越しをね？ | 意志表示〜 | |
| 175 T | | うん。 | （[継続]） |
| 176 I | やったげようかと思って、 | 〜意志表示 | |
| 177 T | | ああ、 | （[承認]） |

--------------------------------------------------------------------

依頼応答の話段1
| | | | |
|---|---|---|---|
| 178 T | いいよ。 | 受諾 | （情報提供） |
| 179 I | | うーん。 | [継続・終了] |
| 180 I | 大丈夫かな。 | [確認] | |
| 181 T | 俺？ | （[確認]・言い直し要求） | |
| 182 I | うん。 | [同意]・情報提供 | |
| 183 T | 俺はもう、 | （情報提供〜） | |
| 184 I | 大丈夫？ | [確認] | |
| 185 T | うん。大丈夫。 | 受諾 | （[同意] ＋〜情報提供） |
| 186 I | | うん。 | [終了] |

　依頼の話段1——依頼応答の話段1：「依頼の話段1」は猪崎（2000）と高木（2003a, 2003b）が観察した「依頼予告」からは始まっていませんが，164 I「3番目の用件はねえ，」のメタ言語的発話（話そのものを指す発話）が類似した発話と考えます。その後，I が依頼に関する情報を提供し，それに対して T が感情を示し（170 T），相づちを打ちながら（172 T，175 T）聞いています。177 T「ああ」によってそれまでの発話と176 I「やったげようかと思って，」の意志表示から暗示された依頼を認めてから，「依頼応答の話段1」で受諾します。T が受諾しているにもかかわらず I が180 I「大丈夫かな。」，184 I「大丈夫？」という気配り発話によって確認しています。気配り発話は相手のことを優先し，断りやすくする発話です。（5）では被依頼者 T が I の情報提供と意志表示から依頼を察し，依頼が明示される前に依頼応答をするのが特徴です。

--------------------------------------------------------------------

依頼の話段2

| | | | |
|---|---|---|---|
|187 I|で、荷物そんな多くないんだ。聞いたら。|談話表示＋情報提供| |
|188 I|大っきい物そんなにないし、|情報提供| |
|189 I|俺の車に乗るくらいなんだよな。|情報提供| |
|190 T|うん。|（[継続]）| |
|191 I|で、乗んない物は送ろうってゆうことにして、{笑い}|情報提供| |
|192 T|中旬ってゆうと普通の日でしょ？|（情報要求）| |
|193 I|平日。うん。|情報提供＋[同意]・情報提供| |
|194 I|あの、火曜日か水曜日だと思う。俺行く日だから。|情報提供| |

---

依頼応答の話段2

195 T　じゃ、なおさら大丈夫。　　　　　受諾　（談話表示＋情報提供）
196 I　大丈夫？　　　　　　　　　　　　確認の注目表示

　依頼の話段2──依頼応答の話段2：「依頼の話段2」でIがさらに依頼内容を提供しながらTは相づちを打ち（190 T），日にちについて詳しい情報を求めます（192 T）。「依頼応答の話段2」で「依頼応答の話段1」と同様，またTが受諾しているのに対してIが繰り返し大丈夫かどうかを確認する気配り発話をしています（196 I）。

---

依頼の話段3

197 I　じゃ、その日に悪いけどさ、　　談話表示＋情報提供・関係作り
198 I　ちょっと付き合って、うん。　　依頼　単独行為要求＋[自己]

---

依頼応答の話段3

199 T　うん。大丈夫。　　　　　　　　受諾　（[同意]・情報提供＋情報提供）

　依頼の話段3──依頼応答の話段3：197 I「悪いけど」という陳謝による気配り発話の後，198 Iで依頼を初めて明示しています。それに対して「依頼応答の話段3」でTが3回目に受諾します。

---

依頼の話段4

200 I　千葉まで行くんだよ。　　　情報提供
201 T　うん？　　　　　　　　　　　　　　　（言い直し要求）

| | | | |
|---|---|---|---|
| 202 I | 千葉まで。 | 言い直し・情報提供 | |
| 203 T | うん。 | | ([終了]) |

------------------------------------------------------------

依頼応答の話段 4
| | | | |
|---|---|---|---|
| 204 T | いいよ。 | 受諾 | （情報提供） |

------------------------------------------------------------

依頼の話段 4 ── 依頼応答の話段 4：I が場所について情報を提供し，T が 4 回目に受諾します。

------------------------------------------------------------

依頼の話段 5
| | | | |
|---|---|---|---|
| 205 I | 悪いけど | 情報提供・関係作り | |
| 206 I | 頼むよ。 | 依頼 | 単独行為要求・意志表示 |

依頼の話段 5 等：「依頼の話段 5」は「依頼の話段 3」と類似した気配り発話と依頼からなっていますが，それによって T の受諾が確定されます。その後，引っ越しに使う車の申し出と応答が続きます。

## ③ 談話分析でさらに考える

　日本語では依頼の話段はメタ言語的発話から始まり，その後依頼に関する情報が提供されます。また，被依頼者が受諾した後大丈夫かどうかを再確認したり，依頼を明示する前に「悪いけど」のように謝ったりするところに依頼者の気配りが見られます。そのほかに，依頼の前提条件が満たされているかどうかを確認する先行発話連鎖から始まり，被依頼者が依頼者の情報提供や意志表示から依頼を察することもあります。

　本章は親しい人同士の資料を対象にしましたが，さまざまな上下，親疎関係，相手にかける負担の軽重による自然な依頼談話を考察することによって，さらに多くのストラテジーが見えてくると考えられます。その際それぞれの発話を文脈から取り出し静的に分析するのではなく，発話の流れのなかで動的に考察することが大切です。

表記記号
「～」　　発話機能の後に「～」記号が付いている（168 I 情報提供～）発

|  |  |
|---|---|
|  | 話は，その後の発話機能の前に「～」が付いている発話（169Ⅰ～情報提供）が発話されるまで発話機能が認定できないという意味です。発話機能の後に「～」が付いていない発話は，その発話までの発話のみで発話機能が認定できるものです。 |
| 。 | 下降のイントネーションで文が終了することを示します。 |
| ？ | 疑問符ではなく，上昇のイントネーションを示します。 |
| 、 | 文が続く可能性がある場合のごく短い沈黙を示します。 |
| (0.6) | （ ）の中の数字は10分の１秒単位表示される沈黙の長さを示します。 |
| ー | ーの前の音節が長く延ばされており，ーの数が多いほど長く発せられたことを示します。 |
| //　‖ | 同時に発話された発話両方に示し，重なった部分の始まり（//）と終わり（‖）を示します。 |
| ｜　｜ | ｜　｜内に笑い，咳等を示します。 |
| （　） | （　）の中の発話が記録上不明瞭な発話であることを示します。 |
| (( )) | (( ))内に非言語行動の説明を示します。 |
| ------ | 破線は段区分を示します。 |
| その他 | 相づち的な発話は，先行する発話の終わりから始まるように右側に寄せて記します。 |

## 練習問題

1．電話調査を行ってみよう。受諾書を作り，電話をかける相手に予め会話分析の研究のための許可をもらった上で，実際の電話の会話を録音しよう。収集した会話は，どのような種類の談話があるのか，参加者の目的，発話の機能，談話の単位等さまざまな観点から分析してみよう。

2．隣接（応答）ペアを見つけよう。どんな種類のペアなのか。隣合っているかどうかに注目してみよう。

　　　発話番号－発話番号　　　第１の発話－第２の発話

3．優先的な応答と非優先的な応答の例を見つけよう。なぜそうとわかったのか。それぞれの特徴は何なのかについても考えてみよう。

4．先行発話連鎖を見つけよう。何のための先行発話なのか。優先応答体系との関係はどうなっているのか考えてみよう。

5．ストラテジー（目的を達成するための手段）を分析してみよう。気配り発話のほかにどのようなストラテジーがあるのか考えてみよう。

## 読書案内

① 寺村秀夫・佐久間まゆみ・杉戸清樹・半沢幹一編『ケーススタディ　日本語の文章・談話』おうふう，1990年．
　＊実際の文章・談話の例に基づいて接続表現，指示表現，反復と省略の表現，提題表現，叙述表現，段落の構造類型，文章の構造類型，会話の展開，発話の機能，文体と表現，比喩表現等という観点から分析方法を紹介する入門書です．

② ザトラウスキー，ポリー『日本語の談話の構造分析——勧誘のストラテジーの考察』くろしお出版，1993年．
　＊会話分析の方法，勧誘の会話分析，談話の単位についての先行研究を紹介し，別冊資料の実際の日本語による電話の会話に基づいてその会話の構成単位（発話・話段・談話）と勧誘のストラテジーを考察した本です．

③ Szatrowski, Polly, ed., *Hidden and Open Conflict in Japanese Conversational Interaction*, Tokyo, Kurosio Publishers, 2004.
　＊日本語による議論，討論，物語，勧誘，苦情，根回しの会話の相互作用における目に見えない摩擦と見える摩擦を話題管理，摩擦回避，関係推持，言語・非言語行動による交渉，説得方策，繰り返しの観点から考察した本です．

④ Schegloff, Emanuel A., *Sequence Organization in Interaction*, Cambridge, Cambridge University Press, 2007.
　＊英語による会話分析の基礎を作ったエマニュエル・シェグロフがターン・話者交替・重複・沈黙・隣接ペア・挿入発話連鎖・優先応答（体系）・修正・先行発話（連鎖）等を基本概念とする会話分析の方法を説明した本です．

⑤ Szatrowski, Polly, ed., *Storytelling across Japanese Conversational Genre*, Amsterdam, John Benjamins, 2010.
　＊日本語の日常談話，アニメの語り，面接，講義等におけるストーリーテリングを対象にし，語る価値（tellability），聞き手の役割，責任と共通知識の確認し合い，自己表示等を言語・非言語行動より考察した本です．

## 参考文献

猪崎保子「『依頼』会話にみられる『優先体系』の文化的相違——日本人とフランス人日本語学習者の接触場面の研究」『日本語教育』第104号（日本語教育学会），2000年，79-88頁，125頁．

ザトラウスキー，ポリー「会話分析における『単位』について——『話段』の提案」『日本語学』第10巻第10号，1991年，79-96頁．

ザトラウスキー，ポリー『日本語の談話の構造分析——勧誘のストラテジーの考察』くろしお出版，1993年．

ザトラウスキー，ポリー「かかわりあう」佐久間まゆみ・杉戸清樹・半沢幹一編『文

章・談話のしくみ』おうふう，1997年，164-180頁，220頁。
ザトラウスキー，ポリー「英語と日本語の依頼表現の比較対照」糸井通浩・半沢幹一編『日本語表現学を学ぶ人のために』世界思想社，2009年，234-254頁。
高木美嘉「会話における被依頼者の『調整』の方法」『研究と資料』第26号（国語学），2003年a，25-36頁。
高木美嘉「会話における待遇の方法——依頼者はどうやって意図を実現しようとするのか」『早稲田日本語研究』第11号（早稲田大学日本語学会編／早稲田大学日本語学会），2003年b，25-36頁。
Austin, J. L., *How to Do Things with Words*, Oxford, Clarendon Press, 1962.
Levinson, Stephen C., *Pragmatics*, Cambridge, Cambridge University Press, 1983.
Merritt, Marilyn, "On Questions Following Questions in Service Encounters", *Language in Society*, 1976, 5.3, pp. 315-357.
Searle, John R., *Speech Acts*, Cambridge, Cambridge University Press, 1969.

## Column

### 談話のやりとりと構造

共同発話：共同発話とは，2人以上の参加者によって作り上げられる名詞句や節，単文，複文等です。(5)の183T「俺はもう、」に対してIが184I「大丈夫？」と言うことによってTとIが一緒に「俺（＝T）はもう、大丈夫？」という文を一緒に作り上げます。183Tの発話は情報提供ですが，184Iを付け加えることによって情報要求という機能を担うように発話機能が変わる場合があります。また，1人称と2人称の代名詞，敬語等が用いられる場合，183T＋184Iのように1人の話者では言えない文ができます。共同発話の後の発話を足すことによって相手の言うことを察したり，助け舟を出したり，(3人以上の会話の場合）連携したりするようにさまざまな用い方があります。

倒置：倒置とは「述部的部分以外の成分」を「述部的部分の要素」の後に「述部的部分の要素」より低いイントネーションで発話する現象です。本体＋倒置部1（＋倒置部2＋... 倒置部n）の構造になります。(4)の70「秋葉原で、なんか知ってるお店あります特別に。」のように名詞句が倒置されるものと(5)の187I「で、荷物そんな多くないんだ。聞いたら。」のように節が倒置される場合があります。(6)のように複数の倒置部もあります。

```
(6) 160K   えらいよねだからほんとーーー→、
           |  本体  |倒置部1|  倒置部2  |
       161K  (0.7) 学校両方行っててさーーー→、
                |          倒置部3          |
```

倒置部1と2はポーズなしで発話されていることから160Kの前から用意されていると考えます。倒置部3は160Kの後，褒められた相手が視線をKから下へ逸らし，0.7秒のポーズの後で発話されています。このように相手が反応しにくい発話を倒置で伸ばすことによって相手に時間を与えることもあります。

　話段：「話段」は談話の単位ですが，2人以上の参加者が雑談等で話す場合，（7）の情報を提供することと関係する発話機能を用いる情報提供者と，協力して作り上げる協力者という2つの役割があり，役割が交代するところで話段が変わります。

　（7）情報提供者　　　　　協力者
　　　①注目要求　　　　　⑥情報要求
　　　②談話表示　　　　　⑨言い直し要求
　　　③情報提供　　　　　⑩言い直し
　　　④意志表示　　　　　⑪関係作り・儀礼
　　　⑤同意要求　　　　　⑫注目表示（a～i）
　　　⑦単独行為要求
　　　⑧共同行為要求
　　　⑨言い直し要求
　　　⑩言い直し
　　　⑪関係作り・儀礼
　　　⑫注目表示（j，k）

　例えば，「依頼の話段」では依頼者が依頼に関する情報を提供し，依頼しますが，そこでは依頼者が情報提供者で，被依頼者が協力者となります。一方，「依頼応答の話段」は，被依頼者が自分の都合について情報を提供し，依頼に対する応答をしますが，そこでは（⑦⑧は用いないが）被依頼者が情報提供者で，依頼者が協力者に変わります。このように2人の参加者の目的が異なった談話では発話機能が入れ替わるところで話段が変わります。一方，1人の話者が一方的に話す講義談話等では話段は話題によって区分されます。

# 第 III 部
## 研究分野の広がり

# 第8章 社会言語学

渋谷勝己

――― この章で学ぶこと ―――

　この章では社会言語学という分野のお話をします。社会言語学とは，名前のとおり，ことばを社会との関連で見ていく研究分野で，ことばを次のような3つの見方で捉えるのが特徴です。

　①　1つの社会には，地域差や性差，年齢差など，同じことを言うのでもいろいろな言い方があること。英語を国際的な公用語にしようとする動きがあることからわかるように，コミュニケーションを行うためにはことばは1つであることが望ましいはずです。にもかかわらず，このような違いがあるのはなぜなのでしょうか。

　②　ことばを使う人々は，自分がもっているいろいろなことばのなかから，その場，その相手にもっともふさわしいと思うことばを選んで会話を行っていること。私たちは生まれたときからまわりで交わされる会話を耳にして，自分の考えを直接述べる言い方や間接的に述べる言い方，丁寧な言い方やぞんざいな言い方など，日本語のいろいろな言い方を身につけます。しかしここでも，どうしてわざわざたくさんのことばを用意して使い分けなければいけないのかという疑問が浮かびますね。

　③　このような多様なことばは，社会的な価値という点では平等ではないこと。学校では標準語がいいことばで，授業中に先生にタメ口で話しかけたり，ともだちにののしりことばを使ったりすると注意されますね。「見れる」という可能の言い方を作文などで使うと直されることもあるようですが，そのようにことばの善し悪しを判断する基準は何なのでしょうか。またそれは，誰が決めることなのでしょうか。

　社会言語学が取り上げる問題は，みなさんの身近なところにあるものばかりです。ひごろみなさんがどのようなことばを使ってどのように会話を行っているか，すこし意識して振り返り，またほかの人たちの会話をときどき観察しながら，本章を読み進めてみてください。

**キーワード**

　バリエーション，言語変化，言語接触，社会的役割，言語行動，わきまえ，アコモデーション，ポライトネス，言語政策，言語計画

## 1 社会言語学とは

### 2種類の社会

　言語学のなかには、本章で取り上げる社会言語学や、比較言語学、対照言語学、心理言語学、認知言語学など、修飾語のついた言語学がいくつかあります。その修飾語と被修飾語である「言語学」の関係は、比較言語学や対照言語学の場合にはことばを「比較し対照する」という方法を用いる言語学ですが、社会言語学は心理言語学や認知言語学などと同様に、ことばと、それと関連するさまざまな言語以外の事象（社会、心理、認知）の関係を探るタイプの言語学の1つです。

　では、ことばと社会には、具体的にどのような関係があるのでしょうか。

　「社会」ということばが指し示す内容は非常に広い範囲におよびますが、社会言語学の研究は、大きく分けて、次の2つの「社会」をめぐって行われています。

　(a)　マクロの社会：同じ社会的属性をもった人々が構成する集団
　(b)　ミクロの社会：2人の人間が出会って構成する、会話が交わされる最小単位

### マクロの社会の言語学

　(a)のマクロの社会について、同じ属性をもつということの例には、規模は大小さまざまですが、例えば、同じ国や同じ市町村に住んでいる、同じ性（男性・女性）や年齢（20代、30代など）の集団に属している、同じサークルに所属している、などのことがあります。同じ属性をもっていても、たがいに顔見知りであることもあれば、一度も会ったことがないという場合もあります。

　このことを前提にして、次の例を見てみましょう。それぞれの発話は、どのような属性をもった人が発したことばでしょうか。

　(1)　きのう、あの建物のなかでこわいもん見てもうてんやんか。
　(2)　きのう、あの建物のなかでこわいもの見ちゃったんだよ。
　(3)　きのう、あの建物のなかでこわいもの見ちゃったのよ。

　おそらくみなさんは、(1)は関西に住んでいる人、(2)は東京あたりの男性、(3)は同じく東京に住んでいる女性といったイメージの話し手を思い浮かべた

のではないでしょうか（ちなみに聞き手はすべて親しい友人や家族）。上の（1）～（3）はほぼ同じ内容のことを言っているのですが，その言い方はごらんのように多様です。このような，同じ内容のことを言う異なった言い方のことを，「ことばのバリエーション」と呼んでいます。日本語については，ことばの地域差，性差，年齢差，所属サークル差などがバリエーションの例として指摘されることがありますが，これらはすべて，話し手を，出身地，性，年齢，所属サークルなどの属性で分けたときのそれぞれの集団（＝マクロの社会）に特徴的なバリエーションです。厳密にいえば，バリエーション（変異）ということばは個々の言語形式のことを言い，大阪方言や東京方言など，1つのことばの体系全体を指す場合にはバラエティ（変種）ということばで言及しますが，ここではバリエーションということばを，変異や変種など，ことばの多様性を広くカバーする用語として使用することにします。マクロの社会を対象とする社会言語学は，1つのことば社会にどのようなバリエーションがなぜ存在し，それが社会のなかでどのような役割を果たしているのかを研究する分野です。変異理論（variation theory）という名前で呼ばれる研究分野や，ジェンダー研究などがここに属しますが，以下ではまとめてバリエーション研究という名前でこの分野を呼ぶことにします。

### ミクロの社会の言語学

次に，（b）のミクロの社会を考えてみましょう。

ときどき「～語の最後の話し手」といったことばを耳にすることがあります。これは，その言語の話し手がかつては多数存在したという歴史によってそのように言われることなのですが，どのような言語であれ，言語というものはそもそも，その言語を使用する能力をもつ2人以上の話し手がいて，たがいが出会ってそれをコミュニケーションのために用いることによってはじめて成り立つものです。したがって，話し手がひとりになった時点で，その言語はもう機能しなくなった，すなわち消滅したと考えるのが自然です。それはさておき，この，同じ言語の能力をもつ（あるいは，ときに共通する言語をもたない）2人（以上の人）が参加して構成する会話の場が，ミクロの社会です。このミクロの社会，つまり会話の現場ではどのようなことが起こっているのでしょうか。次の例で確認してみましょう。

（4）　母：あんた，ちょっと手伝ってくれない？

娘：あっ，宿題しなくっちゃ。
母：日曜日なんだから少しぐらい手伝ってくれてもいいじゃない。
娘：わかりましたよっ！

　この例には，注目すべきところが少なくとも2つあります。1つは，最初の母―娘の会話部分において娘が言ったことばです。ここでは母は，娘に手伝いを依頼していますが，通常，依頼に対してはその諾否（この場合には手伝うことの諾否）を答えなければいけません。ところが，娘の答えは宿題をすることの必要性を述べるもので，文字どおりの意味ではその応答にはなっていません。しかしみなさんは，この会話のやりとりから，娘は手伝いの依頼を断っているということを即座に読み取ることができますよね。母の依頼に立派に応答しているわけです。

　それからもうひとつの注目点は，2つめのペアにおいて，これも娘が言った「わかりましたよっ！」ということばです。これは丁寧体になっていますが，丁寧体は身内の人や親しい友人に使うものではありません。丁寧体はふつう，会社の上司や先輩などの目上の人が聞き手になったときなどに使うもので，それらの人に（見かけ上）敬意を払ったり，自分とそれらの人のあいだに距離を置くことをマークする装置です。娘はこの会話においてその働きを巧みに利用し，丁寧体を使用することで母親とのあいだに距離ができたことを示して，最後の抵抗を試みているわけです。

　ミクロの社会を対象とする社会言語学は，このように，会話のなかで会話の参加者たちが，相手や場面との関係でどのようにことばを使用しているのかを探る研究分野です。ことばのこのような側面に興味をもっている分野には，語用論や会話分析などほかにもありますが，社会言語学ではとくに，対人配慮という側面がハイライトされます。日本では言語行動研究と呼ばれることが多いので，以下ではそのように呼ぶことにしましょう。

　以下，この章では，この2つの柱にそって節を構成し，第2節でバリエーションについて，第3節で言語行動について，いくつかのトピックを取り上げながら具体的に考えていくことにしましょう。

## 2　ことばのバリエーション

　言語学の教科書には，「言語とは意思疎通のための道具である」といった趣

旨のことが述べてあることがあります。しかし、もし言語が意思疎通のための道具であるのならば、言語間の違いはもとより、同じ言語のなかにあるバリエーションも、ないほうが望ましいはずです。にもかかわらずバリエーションがない言語というのは見出せません。では、どの言語にもバリエーションがあるのはいったいなぜなのでしょうか。この節ではバリエーションはなぜ存在するのかということに焦点をあてて、ことばと社会の関係について考えてみることにしましょう。以下、言語変化、言語接触、話し手の社会的役割の3つの要因を取り上げてみることにします。

### 言語変化とバリエーション

バリエーションをもたらす要因としてすぐに思い浮かぶのは、地域差などに見るように、ある共同体のメンバーと別の共同体のメンバーのあいだでコミュニケーションを行う機会があまりなく、同時にそれぞれの共同体のなかで独自の言語変化（これを自律的変化

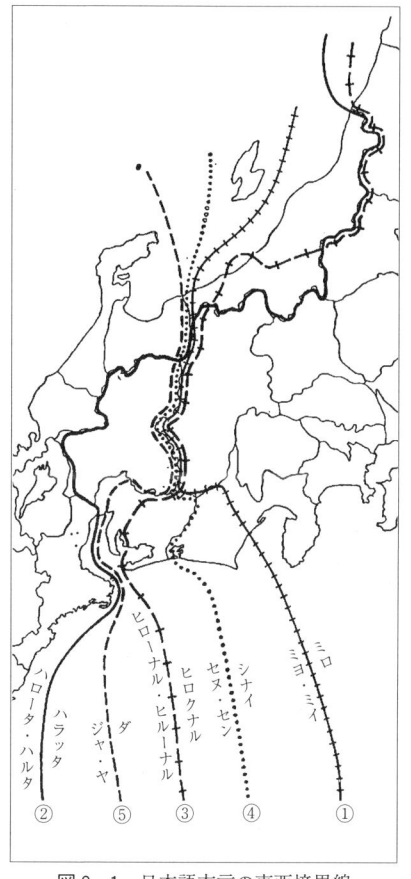

図8-1　日本語方言の東西境界線
出典：徳川（1981）より引用。

と呼んでおきます）が起こったために、たがいのことばが乖離していくというシナリオです。この、コミュニケーションを行う機会がないということは、2つの共同体のあいだに例えば高い山や大きな川があるなどの場合に典型的に起こることで、日本の場合、本州を東西に二分する糸魚川―浜名湖線が有名です。図8-1に示すように、日本の方言を東西に分けるいくつもの単語の境界線が、ここに集中します。

なお、この、それぞれの共同体で言語が自律的な変化を重ねることによって異なった変種あるいは言語に分化していくというアイディアは、歴史言語学が言語や方言の系統関係を描き出すのに使用する系統樹の基礎をなすものですが、

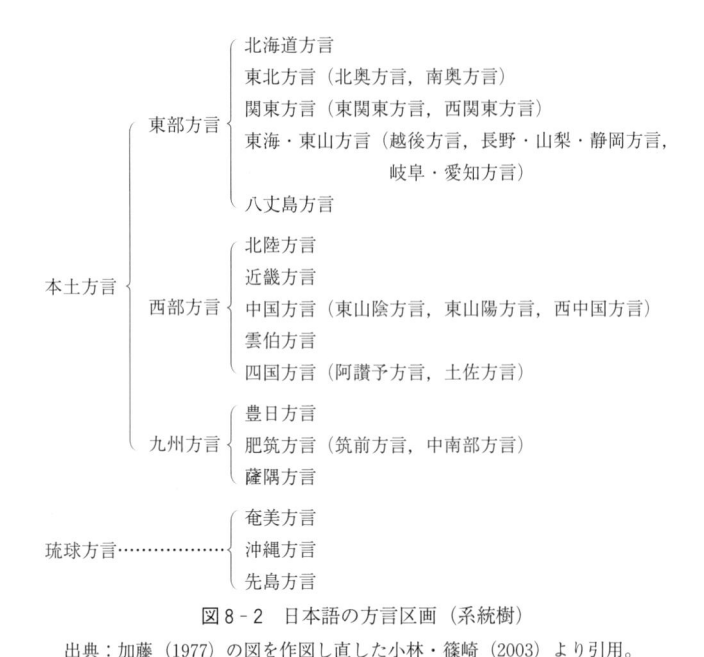

```
                    ┌ 北海道方言
                    │ 東北方言（北奥方言，南奥方言）
            ┌ 東部方言 ┤ 関東方言（東関東方言，西関東方言）
            │       │ 東海・東山方言（越後方言，長野・山梨・静岡方言，
            │       │                         岐阜・愛知方言）
            │       └ 八丈島方言
            │       ┌ 北陸方言
            │       │ 近畿方言
    本土方言 ┤ 西部方言 ┤ 中国方言（東山陰方言，東山陽方言，西中国方言）
            │       │ 雲伯方言
            │       └ 四国方言（阿讃予方言，土佐方言）
            │       ┌ 豊日方言
            └ 九州方言 ┤ 肥筑方言（筑前方言，中南部方言）
                    └ 薩隅方言
                    ┌ 奄美方言
    琉球方言………………┤ 沖縄方言
                    └ 先島方言
```

図 8-2　日本語の方言区画（系統樹）
出典：加藤（1977）の図を作図し直した小林・篠崎（2003）より引用。

図 8-2 に見るような日本語の方言区画にも，同様のアイディアが観察されます。つまり，地域差のようなバリエーションは，コミュニケーションの欠如と共同体内部の自律的な言語変化が連動してもたらすものであると説明するものです。

**言語接触とバリエーション**

　一方，上の系統樹に見られるアイディアは，一度別れてしまった方言同士は再び合流することはないとするものですが，言語（地域差）の形成に関してはまた一方に，波状説といった別のアイディアも提唱されています。これは，新しいことばは都会で生まれ，それが徐々に波紋を描くように周辺部に広がっていくという言語変化の1つのメカニズムを重視し，それぞれの地域が都会から広がってきたことばをどれだけ受容したか，あるいは都会のことばとどれだけ接触したかが地域差となって現れると考えるものです。図式化すると，図 8-3のようになります。

　日本語の場合，図 8-3 のモデルを適用すると，例えば京都をはさんでその両側に，同心円状に似たようなことばが観察されるということになります（周

圏分布と言います）。古いことばは田舎に残ると言われることがありますが、それはこのモデルで説明できます。

一方，言語接触が新たなバリエーションを生み出していくということは，周圏分布を形成するような方言間の接触だけにかぎられることではありません。1つの言語が他の言語と接触した場合などにも観察することができます。かつて日本語は，中国語や英語と接触してその姿をかなり変化させました。

そのほかにも，例えば日本人は，ハワイや北米，南米など，世界各地に移住してコミュニティを形成しました。そこでは日本人が持ち込んだ日本語がそれぞれの地域で話される言語と混じり合って，新たな日本語のバリエーション（ブラジル日系人日本語変種など）を作り上げています。先に図8-3に示した周圏分布は人々が定住している場で起こる方言接触ですが，この場合には人々の移住を伴う言語接触ということになります。

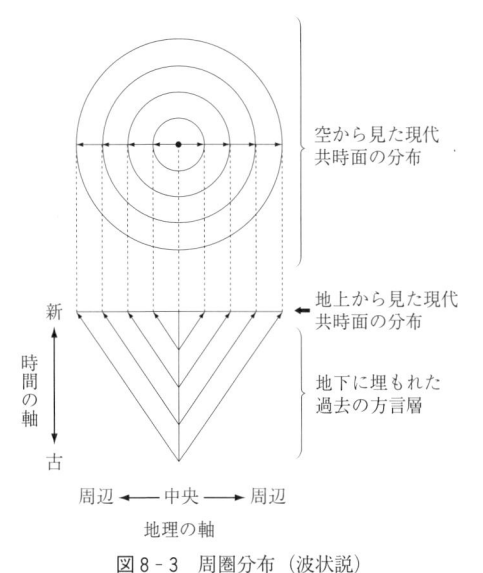

図8-3 周圏分布（波状説）
出典：小林・篠崎（2003）より引用。

なお，移住に伴う新たな日本語バリエーションの発生ということでは，日本語を母語としない人々が海外から日本に移住して作り上げた日本語もあります。戦前戦後に日本に移住し，現在，大阪市生野区などにコミュニティを形成して住んでいる在日コリアン一世や，同様に各地にコミュニティを形成して住んでいる日系ブラジル人の日本語などがその例で，日本国内の外国人の数が増加しつつある現代においては，このような日本語のバリエーションが増えてくることが予想されます。

### 話し手の社会的な役割

さてここまで，主に地域差を例にして，それぞれの言語にバリエーションをもたらす要因に自律的変化と接触的変化の2つがあることを観察しました。では，地域差以外のバリエーション，すなわち，ことばの年齢差や性差，所属

サークル差などは，この2つの要因によってその存在を説明することができるでしょうか。

　新しいことばは若い人のあいだで使われはじめることが多いので，年齢差などはそれで説明できそうな気がします。所属サークル差なども，異なったサークルのあいだでよりも同じサークルのなかでコミュニケーションを行うことが多いということを考えれば，その一部は説明できますね。では性差はどうでしょうか。

　男性と女性は家庭のなかでも学校でも職場でも日常的にことばを交わしていますので，これまで見てきた2つの理由ではその違いが生じることの説明がむずかしいようです。ではことばの性差はどのようにして生じるのでしょうか。

　ここで，みなさんが小さいときのことを思い出してみましょう。お母さんや周りの大人から，「〜ちゃんは女の子なんだからそんな乱暴なことばは使わないの」とか，「〜ちゃんは男の子なんだから，もっとはっきりものを言いなさい」などと言われたことはありませんか。そうです。それぞれの共同体では，その構成員の属性にふさわしいふるまいが期待されていて，その社会的な役割に対する期待感がさまざまなバリエーションをもたらす要因になっているのです。逆にいえば私たちは，「あの人はことばから察するに ｛まだ学生さん／いいところのお嬢さん／先生／弁護士／……｝ のようだね」のように，そのことばからその人の属性を言い当てることができるほどなのです。

　以上，この節では，ことばにバリエーションが生じる理由を，①言語の自律的な変化，②他の言語や方言との接触による変化，③話し手の社会的な役割の3つに分けて整理しました。言語が自律的に変化するということは，言語が世代間で（不完全に）継承されるものであるかぎり避けられないところがありますし，他の言語や方言と接触したことのない話し手を探すのもむずかしい世の中です。それぞれの時代で期待される役割は違っていても，人間が社会を構成して生活するかぎり，それぞれの構成員に期待される役割はどうしても出てきますね。こういった理由によって，どの言語にもバリエーションが観察されるということになるわけです。

### ③　言語行動

　次に，言語行動について考えてみましょう。

　私たちは，生まれたときから日本語社会で育つなかで，第2節で述べたよう

なバリエーションを身につけていきます。そのバリエーションをめぐる能力には，一方には自分自身の属性にそって個々のバリエーションを使用する能力があり，また一方には，自分では使用することはないものの，それを理解して，相手がどのような社会的な属性をもった人なのかを判断する能力があります。このような，バリエーションを使用しまた理解する能力は，小さな子供でももっていることが観察できます。例えば子供のママゴト遊びを観察すると，子供は，お母さん役やお父さん役，幼稚園の先生役などに応じて，その子供がふだん使っていることばとは違ったことばを使って遊んでいる姿を見ることができますね。

このようにしてわたしたちは，話し手の属性と結びついたさまざまなバリエーションに関する能力をもって会話に臨むわけですが，バリエーションにはもう1つ，大事な種類のものがあります。会話のなかで，さまざまな相手に応じて1人の話し手が使い分けるバリエーションで，これをスタイルと呼ぶことがあります。例えば次の例を見てみましょう。

　（5）　うち，きのうたいへんなもん見てもうてんやんか。
　（6）　わたし，きのうたいへんなものを見てしまったんですよ。

これは，一方では属性の異なる話し手が発することばであることもありますが，また一方では，同じ話し手が，相手や状況に応じて使い分けることのある発話でもあります。後者の視点で見た場合，（5）は同じ方言を話す親しい人と会話をしているくだけた場面での発話，（6）はややフォーマルな場面での発話の例で，（5）では話し手が女性であることがわかりますが，（6）だけ見ると話し手が女性かどうかわからなくなっていますね。

さて，話が入り組んできたようですので，ここでここまでバリエーションについて述べてきたことを，その名称も含めて一度まとめておくことにしましょう。1つの言語のなかに観察されるバリエーションは，全体として，表8-1のように分類できることになります。

　スタイルについての話を続けます。
　（5）と（6）の例に見るように，私たちはことばのレパートリーとして自分自身が使用するいくつかのスタイルをもっていますが，では具体的に，それらのレパートリーを，いつ，どのようにして，なんのために使い分けているのでしょうか。
　ことばを使い分けることにはいろいろな要因がありますが，ここでは，わき

表8-1 バリエーションの種類

| 特徴 | 名称 |
|---|---|
| それぞれの話し手のもつ属性によって特徴づけられるバリエーション | 地域方言（いわゆる方言）<br>社会方言（性差，年齢差など） |
| 1人の話し手が使い分ける，ことばのレパートリーとしてのバリエーション | スタイル |

まえ，アコモデーション，ポライトネスという3つの要因を見ておくことにしましょう。いずれも聞き手や会話の目的にそって使い分ける際に働く要因です。

**わきまえ**

私たちに一番なじみのあるのは，わきまえによることばの使い分けということかと思います。社会的に定まったある一定のルールのもとでことばを使い分けることを言います（井出 2006）。例えば次の例を見てみましょう。それぞれの例の聞き手はどのような人でしょうか。

（7） あの映画，どうやった？
（8） あの映画，どうでした？
（9） あの映画，いかがでしたか？

それぞれの発話が尋ねていることは同じですが，その発話が向けられている聞き手は違いますね。(7)は家族や親しい友人，(8)はサークルの先輩などの親しい目上の人か初対面の人，(9)は先生など親しいけれどもかなり目上の人が想像されたでしょうか。これらの例は敬語が関わった例ですが，「こういった人やこういう場面ではこの敬語を使わなければいけない」というように，社会的に厳しく定まっているバリエーションの使用規則をふまえてことばを使い分けるのがわきまえです。結婚式には礼服やドレスを着ていき，ジャージやTシャツはふさわしくないというように，社会の慣習に応じて服を着分けるというのに似ています。

さて，わきまえによることばの使い分けは，会話の相手などに応じて選択することばを一定のものに固定するものですが，次の2つは，同じ人を相手にした会話でも，その会話のなかでことばを切り換えるというものです。

**アコモデーション**

まず，アコモデーションから取り上げます。

みなさんは，会話の相手が成人の場合と，2～3歳の幼児のときとで，同じ話し方をするでしょうか。それとも話し方を変えますか。相手が日本語を母語とする成人のときと，留学生とではどうですか。おそらくみなさんは，相手が幼児や留学生のときは，ことばをやさしい（と話し手が思う）ものに変換するのではないでしょうか。このように，話し手が相手のことば（ときに見かけ）に応じて自分の使用することばを変えることを，アコモデーションと言います（Giles 1984）。これもスタイルを切り換える大事な要因です。見知らぬ旅行者が道を尋ねてきたときは，方言ではなく共通語で教えてあげることが多いですよね。あるいは外国人旅行者が英語で道を尋ねてきたときは，英語で教えてあげると思います。これらの行為もアコモデーションです。ちなみにアコモデーションにはこの逆に，相手のことばを聞いてわざと自分のふだんのことばを変えない，あるいは違うものにするといった場合もあるようです。

アコモデーションとわきまえの違いは，アコモデーションの場合，1つの会話のなかで使用することばを1つのスタイルや言語に固定するというのではなく，話し手が会話を行っているなかでいわばオンラインで自身のことばを調整するという点にあります。例えば観光地を歩いているときに外国人観光客にたどたどしい日本語で道を尋ねられたとき，最初はどのようなことばで応じてよいか迷ってとりあえずやさしい日本語で応答したとしても，その後相手の日本語能力がけっこう高いことに気がつけば母語話者と話すときと同じような日本語に切り換えていくでしょうし，あまり日本語能力がないとわかれば英語などに切り換えることもありますね。

アコモデーションはこのように，聞き手のことばに対する配慮によって自身の使用するスタイルや言語を切り換えるというものですが，聞き手に配慮してスタイルを切り換えるということには，次のポライトネス（丁寧さ）ということが関わることもあります。

ポライトネス
例えばみなさんが，どうしても今日中に授業料を払う必要があるのに持ち合わせがなく，誰かに100,000円借りなければならないことになったとします。そのとき，親しい友だちに借りる場合と，親しい友だちにみな断られてどうしても先生に借りなければならなくなったときとで，同じ頼み方をするでしょうか。また，同じ友だちに借りるときでも，100,000円借りるときと，ジュースを買うために100円を借りるときとではどうですか。おそらく，次のような会

話がイメージされたのではないでしょうか。

(10) （友だち（B）に100,000円借りる場合）
A：わるいけど，いま，お金余裕ある？
B：なんで？
A：いや，実は今日中に授業料払わなきゃなんなくってさ。でも持ち合わせがないんだ。もしあったらちょっと貸してくんないかな。
B：いくらぐらい？
A：100,000円。
B：えっ，そんなに？　ん～～，ないことないけど。
A：頼むよ。きみと僕の仲じゃないか。すぐ返すからさー。

(11) （先生に100,000円借りる場合）先生，あのー，実はちょっとお願いがあるんですが，あのー，ちょっと，今日中に授業料を払う必要があるんですがー，あのー，ちょっと，今日お金がなくて，えっと，ちょっと，あのー，もしできれば，あのー，ちょっと，あのー，少し貸していただけると，あ，いえ，もしできればでいいんですけど，あのー，ちょっと貸していただけると，あのー，助かるんですけど。もちろんすぐ返しますんで。

(12) （友だちに100円借りる場合）悪いけど100円貸してくれる？

　私たちはこのように，誰に何を頼むのかによってことばを使い分けることがありますね。相手に対する遠慮が大きくなるとそれに応じてことばが長くなり，逆に遠慮のない間柄でちょっとしたことを頼む場合にはことばが短くなります。
　では，遠慮のある場合にはなぜことばが長くなるのでしょうか。このことを説明するのには，ブラウンとレビンソン（Brown & Levinson 1987）の提唱するポライトネスのモデルが便利です。このアイディアは，人間は誰しも，他人に認められたいという積極的な顔（positive face）と，他人にじゃまされたくないという消極的な顔（negative face）という，正反対の2つの顔をもっており，言語行動を行う場合には聞き手のその2つの顔に配慮しつつ行っているとするものです。上の例で言えば，お金を借りるという行為自体すでに聞き手のじゃまをされたくないという気持ちを損なってしまうものですが（人にお金を貸すと，返ってくるまで落ち着きませんね），例えば(11)の話し手（借り手）は，「ちょっと」「もしできれば」「すぐ返しますんで」といったことばを使用して，聞き手のじゃまをされたくないという気持ちを軽減することに努めています。

そのほか,「貸してくださいませんか」といった直接的な表現を避けていることにも気がつきますね。また(10)などでは,「きみと僕の間柄じゃないか」のように,聞き手の認められたいという願望（積極的な顔）を満たすような作戦もとっています。こういった作戦を多用すると,自然にことばが長くなるというわけです。

なお,みなさんのなかには,そもそも知り合いに100,000円も借りることはせず,大学に授業料の支払いの延期を嘆願するという方法を選ぶといった方もおいでだったかもしれません。これももちろん,聞き手の消極的な顔を立てるための方策の1つです。

以上この節では,ミクロの社会のなかで展開される言語行動の注目すべき側面のなかから話し手のスタイル選択行動（あるいはスタイル構築行動）に注目し,それを左右する要因として,わきまえ,アコモデーション,ポライトネスという3つを取り上げてみました。

## 4  社会のなかのことば

最後に,社会言語学的なことばの見方と,その応用的な課題をまとめておきましょう。

### 社会言語学的なことばの見方

本章の冒頭で,社会言語学は,ことばを社会との関連で見る言語学であるということを述べました。その大きな特徴は,次のような点に現れます。

(a) 抽象的なことばの体系（音韻・文法・語彙の体系など）は脇におき,ことば（個々の言語形式や個々の言語／方言）が社会のなかで使われている実態に注目すること。

(b) 個々の言語形式,あるいは個々の言語／方言には社会的な情報や評価が焼き付いていることがあり,その情報や評価の内容にとくに注意を払うこと。

(a)は,社会言語学は話し手の属性や会話が交わされる場面に注目するということを含むもので,その具体的な見方はこれまで見てきたとおりです。

(b)については,文法研究（あるいは修飾語のない言語学）の考え方などと対比するとわかりやすいかもしれません。文法研究では一般に,未開の言語や

くずれた言語といったものはなく，すべての言語の文法は平等であるという立場をとります。そしてこの立場から，ピジン，クレオール，幼児語，中間言語（第二言語を学ぶ人たちが使用するその第二言語）などを含めた世界中で話される言語の文法面に観察される個別言語的な特徴や普遍的な特徴を明らかにすることを試みてきました。

　社会言語学も言語を研究する一分野ですのでその立場は同じなのですが，社会言語学はそれに加えて，第2節や第3節で見たようなバリエーションやスタイル，あるいは個々の言語や方言を社会のなかに位置づけて見たときには，それぞれは決してたがいに平等ではないという見方をとります。つまり，言語学的にはどの言語や変種も対等の資格で研究の対象となるが，人々がそれを使用する日常的な世界においては，ことばには社会的な不平等が蔓延しているという見方です。この不平等は，例えば英語の使用者数／習得者数は日々増えていく一方で，使用者の数が激減し，消滅の危機に瀕している言語があること，あるいは伝統的な方言が使われなくなり，かわって共通語が使用されるようになることなどで確認できます。また，英語や共通語が広がることに反発を覚え，逆に自分の言語や方言を前面に押し出そうとする人もいますが，これもその言語や方言の社会的な位置づけに対する反応のひとつです。

　第2節や第3節で観察した地域方言や社会方言，スタイルには，社会的な情報や評価がしっかりと焼き付いています。社会言語学はこのようにして，言語そのものの特徴だけではなく，人々がその言語あるいは個別の言語形式を社会的にどのように評価しているかということをまるごと捉えて研究する分野です。

### 言語政策論・言語計画論・言語管理論

　社会言語学の応用的な問題にも触れておきましょう。
　これまで観察してきたように，バリエーションはコミュニケーションのなかで大事な社会的役割を担っているのですが，上で述べたようなことばに対する人々の評価がときに異なり，それが社会問題になることがあります。地域間・世代間・グループ間のことばのギャップや丁寧さをめぐる価値観の相違など，社会言語学を研究するときにはこのような社会問題を避けては通れません。このことを理解するために，簡単な事例を取り上げてみましょう。例えば次の例のうち，みなさんはカッコのなかのどちらを使用するでしょうか。

　(13)　あしたは用事があって，ここには ｜来れない／来られない｜。

(14)　最近忙しくて，映画が全然｛見れない／見られない｝。
(15)　最近遅くまで仕事していて，朝早く｛起きれない／起きられない｝。
(16)　そんなことが起こったなんて｛信じれない／信じられない｝。

　左の形式がよく話題になるラ抜きことば，右の形式が共通語形ですが，みなさんのなかには，すべてラ抜きことば，一部ラ抜きことば，全部共通語形といった，いろいろな回答があったものと思います。

　このような多様性があると一番困るのはマスメディアや教育，パソコンソフトの開発などに携わる人たちで，ラ抜きことばか共通語か，どちらかひとつに統一することを考えなければなりません。みなさんなら，どちらに統一しようとなさるでしょうか。

　このようなことを考えるのが，言語政策論や言語計画論といった名称で呼ばれることのある分野です。この研究はことばを人為的に操作しようとするものですので，人々がことばをどう使っているかを忠実に写し取ることをもっぱらとする社会言語学とは目的が異なるのですが，社会言語学は，その問題を解決するための情報をたくさん提供することができます。上のラ抜きことばについては，東京では昭和のはじめごろから使用されるようになってきたこと，カ変動詞にもっとも使用され，続いて音節数の少ない動詞や（下一段動詞よりも）上一段動詞に使用が多いこと，東京や大阪のような大都市ではなく中部地方や四国地方でよく使用されること，などがわかっています。「国語審議会としては，本来の言い方や変化の事実を示し，共通語においては改まった場での「ら抜き言葉」の使用は現時点では認知しかねるとすべきであろう」というのが1995年に国語審議会がラ抜きことばに対して出した結論です。みなさんはどう思われますか。

　以上この章では，日本語を社会のなかに位置づけて考える社会言語学的な視点をまとめてみました。社会言語学はみなさんが日々使用していることばを研究の対象とする分野で，とくに，①自分がふだん使っていることばと違うことばを使っている人がいる（バリエーション），②こんなときにどのようなことばを使っていいか迷う（言語行動）といったことを出発点として研究がはじまります。みなさんも日常的な会話のなかで気づいたことを書き留めてみてください。貴重な研究の芽となるはずです。

## 練習問題

1. テレビのバラエティ番組に出演している芸能人のことばや，テレビ討論に参加している政治家のことばなどを観察して，ふだん自分が使わないと思うことばを取り出してみよう。それはどのようなことばか，使用者や使用する場面などの観点から分類してみよう。
2. 日本語を学んでいる留学生と日本語母語話者の会話を録音してみよう。そのなかで，日本語母語話者のことばには見られない留学生の日本語の特徴や，日本語母語話者を相手にしたときのことばとは異なる日本語母語話者のことばを抜き出し，なぜそのようなことばが使われたか，考えてみよう。
3. 日本語には「男まさりの」「女だてらに」といったことばはありますが，「女まさりの」「男だてらに」ということばはないようです。それはなぜか，考えてみよう。
4. 親しい先輩と後輩の会話などを観察，録音して，丁寧体と常体，方言と共通語を切り換えたところがないか探してみよう。もしあった場合，なぜ切り換えたのか，その理由を考えてみよう／尋ねてみよう。
5. 国語審議会や文化審議会国語分科会の審議報告を読んで，日本語のどのような側面が審議され，どのような結論がなぜ出されたか，まとめてみよう。
   (http://www.bunka.go.jp/kokugo_nihongo/bunkasingi/index.html など)

## 読書案内

① 田中春美・田中幸子編著『社会言語学への招待――社会・文化・コミュニケーション』ミネルヴァ書房，1996年。
② 真田信治編『社会言語学の展望』くろしお出版，2006年。
③ 東照二『社会言語学――生きた言葉のおもしろさに迫る』研究社，2009年。
  ＊いずれも日本人の手になる社会言語学の教科書で，日本語の事例を多く取り上げています。社会言語学とはそもそも，その時代，その地域のことばの社会的な状況に対応して研究課題が設定されるという側面があり，また研究者間でも興味のありかが異なっています。この3冊もその内容に異同がありますので，読みくらべてみてください。
④ トラッドギル，ピーター（土田滋訳）『言語と社会』岩波新書，1975年。
⑤ ウォードハフ，ロナルド（田部滋・本名信行監訳）『社会言語学入門』リーベル出版，1994年。
  ＊同じ視点から，外国人の手になる社会言語学の教科書を2点あげておきます。この2冊の内容を②と比較すると，日本語に見出される社会言語学的な特徴が理解できると思います。

## 参考文献

井出祥子『わきまえの語用論』大修館書店，2006年。
加藤正信「方言区画論」『岩波講座日本語11　方言』岩波書店，1977年。
小林隆・篠崎晃一編『ガイドブック方言研究』ひつじ書房，2003年。
徳川宗賢『日本語の世界 8　言葉・西と東』中央公論社，1981年。
リーチ，ジェフリー（池上嘉彦・河上誓作訳）『語用論』紀伊國屋書店，1987年。
Brown, Penelope and Stephen Levinson, *Politeness: Some Universals in Language Usage*, Cambridge: Cambridge University Press, 1987.
Giles, Howard (ed.), "The Dynamics of Speech Accommodation", *International Journal of the Sociology of Language* 46, 1984.
Pomerantz, Anita, "Compliment Responses: Notes on the Co-operation of Multiple Constraints", in Schenkein, Jim (ed.), *Studies in the Organization of Conversational Interaction*, NY: Academic Press, 1978.

## Column

### 認めるべきか，認めざるべきか

　言語行動のなかから事例をひとつ。
　例えば「お料理がお上手ですね」などとほめられたとき，それに対して「ありがとうございます」と答えるのは日本人らしくなく，日本人であれば「いやいや，そんなことはありませんよ」と否定するのが礼儀正しいふるまい方，などと言われることがありますが，それはほんとうでしょうか。「そのネクタイ，なかなか似合ってますね」とか，「君のレポート，なかなかよかったよ」などとほめられたときはどうですか。
　このことに関連してリーチ（1987）は，人が会話を行う際に，丁寧にふるまう場合にしたがっている丁寧さの原則というものをまとめ，そのなかに「気配りの公理」「寛大さの公理」「是認の公理」「謙遜の公理」「合意の公理」「共感の公理」の 6 つの公理があることを述べています。上の例に関連するところだけを取り上げると，「謙遜の公理」とは「自分をほめることを最小限にせよ」「自分をけなすことを最大限にせよ」というもの，「合意の公理」とは「自分と相手の意見の相違を最小限にせよ」といったものですが，この公理によって上の返答のしかたを見ると，どのようになるでしょうか。「ありがとうございます」と返事することは自分をほめることになるので「謙遜の公理」に違反し，また一方「いやいや，そんなことはありません」と返事することは「合意の公理」に違反することになりますね。つまり，ほめに対する先の 2 つの返事のありかたは，どちらを選んでも一方の公理はまもる

けれども，別の公理には違反してしまうことになります。会話を行う際には悩みの多いところです。

　では人々は，この悩みにどう対処してきたでしょうか。例えばこんな返事のしかたもありますね。「ちょっとだけですよ」「材料がよかったんです」「いえいえ，あなたこそ」。それぞれどのような工夫が加えられた返事か，考えてみてください（Pomerantz 1978 参照）。

　ついでにもう1つ，お菓子の袋などに入っている乾燥剤を見ると，英語では「DO NOT EAT」と命令文で，日本語では「食べられません」と可能文で書かれていることが多いようです。英語社会と日本語社会ではどのような行動ルールがあるのでしょうか。リーチの「気配りの公理」（相手に負担をかけることの表明は最小限にせよ。相手に利益をもたらすことは最大限に表現せよ）などを参考にして，考えてみてください。

# 第9章 日本語教育

砂川有里子

---

**この章で学ぶこと**

「連れられて行った」と「連れて行かれた」はどのように違うのですか？「寒いですか」と「寒いんですか」は同じですか？ 違いますか？ 先生に「このレポートお読みになりたいですか」と聞いたら変な顔をされたのですが、なぜですか？ こんな質問にみなさんはきちんと答えられますか？ これらは普通の日本人なら考えたことがないような質問ばかりではないかと思いますが、日本語を教えていると、こんな質問にしばしば遭遇します。

日本語の母語話者は日本語の使い方など知らなくても正しい日本語が使えます。しかし、外国語として日本語を学ぶ人は、当たり前すぎて日本人が意識もしていない言葉の使い方を、きちんと覚えて練習しなければなりません。日本語教師は学習者の母語が日本語とどのように違うのか、学習者がどんな目的で日本語を学ぼうとしているのかなど、いろいろな観点から学習者に必要な日本語が何かを考え、それを効率よく学べる方法を編み出さなければならないのです。

日本語学校や日本の大学では多くの外国人が日本語を学んでいます。しかし、なかにはさまざまな事情できちんと学ぶチャンスがないままに日本語を身につける人もいます。このようにして自然に日本語を学んだ人と、学校で教師の指導のもとに日本語を学んだ人の日本語にはどんな違いがあるのでしょうか。

この章では、国語教育と日本語教育、自然習得と教室習得の比較を手がかりとして、日本語を使いこなすには、発音や語彙や文法はもちろんのこと、相手に配慮した情報伝達や円滑な人間関係を保つための日本語の約束事も学ぶ必要があることを考えます。その過程で、日本語教育の現場で遭遇するさまざまな問題が日本語の語彙や文法や運用のルールを解明するのに役立つ重要な資源であることや、日本語教育の立場からの日本語研究が日本語学に大きく貢献するものであることがおわかりいただけることと思います。

**キーワード**

日本語教育，国語教育，自然習得，教室習得，発音，語彙，文法，運用，誤用，対照研究

## 1 国語教育と日本語教育

「日本語の教育」というとき，「国語教育」と「日本語教育」という2つの異なる教育が考えられます。「国語教育」というのは，すでに母語として日本語を身につけている子供たちに対して，さらに豊かな日本語の力を身につけさせ，より優れた日本語の使い手となるように教育するものです。一方の「日本語教育」とは，日本語が母語でない人に対して，第二言語あるいは外国語として日本語を身につけさせる教育です。

同じ「日本語」の教育ではあっても，この2つには大きな違いがあります。その一つは，意識的に日本語を学ぶかどうかという点です。日本で生まれ育った子供たちは，生まれたときから日本語にさらされ，自然に日本語ができるようになります。彼らは日本語の文法や運用のルールなど意識することなく，知らず知らずのうちに日本語を身につけるので，自分がどんなルールに従って日本語を使っているか気づかないのが普通です。それに対して日本語を母語としない人たちは，母語話者ならだれでも当たり前のものとして無意識に身につけているルールを，意識的に身につける努力をしなければなりません。また，その人たちはすでに日本語と異なる母語を身につけていますので，新たに日本語を学ぶときに母語からの影響をプラスとマイナスの両側面で受けることになります。効果的な日本語教育ということを考えるときは，日本語母語話者が無意識に身につけている日本語のルールを正しく捉えた上で，学習者の母語の影響や個々の学習者の特性を考慮にいれた教育のしかたを組み立てる必要があるのです。

もう1つの違いとして，「日本語教育」には「国語教育」に見られない多様性があるという点が挙げられます。国語教育は学習指導要領に従って学校という場で行われますので，その内容，学習目的，学習者の背景，学習期間などにさほど大きな違いはありません。しかし，「日本語教育」の場合は，母語，文化的背景，年齢，学習目的，習得環境など，さまざまに異なる特性を持った人たちが対象となります。ひとことで「日本語教育」といっても，学習者がビジネスマンか，観光ガイドか，日本研究者か，生活基盤を日本に求める移民か，彼らの子供たちかなどなど，実に多様なバリエーションがあり，日本語教育のあり方はそれぞれの特性に応じて内容も方法もまったく異ならざるを得ません。また，習得環境という側面では，海外で学ぶか日本国内で学ぶかによって大き

な違いが生じます。海外で学ぶ場合，周囲に日本語を使う環境がなく，教室のなかだけでしか日本語が使えないということが少なくありません。一方，日本で日本語を学ぶ場合，教室で学ぶほかにも日常生活のなかで日本語に接することができるので，母語の場合と同じように，知らず知らずのうちに日本語を身につける機会に恵まれます。

## ② 教室習得と自然習得

### メタ言語の知識

教室のなかだけで日本語に接するか，それとも日本で生活しながら日本語に接するかの違いによって，習得のあり方は異なります。習得環境のこの異なりは，「教室習得」と「自然習得」の違いとして次のように説明されます。

> 「音声・音韻，文法，談話，語用のルールなど，目標となる第二言語知識をメタ言語として習得することが教室習得であり，自然習得はそれ以外の第二言語知識を習得することである。」(坂本他編 2008：100)

ここで「メタ言語」と言われているのは，「文法や運用などに関わる日本語のルールを説明できる知識」のことを指します。このような知識は，適切な教材や教師の支援がなければ身につけることができません。自然環境しか持たない学習者の場合は，社会生活の日々の営みのなかで無意識に日本語を身につけることになります。これは一見，母語話者の日本語習得と似ています。生活の必要に応じて多様なコミュニケーション場面に遭遇し，質量ともに豊富な日本語にさらされることを通じて，場面や人間関係に即した日本語を的確に使い分け，流暢に日本語を使いこなすことができるようになります。その知識は潜在的なもので，母語話者と同じようにそれらの知識を言葉で説明することはできません。しかし，このようにして言葉を学んだ人たちでも決して母語話者と同じではありません。自然環境で学習した場合，メタ言語の知識がないことや日本語の誤りを訂正される機会を得にくいことなどから，母語話者なら絶対に犯さないような誤りを化石化させ，間違ったルールを身につけてしまう危険性があるのです。

一方の教室環境では，教師による指導のもとで手順を踏んで学習することが可能ですが，教室内での言語活動の機会は限られたものとならざるを得ません。しかも，必要に迫られて行うコミュニケーションではなく，教室内で設定され

た限られた場面での擬似的なコミュニケーションしか体験できません。その代わり，メタ言語の知識は十分に与えられますし，誤用を訂正される機会も豊富です。このような環境は，文法的な正確さを身につけるには有利なのですが，場面や人間関係に即した日本語の使い分けや流暢さという点では自然環境にかないません。

　もちろん教室習得の場合でも潜在的な文法知識が無意識のうちに習得されることがありますし，自然習得の場合でも意識的に文法を学ぶことがあり得るので，この両者は教室で学んだか否かということだけで単純に割り切れるものではありません。そこで，教室での効果的な日本語教育ということを考えた場合，教室環境においても自然環境の利点をどれだけとり入れられるかということが大きな課題となってきます。

### 自然環境の利点

　自然習得の優れている点は，さまざまに異なる場面や状況で，必要に迫られたコミュニケーションを行うことによって，相手に配慮した情報伝達のあり方や円滑な人間関係を取り結ぶための複雑な言葉のルールを自然に身につけることができるという点です。例えば，自然環境で日本語を学んだ人の場合，「みたい」「ようだ」「んです」「ね」「かな」など，伝えたい内容をどのように伝えるかを示すモダリティ表現や，「なんか」「そうですねぇ」など相手とのやりとりを調整する談話マーカーの習得が早いと言われています（迫田 2005）。教室習得でこれらの表現を効果的に導入するには，単に文法や運用のルールを教えるだけでなく，学習者が遭遇することの多い場面と身近な内容を備えたロールプレイやタスクなどを活用し，自然に近い言語運用の機会を増やす工夫が必要になってきます。

　ところで，さきほど自然環境に比べて教室環境は文法的な正確さを身につけるのに有利だと書きました。しかし，必ずしもそうとは限らない例も報告されています。一般に日本語学習者にとって「は」と「が」の使い分けは習得の難しい項目だと言われていたのですが，自然習得者にとってはそれほど難しい項目ではないということなのです（長友 2005）。以下はソーシャルワーカーのインタビューに答えるタガログ語話者の発話で，自然環境で日本語を学んでいる人の事例です（長友 2005：36，囲みと下線は砂川による）。

（1）　日本語，分かんねえから。[うん。]すごーく。でも，お父さん が 聞

いてるんです。」（話者の子供の名前）に。[うん。] どうする？　高校行くんかい？ [うん，うん。] でも，高校行くのはテストがあるんだってね。それ，受けないと。で，Jが何て返事したんだっけな。行かない。[行かないって？　うん，それでそれで。] で，お父さんが，もう行かないんだったら，お店の手伝いして，フッフッフ。

　この話者は中レベルの日本語能力を持つと判定された人ですが，教室で学んだ学習者によく見られる「は」と「が」の誤用はまったく見られません。長友(2005)によるとタガログ語話者を対象とした自然習得者の調査では，この例のように「は」と「が」の誤用がきわめて少ないと言うことです。さらに，この発話のなかには頻繁に「んだ」のバリエーション（下線部）が出現します。山内(2009)の調査によると，「んだ」と他の形式をうまく組み合わせて使えるのは超級レベルに達してからだということですが，上記の話者は中級レベルであるにも関わらず，「んだ」のバリエーションを見事に使いこなしています。

### 教室環境の改善

　教室習得者に難しい「は」と「が」や「んだ」の使い分けが自然習得者にはそれほど問題にならないのはなぜでしょうか。教室習得者に「は」と「が」の使い分けができないことについて，長友(2005)は，使い分けに関する文法が十分に記述されておらず，学習者に説明しきれていないことが原因であると説明しています。確かにそのような状況がないとは言えませんが，現在では「は」と「が」の使い分けについての研究が進み，文法や運用のルールについて相当細かい点まで明らかになってきています。

　それにも関わらず依然としてこの使い分けが問題になるのは，「は」と「が」の使い分けに関わる要因があまりに複雑すぎて，かりに教師が上手に説明でき，学習者がそれを十分に理解できたとしても，正しく使い分ける直感的な文法力は身につけにくい項目だということが言えるのではないかと思います。その一方において，「は」と「が」は「んだ」と同様に，日常の言語生活のなかで実に頻繁に用いられる形式です。使用頻度が高いということはそれを使う必要性が高く，使わなければならない場面に遭遇する機会が豊富にあるということです。

　自然習得の環境では日々の生活のなかでこれらの形式に頻繁に接し，自らも使う機会が多いため，知識として覚えるには複雑すぎるルールであるにも関わ

らず，自動的に使い分けられる直感力を知らず知らずのうちに身につけるのでしょう。この種の文法項目の場合は，教師が上手な説明を試みることも重要ですが，それよりはむしろ，これらの表現を使わなければならない適切な場面を設定し，その場面に基づいた練習を十分に積み重ねることによって，文脈に即した使い方を身につけさせることがより重要になってきます。

　教室習得と自然習得にはメタ言語を介在させるか否かの違いがあることはすでに述べたとおりです。メタ言語を介在させないで正しい日本語が使えるようになるということは，意識しないで自動的に日本語が使える直感的な運用力が身についたということです。学習者が目標言語を使いこなすためには，メタ言語の知識を持っているだけでは不十分で，日本語を自動的に使いこなす直感力を養うところにまで至らなければなりません。そのためには，教室環境の利点，すなわち，メタ言語を介在させることの利点を生かしつつ，自動的に日本語を使えるようにするための自然環境的な状況をどのようにして整えればよいのかを考えることが重要です。近年では，自然なコミュニケーションを行う過程で，その都度そのやりとりに必要な言語形式に注目させ，意識化させるフォーカス・オン・フォームという考え方が提唱されており，日本語教育の現場でも応用が試みられるようになっています（鎌田他編 2008）。

## ③　学習者から学ぶ日本語

### 学習者の誤用

　伝統的な文法教育では、学習者の誤用は否定されるべきもので，それをなくすことに力が注がれてきました。しかし、最近の第二言語習得理論では、誤用は否定されるべきものなのではなく，習得の過程において必然的に生じるもので，学習者は誤用を繰り返しながら自らの仮説の検証や修正を重ねることによって、習得途上で身につけた母語とも目標言語とも異なる中間言語を徐々に目標言語に近づけていくのだと考えられています。

　また，最近の研究では，誤用は無秩序に生じるものではなく，母語話者にはない学習者独自のルールによって作り出されるものであることもわかってきています。例えば，場所を表す「に」と「で」に関して，「食堂にご飯を食べます」のような誤用がよく観察されます。この種の誤用の原因を追求した迫田(2001)の調査によれば，学習者の母語の別を問わず，「に」と「で」の前に来る名詞のタイプによって次のような誤用の傾向があるということです。

（2） 位置を示す名詞（中・前など）には「に」を付ける。
例：門の前に話をしました。
（3） 地名や建物を示す名詞（東京・食堂など）には「で」を付ける。
例：東京で住んでいます。

　このような誤用は，学習者が「に」や「で」の文法を習得する過程で「前に」「中に」「東京で」「食堂で」のようなかたまりとして身につける段階があることを示しています。新しい言語を習得するという認知的に大きな負担を伴う作業の過程で，学習者はその負担を軽減し，当該言語を学習しやすくするために，まずは「かたまり」として学習するという学習者独自の言語処理ストラテジーを利用しているものと考えられます。このように，学習者の誤用は言語習得メカニズムの解明に重要な役割を果たします。
　一方で，学習者の誤用は日本語教育のあり方に反省を促す格好の素材ともなり得ます。なぜなら上で見た誤用の傾向は，日本語教育の現場で「中」や「前」という名詞を用いるときに「～の中／前に～がいる／ある」といった文型が用いられることが多く，「～の中／前で～する」といった文型が用いられることが少ないこと，また，地名や建物の名詞に「で」が続くことが多いことなど，教科書での提示の仕方や教室での指導のあり方に問題がある可能性を示唆しているからです。
　学習者の誤用は，これまでに見てきたように，言語習得や日本語教育の研究に貴重な手がかりを提供してくれます。それに加えて，学習者の誤用は，母語話者には気づかれにくい日本語の問題を明らかにしてくれる貴重な素材として，日本語学の分野においても大きな貢献を果たしています。

**誤用に学ぶ日本語学**
　日本語を母語としない人に日本語を教えるには，発音や語彙や文法や運用に関わるルールなど，日本語の言葉の決まりを十分に理解し，それを教育の現場に応用できるようにならなければなりません。「山を登る」と「山に登る」はどう違うのですか？「日本に来て3年になります」と「日本に来てから3年になります」はどちらもOKで，「日本に来て3年目です」と言えるのに，「日本に来てから3年目です」と言えないのはなぜですか？「ありがとうございます」と「ありがとうございました」はどのように使い分ければいいですか？などなど，学生たちからは，日本語教師でなければ予想できないような質問が

次々と寄せられます。

　また，日本語を教えていると，学習者の作るおかしな日本語に日々接します。「今日はあただかいですね」「友達に笑わられました」「子どもが病気で心配中です」「雨が止まると出発しましょう」「おばあさんは優しくてと親切です」。これらは意味が通じないということはないのですが，どれも正しい日本語だとは言えません。一方で，文法的には正しくても使い方が間違っているためにおかしいと感じられるものもあります。例えば，「夏休みは友達と北海道に行くはずです」「山田さんは参加できないと思います」。これらの文そのものは正しい日本語です。しかし，夏休みの自分の計画を伝える文や山田さん自身の考えを報告する文として使ったのだとしたらおかしいと言わざるを得ません。また，教師に対して，「先生，黒板消してあげます」などと言うのも，文法的には正しく，伝えたい意味はきちんと伝わるのですが，言われた教師の側としてはあまりいい印象を持たないかもしれません。

　以上見てきたように，学習者からの質問や誤用は，発音，語の形態，語の構成，コロケーション（語と語の慣用的な組み合わせ），文法，運用など，さまざまなレベルに関わるものが見られます。これらは，いずれも日本語の語法を考える際の重要なヒントになるもので，日本語学の進展に大きな貢献を果たしています。

　ところで，学習者の誤用にはどの国の学習者にも共通して見られるものもありますが，母語の干渉によって生じたと思われるものも少なくありません。例えば，「友達が私にあげました」という言い方は明らかな間違いで，正しくは「友達が（私に）くれました」あるいは「友達にもらいました」と言うべきでしょう。この誤用は，話し手の視点を与え手におくか受け手におくかによって日本語には「あげる」と「くれる」と「もらう」（「やる」「差し上げる」「くださる」「いただく」も含む）の使い分けが存在するのに，そのような使い分けのない英語圏や中国語圏の学習者が，「GIVE／給＝あげる」のような単純な結びつけをしてしまったことによる誤用だと思われます。このような母語からの干渉を防ぐために日本語教育の分野では学習者の母語と日本語との対照研究が盛んに行われています。

## ④ 外国語との対照研究

**外国語に学ぶ日本語学**

　複数の言語を比較対照することの意義は，ひとつの言語を研究しただけではなかなか見えてこない特徴が複数の言語を比べることによって明らかになってくるという点にあります。それは，日本語を外国語として教えることによって，新たな日本語の特徴に気づくようになるのと同じことで，母語話者には当たり前すぎて意識することさえなかった言語事実が別の言語にとっては当たり前でないことを知り，その言語と日本語をつきあわせることによって，それまで気づかれていなかったそれぞれの言語のルールがより鮮明に見えてくるようになるわけです。

　日本語の学習者はすでに母語を獲得した人たちですから，日本語を学ぶときに，いい意味でも悪い意味でも母語の干渉を受けることになります。外国語と日本語の対照研究の成果を取り入れ，自分の教えている学習者の母語のどこが日本語と似ていてどこが違うのか，違うとすればどのように違うのかについての知識を持って教えることができれば，非常に効果的な教え方ができるわけです。異なる母語を持つ学習者が混在する場合，教師は学習者すべての母語を研究するわけにはいきません。しかし，外国語との対照研究に常々目配りしていると，どこがどのように問題なのかを鋭くかぎ分ける言語学的なセンスが磨かれます。それによって，どの国の学習者にも共通して見られる誤りと特定の母語話者だけに見られる誤りを区別する力が付いてきます。また，特定の母語話者が犯しがちな誤りを予測する力や，その学習者に再び誤りを犯させない確かな説明の力は，対照研究によって培われるものです。そこで，以下では，対照研究の事例として，日本語を中国語と韓国語のそれぞれと比較対照することによって明らかになった研究成果をご紹介します。

**中国語との対照**

　張（2001）には「おまえが大学を出るときには，おれはとっくに死んだ」という誤用例が紹介されています。これは「死んでいる」と言わなければならないところを「死んだ」と言ってしまった誤りです。日本語ではまったく許容されない誤用ですが，中国語話者がこのような誤用を犯すのには理由があります。中国語では，日本語の「ている」に相当する「着」という形式が存在し，

「座っています」であれば,「坐着」と言えるのですが,「死んでいます」に相当するのは「死了」であって,「死着」ではないのです。このときに使われる「了」という形式は,日本語では多くの場合,過去を表す助動詞の「た」に当たります。中国語の「来了」は日本語の「来た」に相当するという具合です。そこで,「死了」という中国語を単純に日本語に置き換えて「死んだ」と言ってしまったのが,冒頭の誤用例が生じた原因です。

さて,それではどうして「死んでいる」という意味を表すのに「死着」ではダメなのでしょうか。まず,日本語の「死んでいる」の方から考えましょう。

「死んでいる」は,「死んだ」という変化が起こった後の状態を表しています。つまりここでの「ている」は「変化の結果の状態」という意味を表しているのです。「座っている」も同様に「変化の結果の状態」を表しています。

一方,中国語の「着」は「その状態が継続すること」を表します。「坐着」であれば,座った状態がそのまま続いているという意味を表します。それに対して,「死ぬ」は生きている状態からそうでない状態への変化という局面を表しますが,その状態が継続するという意味は表せません。「死んだままだ」とか「死に続ける」と言えないことがその証拠です。そのため,たとえ目の前で死んでいる猫を描写する場合でも,「死着」とは言えずに変化の実現を表す「了」を使って「死了」というしかないのです（井上 2006）。

冒頭の例なら明らかに誤りだと気づくのですが,誤りだと気づかれずに無用の誤解を生んでしまう危険な場合もあります。例えば井上は次のような事例を紹介しています（井上 2006：121）。

中国人のA君がズボンを買おうとしたところ,ファスナーが壊れているのに気づきます。そこで,別のものと交換してもらおうと思って,「このズボン,ファスナーが壊れました。ほかのはありませんか」と言ったところ,店員に不愉快そうな顔をされました。

この例で店員に不愉快そうな顔をされた理由はわかりますね。A君がファスナーを壊した張本人だと思われてしまったのです。日本語で「壊れた」と報告できるのはその前の状態や変化の過程を知っている人の場合ですから,店員がそう誤解したのも無理ありません。しかし,中国語ではこの場合,「坏了」としか言えないので,A君はついうっかり「壊れた」と言ってしまったのです。

## 韓国語との対照

日本語と韓国語は文法が似ているために,韓国語を母語とする学習者は高い

レベルの日本語能力を短期間で身につけてしまう人が少なくありません。例えば，多くの学習者にとって難しいとされる敬語に関しても，フォーマルな場面や目上の人に対して敬語を使う点では韓国語も日本語と同じなので，それほどの困難を感じずに敬語の学習に取り組めます。しかし，互いに似ているだけに，母語の干渉を受けやすいという落とし穴もあるのです。

　例えば，日本語では目上の相手に対して何かを申し出るときに，「先生，荷物が重そうですね。お持ちしましょうか」のような表現を使います。それに対して韓国語では，「교수님, 짐이 무거워 보이네요. 제가 들어 드리겠습니다. (教授様，荷物が重そうですね。＊私が持って差し上げますよ)」という言い方をするのだそうです（許 2010：273）。日本語の場合は，「お持ちしましょうか」という言い方で自分の意向を伝えて先生の許諾を求めているわけですが，韓国語では「お持ちします」に相当する言い方で自分の意志を断定的に伝えています。韓国語での言い方は，日本語の「差し上げる」にあたる「드리다/duerida/」という謙譲語が使われており，韓国語話者には丁寧な申し出の表現だとして受け止められるのだそうですが，日本語で先生に対して「持って差し上げますよ」と言ったとしたらどうでしょうか。たとえ謙譲語が使われていたとしてもあまりよい印象を持たれないのではないかと思います。

　許（2010）ではその他に，韓国人の学生から日本語で「先生，今日は顔がよくないですね（顔色がよくないという意味で使用）」と言われて戸惑ったという経験が語られています。許先生はご自身も韓国人ですから，その発言がどういう意味かは理解できたそうですが，それでもなおかつ日本語でのやりとりのなかでは自然に受け止められず，違和感を感じてしまったのです。韓国では，相手の体調に気遣う発言をするということは相手を思いやっていることの表れで，むしろ好ましいとされることだそうです。しかし，日本では体調や心理状態など，個人のプライバシーに関わることに言及するにはよほどの注意が必要です。特に，顔色が悪いといったよくないことを指摘するときは，親しい間柄でも気遣いが必要です。

　ここに挙げた2つのケースは，「聞き手の私的領域」（鈴木 1997）にどこまで踏み込んだ発話ができるかという点で，韓国語と日本語に違いがあることを示しています。韓国語では聞き手の私的領域にあえて踏み込むことによって，良好な関係を築こうとしていることが表せるのですが，日本語では，相手との人間関係によってどの程度まで私的領域に踏み込めるかが決まります。親しい間柄であれば，ある程度まで踏み込めるのですが，初対面の間柄や目上の人に対

しては大きな制約が働きます。友達なら「ビール飲みたくない？」と聞けますが，目上の人に対して「ビールお飲みになりたくないですか？」と言うのは，敬語が使われていても適切な言い方とは言えません。相手の希望を聞くことは聞き手の私的領域に深く関わることがらなので，そこまでは踏み込まないという配慮が必要とされるのです。このように，日本語では，敬語を使うかどうかだけではなく，聞き手の私的領域にどの程度まで踏み込めるかということも丁寧さの表現の仕方に深く関わってきます。

## 練習問題

1. 「日本語教育」と「国語教育」の共通点と相違点を考え，「日本語教育」が「国語教育」から，あるいは「国語教育」が「日本語教育」から何を学べるかについて考えてみましょう。
2. 国内の日本語教育と海外の日本語教育で異なっている点を考え，国内と海外のそれぞれで教える場合に何に留意したらよいのかを考えてみましょう。
3. 「一流校に入れるように家庭教師を付けた」と「一流校に入るために家庭教師を付けた」はよく似た意味を表していますが，これらの文の「ように」と「ために」にはどのような違いがありますか。外国人に説明するつもりで考えてみましょう。
4. 「先生，今日の授業はとてもよかったです」は，ほめ言葉なのに，先生に失礼な印象を与えかねません。なぜそのように感じるのか考えてみましょう。
5. 「つまらなかったので，映画が終わった前に出てきました」の誤りを直して，なぜそのように直したのか，また，どのように説明すればこの誤りを犯さないようになるのか，考えてみましょう。

## 読書案内

① 野田尚史・迫田久美子・渋谷勝己・小林典子『日本語学習者の文法習得』大修館書店，2001年。
 *日本語学習者の誤用は，学習者独自の文法規則に則って発せられたもので，学習者の成長のあかしであると捉える立場から，豊富な具体例をもとに習得の実態を解明し，教育現場での応用の仕方を考察しています。
② 縫部義憲監修『講座・日本語教育学』スリーエーネットワーク，2005-06年。
 *第1巻「文化の理解と言語の教育」，第2巻「言語行動と社会・文化」，第3巻「言語学習の心理」，第4巻「言語学習の支援」，第5巻「多文化間の教育と近接領域」，第6巻「言語の体系と構造」から成るシリーズです。「日本語教育のための教員養成について（文化庁，2000年）」の新ガイドラインに即し，言語学，教育学，心理学など日本語教育に必要な領域を幅広くカバーしています。
③ 坂本正・小柳かおる・長友和彦・畑佐由紀子・村上京子・森山新『多様化する言語

習得環境とこれからの日本語教育』スリーエーネットワーク，2008年。
　＊教室習得，自然習得といった多様な習得環境における日本語習得研究論文を掲載し，それぞれの環境における習得の実態を明らかにするとともに，教室習得と自然習得の両方をあわせもつ混合環境について掘り下げ，日本語教育への応用の仕方を探求しています。
④　水谷修監修『日本語教育の過去・現在・未来　第1巻〜第5巻』凡人社，2009年。
　＊第1巻「社会」，第2巻「教師」，第3巻「教室」，第4巻「音声」，第5巻「文法」から成る日本語教育の入門書シリーズです。どの巻もその領域の全体像をつかむタスク，その領域のこれまでの成果，最新の研究成果，未来へとつながる提言や見通しの4部によって構成されています。
⑤　砂川有里子・加納千恵子・一二三朋子・小野正樹編『日本語教育研究への招待』くろしお出版，2010年。
　＊日本語教育研究に関する領域を「日本語教育研究」「日本語学研究」「対照研究」の3部門に分け，各領域の研究を分かりやすく紹介しています。それぞれの領域の研究方法や関連する参考文献などの情報を知ることのできる入門的な論文集です。

## 参考文献

井上優「第3章第1節　対照研究とは何か」多和田眞一郎編『講座・日本語教育学第6巻　言語の体系と構造』スリーエーネットワーク，2006年，110-125頁。
鎌田修・嶋田和子・迫田久美子『真の日本語能力をめざして――プロフィシェンシーを育てる』凡人社，2008年。
国立国語研究所編『対照研究と日本語教育（日本語と外国語との対照研究10）』くろしお出版，2002年。
坂本正・小柳かおる・長友和彦・畑佐由紀子・村上京子・森山新『多様化する言語習得環境とこれからの日本語教育』スリーエーネットワーク，2008年。
迫田久美子「学習者の誤用を生み出す言語処理のストラテジー（1）――場所を表す「に」と「で」の場合」『広島大学教育学部日本語教育学講座』広島大学教育学部，2001年，11-22頁。
迫田久美子「第二言語習得研究における「自然習得」の位置づけ――自然環境学習者と教室環境学習者との比較から」『日本語学』第24巻第3号，2005年，44-56頁。
渋谷勝己「教室での習得と自然な習得」野田尚史ほか編『日本語学習者の文法習得』大修館書店，2001年，177-194頁。
鈴木睦「日本語教育における丁寧体世界と普通体世界」田窪行則編『視点と言語行動』くろしお出版，1997年，45-74頁。
砂川有里子「文法指導から見た日本語教育と国語教育」『日本語学』第10巻第9号，1991年，42-50頁。
張麟声『日本語教育のための誤用分析――中国語話者の母語干渉20例』スリーエーネッ

トワーク，2001年。
長友和彦「第二言語としての日本語の自然習得の可能性と限界」『日本語学』第24巻第3号，2005年，32-43頁。
許明子「日韓対照研究と日本語教育——話し手と聞き手との関係から見た日本語と韓国語の言語行動について」『日本語教育研究への招待』くろしお出版，2010年，273-288頁。
山内博之『プロフィシェンシーから見た日本語教育文法』ひつじ書房，2009年。

## Column

### 異文化が混在する日本語教室

　母語話者の教師が日本語を教える場合，教師と学習者は異なる言語文化圏に属する人間ということになり，そこには異文化間コミュニケーションの空間が生じます。学習者のなかにさまざまな母語の持ち主が混在している教室では多文化間コミュニケーションの空間となります。これらの教室では，異なる価値観が衝突したり異質の言語行動がもとで摩擦が生じたりすることがあり得ます。この章では，発音や語彙や文法だけでなく，相手に配慮した情報伝達や，円滑な人間関係を保つための日本語のルールを教えることも日本語教育にとって必要であることを述べました。しかし，発音や語彙や文法に比べて，適切な情報伝達や人間関係を保つための日本語のルールを教えるのはそう簡単ではありません。

　これらを指導する際に日本語教育の現場でよく使われるのは，典型的なコミュニケーションパターンをモデル会話として示し，それと似た場面で同じようなパターンの会話をロールプレイやタスクを活用して練習するというものです。このような方法は場面に即したパターンを教えるのに効果がありますが，ステレオタイプ化された特定のパターンだけを教え込むという危険性もはらんでいます。例えば，アメリカの大学で日本語を学んだ学生たちに日本語が上手だとほめられたときの応答の仕方を調査したところ，ほとんどの学生が「いいえ，そんなことありません」などの否定的な応答を返してきたという報告があります。しかし，実際の日本人の応答を調べてみると，ほめられたことを否定する人はもちろんいますが，そればかりではなく，素直に受け止めて感謝したり，関連ある話題に少し話をそらしたり，ほめられた度合いを弱めるコメントをしたりと，さまざまに異なる反応を見せたそうです。日本では謙遜する人が多いからといって，ほめられたら否定するように教えることが果たして理にかなったことなのでしょうか。例えば，率直に意見を言うことをよしとする文化圏の学習者に，日本では婉曲な方法で意見を言うのが普通だからと率直なものいいを慎むよう指導することが果たして望ましいことなのでしょうか。

　そうかといって，日本式の表現方法を教えておかないと，異文化式のものいいが物議をかもす結果を生むかもしれません。その発言がその人の属する文化圏の影響

によるものであることに気づかれずに，それを発した人間の価値評価に使われてしまうこともあり得ます。このような問題を避けるためには日本式の表現方法を知ってもらう必要もあるのです。しかし，単純なステレオタイプでなく，臨機応変に使い分ける自然な応答を身につけてもらうにはどのような指導法があるのでしょうか。

　文化が異なれば人間の行動様式も表現の仕方も違ってくるという当たり前のことをまずは共通認識として押さえた上で，それぞれの学習者の国ではどのような応答をするのか，そのような応答を日本語でうまく行うにはどんな表現の仕方があるのかを学生たちと一緒に考えながら進めていく，といった柔軟な姿勢を日本語の教室のなかに取り入れていく工夫が必要とされているように思います。

　*　ほめられたときの応答の仕方については，以下の論文を参照して下さい。
　　横田淳子「ほめられたときの返答における母国語からの社会言語学的転移」『日本語教育』第58号，1986年，203-217頁。

# 第10章　音声コミュニケーション

定延利之

### この章で学ぶこと

　ここで言う「音声コミュニケーション」とは，音声で行われるコミュニケーションのことです。それに対して手紙や電子メールのような文字で行われるコミュニケーションを「文字コミュニケーション」と言います。音声コミュニケーションと文字コミュニケーションは，単にメディア（音声・文字）が違うだけなのでしょうか？　もしそうでないとしたら，これら2つのコミュニケーションはどのように違っているのでしょうか？　その違いは，コミュニケーションのなかのことばのあり方（文法）にも及んでいるのでしょうか？　そもそもコミュニケーションとはどのようなものなのでしょうか？
　この章では，音声コミュニケーションと文字コミュニケーションの違いをまとめた上で，音声コミュニケーションが，発話者の刻々と移りゆく意識や，強いきもちを特に強く映し出すこと，そしてそこには文法が関わっていることを示します。「情報の伝え合い」という見方だけではコミュニケーションが捉え尽くせないということも，最後に取り上げて注意を促します。

### キーワード

　音声コミュニケーション，文字コミュニケーション，誤用不可能性，言いよどみ，つっかえ，イントネーション，意識の推移，共同製作による文，文の中の談話，動的な言語観

## 1　人間の4つの能力（「話す」「聞く」「書く」「読む」）

　例えば，100文字分のことばを，話すのと，聞くのと，書くのと，読むのでは，それぞれどれぐらいかかるでしょうか？
　ことばを100文字分読むのは（内容にもよりますが）たいてい数秒で済むけれども，書くには2分前後もかかるというように，「ことばを読む速さ」は非常に速く，「ことばを書く速さ」はそれに追いつきません。チャットのような

電子技術が普及しても，この速度差は完全にはなくなりません。これは，文字コミュニケーションでは，書き手と読み手が同じ場にいても，読み手は書き手が書くのをいつも待たされてしまう，つまりやりとりがそうスムーズにはいきにくいということです。

いま取り上げた「ことばを読む速さ」と「ことばを書く速さ」の間に位置するのが「ことばを話す速さ」と「ことばを聞く速さ」で，これは100文字なら20秒ぐらいでしょうか。「あの人の話は速すぎてついていけない」「あの人はしゃべるのがまどろっこしくて，聞いていられない」といったことも無いわけではありませんが，多くの場合，私たちは「ことばを話す速さ」と「ことばを聞く速さ」を一致させることができます。

例えば電話の会話のように，「ことばを話す」「ことばを聞く」で成り立つコミュニケーションのことを「音声コミュニケーション」と言います。音声をメディア（媒体）とする言語コミュニケーションと言うこともできます。音声コミュニケーションとよく対比されるのが，手紙や電子メールのように「ことばを書く」「ことばを読む」で成り立つ「文字コミュニケーション」で，これは文字をメディアとする言語コミュニケーションです。

上で取り上げた速さの違いからわかるのは，文字コミュニケーションでは，ことばの発し手（書き手）は受け取り手（読み手）とは離れた場所で長い時間を使って文章を練り上げがちであるのに対して，音声コミュニケーションは，電話のような道具を使わないかぎり，ことばの発し手（話し手）と受け取り手（聞き手）が同じ場に共在し，対面の形でなされがちだということです（Tannen 1982，特に Chafe 1982を参照）。

音声コミュニケーションでは，その場その場での即興的な発言が中心になりやすく，結果として，言いよどみや，つっかえなどがよく現れます。これらは情報伝達の観点からはほぼ無意味なゴミと考えられるので，「文字言語は『しっかりした』文法があるが，音声言語はそれが崩れて乱れている」という文字言語中心の見方が伝統的にとられてきました。「言語の基本は対面式コミュニケーションにある」（例えば Fillmore 1981），「文字言語よりも音声言語の方が基礎的である」（例えば Lyons 1981）という考えも，少なからぬ研究者に認められていましたが，言いよどみやつっかえなどにもそれなりの規則があることがわかってきたのは，もっと最近のことです。

ただし，この規則が，これまで言語研究者が慣れ親しんでいた規則とは少し性質が違っているということには，注意が必要でしょう。

## 2　誤用不可能性

次の（1）の下線部に当てはまる適当な語句を，選択肢①②から選びましょう。

（1）「123足す456は？」「＿＿＿＿，579」
　　　①あのー　　②えーと

例えば「あのー私いそがしいからクイズなんかに付き合ってられないし」などと言おうとして「あのー」と言いかけたけれど，相手があまりにも嬉しそうなので，かわいそうになり思い直して計算して「579」と答えた，といった場合なら「あのー，579」と言うこともあるでしょうが，ふつうは②の「えーと」ですね。では，次はどうでしょうか？

（2）「君は大統領と組んでもらうよ」「え！＿＿＿＿＿＿＿＿ですか！」
　　　①だ，だいとうりょう　　②だーいとうりょう

驚きのあまりつっかえてしまうという場合は，①「だ，だいとうりょう」がふつうで，②「だーいとうりょう」は例えば「だーいとうりょうせいだったーよなー，あの国たしか」のように，すんなり思い出せなくてつっかえる場合の方が自然でしょう。

（3）「わかったら返事しろ！」「[しぶしぶ] ＿＿＿＿」
　　　①［上昇調で］はーい　　②［高く平らに］はーい

これはしぶしぶ返事させられる場合ですから，①のように低く「は」と言ってそこから「ーい」を上昇させて言うのがふつうです。②のように一定の高音で「はーい」と言ったのでは，いい子ちゃんになってしまいます。ちなみに，「は」を高く言って，そこから「ーい」を下降させるのも変で，英語の挨拶のまね（「ハーイ」）になってしまいます。

　上の（1）（2）（3）で取り上げたのは，文字コミュニケーションよりも音声コミュニケーションに現れがちな言いよどみ（(1)），つっかえ（(2)），そして音声コミュニケーション特有と言えるイントネーション（(3)）です。これを読んでいるあなたが日本語社会で生まれ育った日本語母語話者であれば，3問とも，おそらく非常にやさしかったのではないでしょうか。
　しかし考えてみると，ここで取り上げた「正しい」言いよどみや，「正しい」

つっかえ，「正しい」イントネーションなどというものは，私たちが幼少時から一度も間違えなかったものではないでしょうか。小さい子が「し」の発音がまだ難しくて「あたし」を「あたち」と発音している，といったことはあるけれども，小さい子が上昇調イントネーションと下降調イントネーションを間違えていたり，「うちの子は小さいから『えーと』と『あのー』の違いがまだできなくて」などと親に言われたりする，というようなことはないでしょう。これらのことば（少なくとも「えーと」や「あのー」はことばと言って差し支えないでしょう）は，母語話者なら幼少時からマスターできていて一度も間違えない，間違えようがないという意味で「誤用不可能」です。音声コミュニケーションに特徴的な(1)(2)(3)のことばは，誤用不可能性という不思議な性質を持っているわけです。

　誤用不可能性のほかにも，音声コミュニケーションのことばにはさまざまな特徴があります。

## ③ 意識の推移と文法

　次の(4)が発せられる場面を考えてみましょう。

　(4)　実を言いますと今日で禁煙4日目だったよなあ。

　話し手はA先生に向かって話し始めたが，A先生はちっともこちらに注意を向けてくれない。そこで話し手は途中からA先生ではなく，話し手の方を注意して見ているB君向けに話を変え，そのまま話し終える。その結果，話は全体としては首尾が微妙に一貫していない——こういったことは，音声コミュニケーションでは珍しくありません。上の(4)も，冒頭の「実を言いますと」の部分と，末尾の「だったよなあ」の部分は，相手が違っているようですね。こういうものが，音声コミュニケーション研究では，「共同製作 (co-construction) による文」として認められることがあります（Goodwin 1979を参照）。

　上の(4)は，その場にいるA先生やB君といった聞き手たちが，話し手に注意を向けるかどうかによって話し手に影響を与え，間接的に文製作に関わるケースであって，話し手はあくまで1人です。しかし「共同製作による文」のなかには，より明瞭なタイプ，つまりある話し手が「山田さんが」と発言すると，その先を察して別の話し手が「来たわけだ」と発言するような，1文内で話し手が交替するタイプもあります。客が「カラー版」と水を向けると，店員

がそれを引き取って「はー（発音は「わー」），いま無いんですね」と答える場合のように，各人の発言の趣旨が明らかに違っていたり（客の発言趣旨はカラー版を買おうとすることで，店員の発言趣旨は無いと返答することなど），話し手の交替が統語的・意味的な区切れ（「カラー版は／いま無いんですね」）に忠実でなかったりするタイプもあります。

　「共同製作される文」と部分的あるいは全面的に重なる現象は「共話」「分担表現」「引き取り」などの名のもとでも広く注目されていますが，これを「文」として認めるか否かは研究者によって異なります。そもそも「文」をどう定義するかという問題は難しい問題ですが，多くの定義は，例えば「賓述判断を表す命題の表出」であれ「統覚作用」であれ，発話行為や認知の観点を部分的にせよどこかで導入しているようです。パスポートに記載された番号「AB1234567」が文でない一方で，パスポート番号を問われて答える「AB1234567」は文だという判断は，こうした観点に基づいています。これらの発話行為的〜認知的観点は，文に何らかの内容上のまとまりを要求するものですが，問題は，その「まとまり」をどの程度の厳格さ・ゆるやかさで考えるか，ということです。

　もちろん，「まとまり」を極度に厳格に考えれば，先に挙げた(4)などはまとまりが崩れているから文ではないということになるでしょう。が，そのような極度に厳密な「まとまり」に基づいて「文」を定義すれば，私たちが考える以上に多くのものが文でなくなりかねません。例えば，次の(5)を見てみましょう。

　　(5) a．脱毛の原因は，頭皮が脂っこいからです。
　　　　 b．彼のいいところは，すごくやさしいんです。

　これらに何の違和感も持たない人もいるようですが，(5) aは前半部の「原因は」と後半部の「からです」が意味的に重複しています。「脱毛の原因は」と来れば，それを受ける後半部は例えば「頭皮が脂っこいことです」のように，「から」が無いのがより自然でしょう。後半部で「頭皮が脂っこいからです」のように「から」と言うのであれば，前半部は例えば「脱毛が起きるのは」のように，「原因」が無い方がより自然でしょう。

　いま取り上げた(5) aとは逆に，(5) bは，本来なら「彼のいいところは，すごくやさしいところです」のように言うべきところで，前半部の「いいところは」から予想される「ところです」が後半部に無い，つまり欠如が生じてい

ます。

　これらの重複や欠如は，話し手が，発言の前半部を発し終え後半部を発する段階で，自分が前半部で発したことばの「意味」は脳裏に保持しているけれども，その「ことば」じたいはもはやあまり意識していないという事情によると考えられます。このような話し手の意識の推移が「文」としての「まとまり」を壊してしまうと考えれば，(5) a や (5) b は文ではないということになります。が，その時には(5)だけでなく，(6)のような，一般に（正しい）「文」として認められているものも文ではないということになってしまいます。

(6) a．まったく安全だ。
　　b．「へえ。十人も来るんだ」「いやいや，さすがに十人も来ないけどね」

　「私はいま，まったく眠くない」とは言っても「私はいま，まったく眠い」とは言わないように，現代語の「まったく」は否定の語句「ない」と原則的に呼応します。が，この原則には(6) a「まったく安全だ」などの例外があります。これはかんたんに言えば「危険がない」を「安全だ」と言い換えているわけですが，この言い換えは，「まったく」という語が，発せられたとたんに話し手の意識のなかで薄れかけていればこそ，つまり話し手の意識の推移があればこそでしょう。また，否定文「10人も来ない」における「10人」が，通常なら例えば「いくらなんでも100人ぐらいは客が来るだろうと思ったら甘かった。なんと10人も来ない。8人だ」のように少人数としか解釈されないのに，(6) b のような対話において大人数と解釈できるのも，直前の相手が発した肯定文「10人も来るんだ」に支えられて「10人も」を大人数解釈で発し，それと切り離して「来ない」と発するという意識の推移があればこそでしょう（澤田（山中）1991；定延 1995）。

　上の(6)のように，音声コミュニケーションと特に関わらないように見えることばのなかにも，「文頭部を発して文の中部の発出に進み，さらに文末部へと進むうちにも時間が経過し，話し手の意識が変わり，文がそれを反映する。つまり1つの文のなかにも談話があり（文の中の談話，discourse within a sentence），そのなかで話し手の意識は少なくともある程度は変わり得る」といった，動的な文の見方，ひいては動的な言語の見方をとらなければ説明が困難と思える現象は少なくありません。特に音声コミュニケーション研究と交わる言語研究では，「言語は動的な過程である」(Chafe 2001)，「言語を記号とし

てとらえ，意味と形式の対応を前提とする考えでは，談話における主語や目的語の分析に困難が生じてしまう」(Du Bois 2003) など，時枝誠記の言語過程説 (時枝 1941；1955) にも通じる動的な言語観が提唱されています。

　これらのことを音声コミュニケーションは，時には先の(4)のような明確な形で教えてくれますが，音声コミュニケーションのことばだけに特別なことが生じているというわけではなく，同じことは文字言語にも目立たない形で起きています。ことばを研究しようと思う人にとって，音声コミュニケーションの観察は，余計なことに映るかもしれませんが，実は，ことばの研究を深めるきっかけとなることが多いということです。

## 4 きもちと文法

「のってるかーい」
　次の(7)の語句を叫ぶ時，どこが伸びやすいかを，例にならって考えてみましょう。

(7)　例　のってるかい　→　のってるかーい
 a．ばかもの　　田中さま　　不二子　　できました
 b．ばかもん　　田中さん　　ゴエモン　できません

　2つのグループに分けておいたのでわかりやすかったのではないでしょうか。まず，(7)aの方は「ばかものー」「田中さまー」「不二子ー」「できましたー」のように，最終モーラ「の」「ま」「こ」「た」が伸びやすいですね。一方，(7)bの方は「ばかもーん」「田中さーん」「ゴエモーン」「できませーん」のように，最後から2モーラ目「も」「さ」「モ」「せ」が伸びやすいでしょう（ここで言う「モーラ」とは例えば俳句で5・7・5などという，あれです。「ばかもん」「ゴエモン」は4モーラ，「田中さん」「できません」は5モーラです）。例に挙げた「のってるかーい」も(7)bの仲間です。しかし，「ばかもーの」「田中さーま」「不二ー子」「できましーた」なんてふつう言わないように，(7)aは最後から2モーラ目は伸びやすくはありません。

　これら2つのグループは，違っているとはいえ，「最終音節が伸びやすい」という形でまとめることができます。というのは，(7)bの「ばかもん」「田中さん」「ゴエモン」「できません」は最終モーラが特殊モーラの撥音「ん」であるために，「もん」「さん」「モン」「せん」で1音節だからです。こう考えれ

ばさらに，最終モーラが撥音「ん」の「すいませーん」「わかりませーん」「やだもーん」「待ってるよーん」，末尾を二重母音 ai と考えることのできる「のってるかーい」「ごめんなさーい」「ごめんくださーい」「食べたーい」「お願ーい」，さらに末尾の「す」(su) の母音 u がしばしば発音されないと考えられる「お願いしまーす」「そうでーす」「いきまーす」なども「最終音節を伸ばしている」と考えられそうですね。これらの語句を叫ぶ時，私たちは「音節」という文法的な単位に沿って叫んでいるということになるのではないでしょうか。

　音声コミュニケーションでは，話し手のきもち（いまの例なら或る種の叫びたいきもち）はしばしば非常に文法的な形でことばに反映されます。話し手のきもちというと，原始的で，文法とは関係がなさそうに思えるかもしれませんが，そうではないのです。逆に，文法というものが，私たちのきもちと遠く離れたものではないと言うこともできます。

### 「♪でーきた」

　別の例を挙げてみましょう。「できた」を「♪でーきた」,「やめた」を「♪やーめた」のように，あるメロディに乗せて子供っぽく言うことがありますね。このメロディを念のために言えば，「でーきた」「やーめた」冒頭の「でー」「やー」は高く（仮にラの音とします）2ビートか3ビート分伸ばし，続く「き」「め」の音は低く（ソの音です）1ビート，そして最後に「た」の音を再び高く（ラの音です）1ビート，となるでしょうか。以下では，このメロディを仮に【ラーソラ】と記すことにします。では，次の(8)の語句を【ラーソラ】に乗せて言ってみてください。

　　(8) a．かもね
　　　　b．さあね
　　　　c．知らない
　　　　d．教えませんよだ
　　　　e．バナナもらいっと

　かんたんなのは(8)aと(8)bで，(8)a「かもね」は「か」がラの音で2ビートか3ビートに長く伸ばされ，「も」がソで1ビート，「ね」がラで1ビート，(8)b「さあね」も同様に，「さ」がラで2ビートか3ビートに伸ばされ，「あ」「ね」がソとラで1ビートずつですね。

次の(8)c「知らない」は,「し」がラで2ビートか3ビートに伸ばされ,「ら」がソで1ビートというところは(8)a(8)bと変わりませんが,最終音節「ない」はまとまってラの1ビートになるでしょう。

さらに(8)d「教えませんよだ」は,(人によって若干の揺れはありますが)「教えませ」の末尾「せ」が伸ばされ「教えませー」となった上で,これが早口で発せられてラの3ビートに詰め込まれ,「ん」がソで1ビート,「よ」がラの1ビートですがこの「よ」は多少伸ばしてもよく,「教えませんよ」全体を受ける最後の「だ」は【ラーソラ】メロディの外に置かれて低く発せられます。

「教えませー」より短いにもかかわらず,次の(8)eでは「バナナもー」がラの3ビートに詰め込まれません。動詞「もらう」の目的語である「バナナ」は【ラーソラ】の外に置かれ,「バナナ」のアクセント(高低低)に沿って「バ」「ナ」「ナ」1ビートずつでラソソ,そして「も」だけがラの音で2ビートか3ビート,「ら」がソで1ビート,「い」がラで1ビート,そして「バナナもらい」全体を受ける最後の「っと」は【ラーソラ】の外で低く発せられます。

【ラーソラ】メロディにことばがどう乗るか,ということにも,文法がさまざまな形で関係していることがわかるでしょう。

「ながい,ながい,ながい」

次の(9)に現れている「ながい,ながい,ながい」の意味を考えてみましょう。

(9)　[「ながい」をだんだん高く]
　　a．ながい,ながい,ながい。
　　b．ながい,ながい,ながい橋がありました。

ここで「[「ながい」をだんだん高く]」と指示しているのは,「ながい」という語句をアクセントどおりに言いつつ(つまり「な」を低く,「が」を高く,「い」を低く言って「が」で山を作りつつ),最初の「ながい」を低く,次の「ながい」を少し高く,最後の「ながい」をうんと高く言うという発音を指しています。以下,この種のイントネーションを仮に【低い山,高い山】と呼ぶことにします。

さて,この【低い山,高い山】で「ながい,ながい,ながい」と言っただけの文(9)aは,例えば「この橋はあの橋よりも長いか否か」をめぐって友人と言い争ったが調べてみると自分の誤りで,「どうだ,長いだろう。長いだろう」

と勝ち誇って言いつのる友人に対してしぶしぶ負けを認める，といった発話場面が思い浮かびますね。「はい，はい，はい，はい」「わかった，わかった」「えらい，えらい」なども【低い山，高い山】で言えば同様のいやいやムードがかもし出されます。つまり【低い山，高い山】は暗いきもちと結びついているわけです。ところが，（9）bのように名詞「橋」を修飾する節であれば，「ながい，ながい，ながい」を【低い山，高い山】で言っても暗いムードはなく，「とてもながい橋がありました」とあまり意味が変わりません。つまり【低い山，高い山】の暗い意味が修飾節という文法的な環境のもとでは抑圧され，結果として「強調」の意味になるということです。

「ふつう」のしゃべり方

これまでは，どちらかといえば変わったしゃべり方を取り上げてきましたが，文法は「ふつう」のしゃべり方にも関わってきます。というより，これまでの文法記述は「ふつう」のしゃべり方に依存している部分が実はあります。例として次の(10)を見てみましょう。

(10) a． お腹が空いているなら，冷蔵庫にプリンがあるよ。
　　 b．＊お腹が空いているなら，冷蔵庫にプリンがある。

末尾に「よ」の付いている(10) aは自然だけれど，「よ」のない(10) bは不自然，という文法記述があります（三宅（2010）を参照。文(10) bの初頭にある，不自然さを示す「＊」も，三宅（2010）にあったものです）。ところが，例えば(10) b後半部「冷蔵庫にプリンがある」を，さも重大な秘密を吐露するように，口に手を当てヒソヒソとささやくなら，(10) bも自然さが増すという人がかなりいます。しかし，だからといって，この文法記述が間違いで意味がないということにはなりません。しゃべり方次第の部分がある，と認めながら文法記述が展開されていることもあるぐらいです（井上 1997）。しゃべり方を変えることで初めて記述が妥当でなくなるなら，それは逆に，その記述が有意味で，文法のある部分を正しく捉えているしるしと言えます。その上での話ですが，ヒソヒソささやくしゃべり方がなぜ例外的に自然さを高めるのかと考えてみることは，「ふつう」にしゃべることの意味を明らかにし，文法記述をさらに深めてくれるでしょう（Fillmore 1981を参照）。

## 5 そもそもコミュニケーションとは？

　コミュニケーションを視野に収めることは，日本語学を深める上で有益ですが，そこに「コミュニケーションとは何か？」という問題意識が伴わなければ，逆に足をすくわれてしまう危険があります。ここでは「コミュニケーションとは情報の伝え合いである」という，一見もっともらしい考え（情報伝達的なコミュニケーション観）が実は正しいとは限らないということを示しておきます。
　例えば病院で，ある注射をされた患者が「持病を抑えるために日頃いつも飲んでいる薬を，今日も飲んで大丈夫か」と窓口の看護師にたずねたとします。看護師が，他の仕事もテキパキと片付けながら，奥にいる医者に判断を仰ぐと，医者は大丈夫と言うので，それを受けて看護師は，やはりさまざまな仕事を片付けながら，窓口の患者にその旨を伝えます。その際の，看護師に対する医者の返答発話と，患者に対する看護師の返答発話として，次の(11) a，bを比べると，

　(11) a．その薬は大丈夫です。
　　　 b．えーと，その薬は大丈夫ですね。

　看護師に対する医者の返答は(11) aでも(11) bでも自然ですが，患者に対する看護師の返答は，(11) aが問題なく自然であるのに対し，(11) bは自然さが低くなります（図10-1）。
　このことは，「医者は問題検討を経て（つまり考えて）看護師に返答するが，看護師は医者から言われたことを患者に伝達するだけで問題検討しないから」といった単純な考えでは説明できません。なぜならば，この事例における看護師は他のさまざまな仕事も同時にこなしているわけですから，頭のなかは相当忙しく働いていて，たとえ医者がたったいま述べたことでも，他の仕事に気を取られて「いま，この医者は何と返答したのだったかな」と心内で検討するといったことは十分想定できますが，その想定のもとでも(11) b「えーと……ですね」は不自然だからです。
　つまり，検討中のフィラー（「えーと」など）や，検討結果を見極める際の終助詞（「ね」「な」など）を発する権利に関して，医者と看護師には違いがあります。医者は，いま焦点になっている問題（この患者は持病を抑える薬を飲んでも大丈夫かどうか）を自分の問題として引き受け，この問題の答を作り出

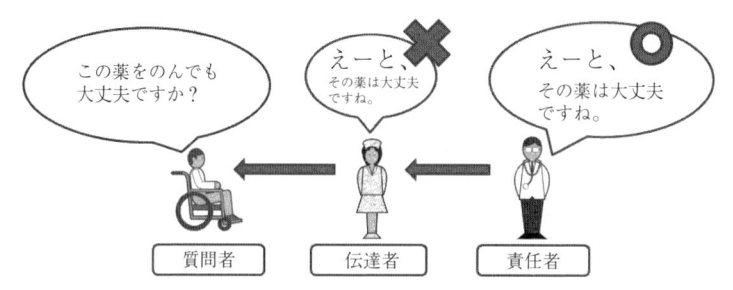

図10-1 『質問者』（患者）と『伝達者』（看護師）と『責任者』（医者）

す『責任者』であり，これらのフィラーや終助詞を発する権利を持ちますが，看護師は作り出された知識を患者に伝える『伝達者』で，同様の権利を基本的に持たないので(11) b は不自然と感じられやすくなります。純粋に伝達だけに従事する者ができることはかぎられているというわけです。

もちろん医者の返答にしても，その音声や表情，身振りは視聴覚的な情報となって看護師の目や耳に伝達されますが，その意味の「伝達」は，例えば1人で神戸港を訪れれば波の色や音が目や耳に伝達されるといった，コミュニケーション以前の伝達です。コミュニケーション行動として伝達をしているのは看護師（『伝達者』）だけで，医者は違うのです。

看護師の返答として(11) b が不自然だということに納得がいきにくい人は，「医者がすぐ近くにおり，患者に対する看護師の発話が患者だけでなく医者にも聞こえる」「看護師に対する医者の返答の声が大きく，看護師だけでなく患者にも明らかに聞こえていた」などの状況を考えてみればわかりやすくなるのではないかと思います。これらの状況は，看護師が当該の知識を「伝達する」立場（『伝達者』）を越えて，知識を作り出す『責任者』らしく振る舞うことを特に困難にする状況だからです。

## 6 よりリアルな日本語文法へ

ことばの近代的な研究は，「規範主義（prescriptivism）から記述主義（descriptivism）へ」，つまり，価値判断を持ち込まず虚心坦懐にデータを眺めようとするところから始まったはずでした。が，いつの間にか，権威的な文字コミュニケーションのことばばかりが取り上げられ，音声コミュニケーションのことばは軽視されています。この現状をもし正当化する考えがあるとすれば，それは

「文字コミュニケーションと音声コミュニケーションは，メディアが違うだけで，情報の伝え合いであることに変わりはない。文字コミュニケーションにおいても音声コミュニケーションにおいても，ことばとは情報伝達の道具であって，それ以外のものではない。文字コミュニケーションと音声コミュニケーションで，ことばの文法は変わらない」といったあたりになるでしょうか。しかし，この章で述べたことが正しければ，この考えにはいくつもの誤りが含まれているということになります。文字コミュニケーションと音声コミュニケーションにはメディア以上の違いがあり，その違いは文法にもおよんでいますし，そもそもコミュニケーションは単なる情報の伝え合いではありません。

　日本語を学ぼうとする外国人の多くは，日本人と書類を取り交わしたいのではなく，日本人とまず話したいと思っています。つまり外国人が日本語を学ぼうとする際の動機は，圧倒的に音声コミュニケーション志向なのですが，「日本人のようにふつうに話す方法」を解説した日本語の教科書はまだありません。それは「日本人のふつうの話し方」がまだほとんど解明されていないからです。今後，日本語研究を志す人たちが，音声コミュニケーションに積極的に目を向けることによって研究を発展させるきっかけをつかみ，よりリアルな日本語文法を構築していかれることを願っています。

## 練習問題

1. 次の①と②，③と④の自然さに差があれば，原因を考え，類例を作ってみましょう。
    ① なにしろあそこは寒いの地方だからねえ。
    ② なにしろあそこは寒い，暗い，貧しいの地方だからねえ。
    ③ その日はさんざんな目に遭った一郎は，さすがに呪術を信じるようになった。
    ④ その日は朝から泥棒と間違われたり，車にひかれかけたり，川でおぼれたりというさんざんな目に遭った一郎は，さすがに呪術を信じるようになった。
2. 次の①に比べて②は不自然，という記述があります（井上 1997）。いろいろなしゃべり方で②の不自然さが軽減されるかどうか調べ，この記述の価値を考えてみましょう。
    ① もしもし切符を落とされましたよ。
    ② もしもし切符を落とされました。
3. 「コミュニケーションとは情報の伝え合いだ」という考えで説明できるかどうか，考えてみましょう。
    ① 「あら，髪伸ばしたのねえ」と，見ればわかる当たり前のことを言う。
    ② 同じケーキを2人で食べて，A「このケーキおいしいねえ」，B「うん，おいしいねえ」，A「おいしいねえ」，B「ホントおいしいねえ」と，同じことを何度も言い合う。

③　A「あ，レストランがある」，B「ホントだ」，A「ねえ，あそこ，おいしいのかなあ」と，相手がわかるはずのないことをたずねる。

## 読書案内

① 定延利之『ささやく恋人，りきむレポーター――口の中の文化』岩波書店，2005年。
　＊言いよどみ，つっかえ，りきみ，イントネーションなど，日本語の音声コミュニケーションに見られるさまざまなコミュニケーション行動を具体的な形で扱っています。
② 水谷修『話しことばと日本人』創拓社，1979年。
　＊「共同製作される文」をはじめ，日本語の音声コミュニケーションと日本文化がわかりやすく論じられています。
③ 野田尚史編『コミュニケーションのための日本語教育文法』くろしお出版，2005年。
　＊コミュニケーションを重視する立場から，これまでの日本語教育文法（外国人に日本語を教えるための文法）が再検討され，新しい教育文法の姿が論じられています。
④ 音声文法研究会編『文法と音声』全5巻，くろしお出版，1997～2006年。
　＊杉藤美代子氏を中心とする音声文法研究会の論文集シリーズで，「音声文法」の構築に向けた試みを知ることができます。
⑤ 谷泰編『コミュニケーションの自然誌』新曜社，1997年。
　＊情報伝達的なコミュニケーション観の問題点を明らかにし，それを乗り越えようとする日本語学・会話分析・人類学・倫理学などの試みをまとめた学際的な一冊です。
⑥ 定延利之「体験と知識――コミュニカティブ・ストラテジー」『国文学　解釈と教材の研究』第48巻第12号，2003年。
　＊話しことばと書きことばについて，この章で紹介した海外の研究成果をより詳しく知ることができます。

## 参考文献

井上優「もしもし，切符を落とされましたよ――終助詞「よ」を使うことの意味」『言語』第26巻第2号，1997年。
定延利之「心的プロセスからみた取り立て詞モ・デモ」益岡隆志・沼田善子・野田尚史編『日本語の主題と取り立て』くろしお出版，1995年。
定延利之『ささやく恋人，りきむレポーター――口の中の文化』岩波書店，2005年。
定延利之「会話においてフィラーを発するということ」『音声研究』第14巻第2号，日本音声学会，2011年。
澤田（山中）美恵子「「も」の含意について再考――数量詞＋「も」を中心に」*Kansai Linguistic Society*, vol. 11, 関西言語学会，1991年。
時枝誠記『国語学原論』岩波書店，1941年。
時枝誠記『国語学原論　続篇』岩波書店，1955年。

水谷修『話しことばと日本人——日本語の生態』創拓社，1979年。
三宅知宏「日本語の疑似条件文と終助詞」『日本語文法学会第11回大会発表予稿集』，2010年。
Chafe, Wallace L., "Integration and Involvement in Speaking, Writing, and Oral Literature," D. Tannen (ed.), 1982, pp. 35-53.
Chafe, Wallace L., "The Analysis of Discourse Flow," D. Shiffrin, D. Tannen and H. E. Hamilton (eds.), *The Handbook of Discourse Analysis*, Malden, Mass., Blackwell, 2001, pp. 673-687.
Du Bois, J. W., "Discourse and Grammar," M. Tomasello (ed.), *The New Psychology of Language : Cognitive and Functional Approaches to Language Structure* vol. 2, Mahwah, New Jersey and London, Lawrence Erlbaum, 2003, pp. 47-87.
Fillmore, Charles J., "Pragmatics and the Description of Discourse," P. Cole (ed.), *Radical Pragmatics*. New York, Academic Press, 1981, pp. 143-166.
Goodwin, Charles, "The Interactive Construction of a Sentence in Natural Conversation," G. Psathas (ed.), *Everyday language : Studies in Ethnomethodology*, New York, Irvington, 1979, pp. 97-121.
Lyons, John, *Language and Linguistics : An Introduction*, Cambridge, Cambridge University Press, 1981（近藤達夫訳『言語と言語学』岩波書店，1987年）．
Tannen, Deborah, *Spoken and Written Language : Exploring Orarity and Literacy*, Norwood, NJ. ABLEX, 1982.

## Column

### 村田蔵六のコミュニケーション

司馬遼太郎『花神』のなかでは，幕府軍を打ち破り明治維新の基礎を築いた長州軍の総司令官・村田蔵六（大村益次郎）は，若い田舎医の時代から，コミュニケーションの感覚が人とは違っていた人，として登場します。

村人が，「お暑うございます」と挨拶すると，蔵六は相手をじっと見つめて，「そうです」「さよう夏は大体こんなものです」「暑中はあついのが当たり前です」などと返答した，患者たちは腹をたてて近寄らず蔵六の医院ははやらなかった，とあります。

「この調子を後年，蔵六はぬけぬけと日本的規模のなかでやってのけて，腹を立てた「患者」どもから国賊として殺されてしまったのである」と，蔵六の最期について司馬遼太郎は『花神』のあとがきで述べています。

あなたの周りにも，こういう「蔵六さん」はいませんか？　どんなところが，どんな風に「蔵六さん」だと感じるのか，考えてみましょう。

# 第11章 コーパス日本語学

丸山岳彦

## この章で学ぶこと

　私たちがことばを話したり理解したりすることができるのは，ことばに関する知識が脳のなかに備わっているためです。20世紀後半以降の言語研究では，さまざまな生物のなかでヒトだけが持っている「ことばを操る力（言語能力）」のメカニズムを解明することが目標とされてきました。

　これに対して，実際に話されたり書かれたりしたことばを大量に収集し，そこに見られる傾向や規則性を客観的に分析しようとする言語研究の方法論があります。言語の分析を目的として，実際に使用された言語表現を大量に収集したものを，「コーパス（Corpus）」と呼びます。そして，コーパスを用いて言語を研究する方法論を，「コーパス言語学（Corpus Linguistics）」と呼びます。言語学の研究分野のなかでは比較的歴史が浅く，今後の発展が期待されている分野です。この章では，コーパスを用いて日本語を研究する方法論（これを「コーパス日本語学」と呼ぶことにします）について紹介します。

　言語研究にコーパスを用いることの優位性の1つに，「内省では気づくことのできない事実を発見できる」ということが挙げられます。音声，文字・表記，語彙，文法など，言語研究のさまざまな側面において，コーパスを分析することで初めて発見できる言語事実があると考えられます。

　本章では，まず，「よく考えればわかる」ことばの問題と，「よく考えてもわからない」ことばの問題について考えてみましょう。ここから，コーパスがなぜ必要になるのかが明らかになるでしょう。その上で，現代日本語の話しことばコーパス，書きことばコーパスを使って，内省では気づくことのできない言語事実について，具体的に分析していきたいと思います。

## キーワード

　コーパス，内省，ことばの決まりと使用実態，書きことばと話しことば，『日本語話し言葉コーパス』，『現代日本語書き言葉均衡コーパス』，転記テキスト，形態論情報データ，検索，集計

## 1 日本語の「決まり」と「使用実態」

まず，次の問題を考えてみてください。

（1）「自転車」の読み方を答えなさい。
（2）「たまご」という語を書く場合，どのような表記があるか，考えなさい。
（3）「あの」「その」「この」「どの」のうち，話しことばで言いよどむ時に発せられるのはどの形式か，考えなさい。
（4）「ハシゴにのぼる」と「ハシゴをのぼる」の意味の違いを考えなさい。

（1）は小学生でもわかる問題ですね。「自転車」は，「じてんしゃ」と読みます。

（2）も少し考えればわかるでしょう。ひらがなの「たまご」の他に，カタカナの「タマゴ」，漢字の「卵」「玉子」という表記があります。

（3）は，言いよどむ場面を想像してみるとわかります。ことばが出てこない時，「|あのー／そのー／このー|，何と言いますか，」とは言えますが，「*どのー，何と言いますか，」とは言えません。言いよどむ時に発せられるのは，「あの」「その」「この」の3つに限られる，が答えです。

これに対して，（4）は少し分析的に考えてみる必要がありそうです。ここでは「ハシゴにのぼる」と「ハシゴをのぼる」の違いを浮き彫りにするために，「ハシゴ」の部分を入れ替えて考えてみましょう。例えば，「2階にのぼる」とは言えても「*2階をのぼる」とは言えません。逆に，「坂をのぼる」とは言えても「*坂にのぼる」とは言えません。ここで，助詞「に」は「到着点」を表し，助詞「を」は「通り道」を表す，と仮定してみると，「2階」は到着点としては解釈できるけれど通り道としては解釈できず，逆に「坂」は通り道としては解釈できるけれど到着点としては解釈できない，という違いに気づきます。助詞「に」「を」が表す意味の違いが，文法性の判断の違いに影響を与えているわけです。ここから，「ハシゴにのぼる」はハシゴの上に立っていること（＝到着点としてのハシゴ），「ハシゴをのぼる」はハシゴの途中をのぼっていること（＝通り道としてのハシゴ），という意味の違いを説明することができます。

さて，（1）～（3）に挙げた例は，日本語の知識があれば簡単に解ける問題で

す。(4)は少し難しいかもしれませんが，日本語の文法を客観的に勉強したことのある人であれば，上に述べたような内省に基づく判断をもとに，その違いを説明することができるでしょう。

次に，以下の問題を考えてみてください。みなさんはすぐに解けるでしょうか。

(5) 日常の話しことばを観察していると,「自転車」には,「じてんしゃ」以外の形で発音されていることがある。それはどのような発音か，考えなさい。また，その発音は「自転車」という語の総数に対してどれくらいの割合で現れるか，考えなさい。

(6) 「たまご」「タマゴ」「卵」「玉子」という 4 つの表記を，実際に使われている回数の多い順に並べるとどうなるか，考えなさい。また，それぞれの割合についても考えなさい。

(7) 言いよどむ時に発せられるさまざまなことばのうち，日常の話し言葉のなかで使われる回数の多い形式を，上位 5 位まで挙げなさい。

(8) 「～にのぼる」と「～をのぼる」では，どちらが実際に使われる回数が多いか，考えなさい。また,「登る」「上る」「昇る」という表記では，それぞれ「～に」と「～を」のどちらが使われる回数が多いか，考えなさい。

これらの問題は，日本語の知識があれば解けるでしょうか。「自転車」の「じてんしゃ」以外の発音とその割合を即座に答えられる人は，なかなかいないのではないでしょうか。「たまご」「タマゴ」「卵」「玉子」という表記が使われる回数の順序とその割合を言い当てられる人や，日常よく使われる言いよどみのことばの上位 5 位を正確に挙げられる人も，あまりいないでしょう。「のぼる」「登る」「上る」「昇る」がそれぞれ「～に」と「～を」のどちらを多く取るか，すぐに答えることはできそうにありません。これらはいずれも,「よく考えればわかる」というタイプの問題ではなさそうです。

(1)～(4)で問題にされているのは,「日本語にはどういう決まりがあるか」という点です。日本語には発音，表記，語彙，文法などに関するさまざまな決まりがあり，日本語の母語話者はそれらを知らないうちに身につけています。一方，(5)～(8)で問題にされているのは,「ある日本語の表現が実際にどれくらい使われているか」という点です。日本語の決まりを知っている日本語の母語話者でも，それらが実際にどれくらい使用されているのか，それらの出現

数や割合はどのようになっているのか，といった問いに必ずしも正確に答えられるとは限りません。

（5）〜（8）に示した問題は，日本語母語話者が持つ日本語の知識や内省，文法性判断を使っても，解けない問題が存在することを示しています。言い換えれば，たとえ母語話者であっても，日本語の「使用実態」について正確には知り得ない，ということです。そして，後で詳しく見るように，「使用実態」を調べることで，内省では気づくことのできない「決まり」を発見したり，内省で得られる「決まり」とは異なる「決まり」を発見したりすることもあるのです。

それでは，（5）〜（8）で問われている「使用実態」に関する問題を解くためには，何が必要でしょうか。ここでは，その答えを「コーパス」に求めます。以下，この章では，コーパスを用いた日本語研究の方法論（これを「コーパス日本語学」と呼ぶことにします）と，その可能性について，具体的な事例を交えて考えてみたいと思います。そのなかで，（5）〜（8）の回答も示していくことにします。

## 2　なぜコーパスが必要か

ここでは，（5）〜（8）の問題を解くために必要なものを順に考えてみましょう。

まず（5）は，話しことばにおける発音の実態に関する問題です。冒頭に「日常の話しことばを観察していると」とあることから，日常の話しことばを注意深く観察してみることが，この問題を解くための1つの方法だと言えそうです。しかし，ある程度の数の「自転車」の発音が観察できるまで話しことばを聞き続けるというのは，効率がよい方法とは言えません。聞き逃してしまう恐れもありますし，発音を正確に聞き取れない可能性もあります。むしろ，日常の話しことばを長時間録音し，その中身を簡単に検索できるデータベースがあれば，この問題を解く手がかりが得られそうです。

次に（6）は，書きことばにおける表記の実態に関する問題です。「4つの表記を，実際に使われている回数の多い順に並べるとどうなるか」という問題ですから，日常目にする新聞や雑誌などを対象に4通りの表記を探し出してその数を数える，という方法が考えられます。しかし，対象の選択が恣意的になったり，数え忘れがあったりする恐れがあるため，客観的・効率的な分析方法と

は言えません。一方，実際に書かれた文章（テキスト）を大量に収集し，そのなかから4つの表記を検索できるデータベースがあれば，客観的かつ効率的に問題を解くことができそうです。

　（7）は，再び話しことばの問題です。言いよどむ時に発せられることばには，（1）で見た「あの」「その」「この」だけでなく，「えー」「えーっと」「うーん」「まー」「つまり」「何て言うか」など，さまざまな形式が考えられます。これらのうち，使われる回数順に上位5位までの形式を挙げるのであれば，やはり日常の話しことばを大量に録音したデータベースを準備し，そこから言いよどみのことばを検索して集計することで，問題を解くことができそうです。

　最後の（8）も，「実際に使われる回数」が問われているという点で，ことばの使用実態を記録したデータベースがあれば解ける問題と言えそうです。問題の後半で「登る」「上る」「昇る」という表記の書き分けについても問われていますから，ここでは書きことばにおける使い分けを考えることにしましょう。であれば，（6）と同様，実際に書かれた文章を収集したデータベースから，当該の表現を検索してその数を集計することによって，問題を解くことができそうです。

　さて，以上まででわかったのは，日本語の使用実態に関する問題を正確に解くためには，実際の話しことばや書きことばを記録したデータベースが必要だということです。そのようなデータベースのことを，言語学では特に「コーパス」と呼びます。ここでは，コーパスを以下のように定義しておきます。

> コーパス：言語の分析を目的として作成された，実際に使用された言語表現を大量に収集したデータベース。コンピュータの上で閲覧・検索できることを前提とする。

「実際に使用された言語表現」のうち，話しことば（音声）を収集したものを「話しことばコーパス」，書きことば（テキスト）を収集したものを「書きことばコーパス」と呼びます。実際に話されたり書かれたりした言語表現を大量に集めることによって，話しことば・書きことばの使用実態を明らかにするために有効な資料として使うことができます。

　ここで，コーパスを使うことの意義として，以下の2点を挙げておきます。

- 母語話者の内省では知り得ない言語事実を明らかにできること
- コンピュータの力を借りることで，大規模なデータに対して漏れなく正

確に検索ができること，かつその結果を客観的に再現できること

　前節で具体的に示したように，日本語の母語話者であれば日本語の決まりを内省によって知ることができますが，実際の使用実態については知ることができません。コーパスという客観的な言語資料を分析することによって，言語に関するさまざまな事実，すなわち，ある言語形式が実際に使われている頻度や割合を明らかにしたり，ある形式とある形式の使われ方の差を数量的に示したりすることができるのです。

　以上で述べた，コーパスを使うことの意義を押さえた上で，次節では，現代日本語の代表的な話しことばコーパスと書きことばコーパスを紹介します。そして，これらのコーパスを使うことによって，（5）〜（8）の問題を解いてみることにします。

## ③　現代日本語のコーパス——CSJ と BCCWJ

　以下では，国立国語研究所が中心となり開発・公開している2つのコーパスを紹介します。現代日本語の話しことばを収録した『日本語話し言葉コーパス（CSJ）』，そして書きことばを収録した『現代日本語書き言葉均衡コーパス（BCCWJ）』という2つです。以下，2つのコーパスについて，その概要と分析例を示します。

### 『日本語話し言葉コーパス（CSJ）』

　『日本語話し言葉コーパス（CSJ：Corpus of Spontaneous Japanese）』（以下，CSJ（シーエスジェイ）と呼びます）は，2004年に一般公開された「自発音声コーパス」です（国立国語研究所 2006）。「自発音声」とは，あらかじめ準備された原稿を朗読するような話しことばではなく，その場で考えながら自発的に話をする話しことばを指します。CSJ に収録されているのは，延べ3,302人の話者による約661時間，約752万語分の音声データで，世界的に見ても大規模な話しことばコーパスです。また，収録音声の大半は「独話」，つまり1人の話者があるテーマに沿って自発的に話し続けるスタイルの発話になっています。

　話しことばを録音した音声データが CSJ の中核ですが，音声データだけでは言語研究にとって使いやすいデータ形式とは言えません。そこで，実際に発話された内容をできるだけ忠実に書き起こした「転記テキスト」，それらを単

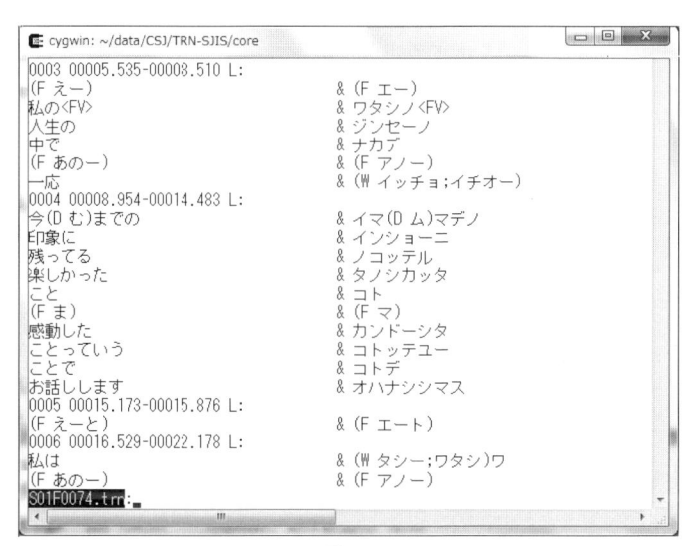

```
cygwin: ~/data/CSJ/TRN-SJIS/core
0003 00005.535-00008.510 L:
(F えー)                          & (F エー)
私の<FV>                         & ワタシノ<FV>
人生の                           & ジンセーノ
中で                             & ナカデ
(F あのー)                        & (F アノー)
一応                             & (W イッチョ;イチオー)
0004 00008.954-00014.483 L:
今(D む)までの                    & イマ(D ム)マデノ
印象に                           & インショーニ
残ってる                         & ノコッテル
楽しかった                       & タノシカッタ
こと                             & コト
(F ま)                           & (F マ)
感動した                         & カンドーシタ
ことっていう                     & コトッテユー
ことで                           & コトデ
お話しします                     & オハナシシマス
0005 00015.173-00015.876 L:
(F えーと)                        & (F エート)
0006 00016.529-00022.178 L:
私は                             & (W タシー;ワタシ)ワ
(F あのー)                        & (F アノー)
S01F0074.trn
```

図 11-1 CSJ「転記テキスト」の例

語に区切り品詞などの情報を付与した「形態論情報」，節境界の位置にラベルを付与した「節境界ラベル」など，さまざまな研究用情報が付与されています。転記テキストの例を，図11-1に示します。

「(Fえー)」のように (F) で囲まれている要素は，言いよどんだ際に間つなぎのために発せられた「フィラー」を表します。また，「今 (Dむ) までの」のように (D) で囲まれている要素は，語未満の発話断片を表します。また，本来「イチオー」と発音すべきところを実際には「イッチョ」と発音していた場合（「発音の転訛」と呼びます），「(Wイッチョ；イチオー)」と表現されます。図11-1の転記テキストを見ると，この話者は「えー」「あのー」「ま」「えーと」というフィラーを使用していることや，「一応」を「イッチョ」，「私」を「タシー」と発音していることがわかります。

さらに，転記テキストに対して「形態素解析」を実施すると，「形態論情報データ」が得られます。これは，転記テキストを「語」の単位に分割し，その品詞情報などを付与するもので，図11-2のような形式のデータです（一部のみを抜き出して示しています）。各語について，基本形，辞書形，発音形，品詞，活用型，活用形などの情報が記録されています。

ここで，問題(5)を考えてみましょう。図11-2に示したような形態論情報データから，基本形が「自転車」である語を検索し，発音形の種類ごとにその

| | 基本形 | 辞書形 | 発音形 | 品詞 | 活用型 | 活用形 | その他 | その他 |
|---|---|---|---|---|---|---|---|---|
| 18 | (Fあのー) | あの | (Fアノー) | 感動詞 | | | | |
| 19 | 一応 | 一応 | (Wイッチョ;イチオー) | 副詞 | | | | |
| 20 | 今 | 今 | イマ | 名詞 | | | | |
| 21 | (Dむ) | | (Dム) | 言いよどみ | | | | |
| 22 | まで | まで | マデ | 助詞 | | | 副助詞 | |
| 23 | の | の | ノ | 助詞 | | | 格助詞 | |
| 24 | 印象 | 印象 | インショー | 名詞 | | | | |
| 25 | に | に | ニ | 助詞 | | | 格助詞 | |
| 26 | 残っ | 残る | ノコッ | 動詞 | ラ行五段 | 連用形 | | 促音便 |
| 27 | てる | てる | テル | 助詞 | | 連体形 | | |
| 28 | 楽しかっ | 楽しい | タノシカッ | 形容詞 | 形容詞型 | 連用形 | | 促音便 |
| 29 | た | た | タ | 助動詞 | | 連体形 | | |
| 30 | こと | 事 | コト | 名詞 | | | | |
| 31 | (Fま) | まー | (Fマ) | 感動詞 | | | | |
| 32 | 感動 | 感動 | カンドー | 名詞 | | | | |
| 33 | し | 為る | シ | 動詞 | サ行変格 | 連用形 | | |
| 34 | た | た | タ | 助動詞 | | 連体形 | | |
| 35 | こと | 事 | コト | 名詞 | | | | |
| 36 | って | って | ッテ | 助詞 | | | 副助詞 | |
| 37 | いう | 言う | ユー | 動詞 | ワア行五段 | 連体形 | | |
| 38 | こと | 事 | コト | 名詞 | | | | |
| 39 | で | で | デ | 助詞 | | | 格助詞 | |
| 40 | お | 御 | オ | 接頭辞 | | | | |
| 41 | 話し | 話す | ハナシ | 動詞 | サ行五段 | 連用形 | | |
| 42 | し | 為る | シ | 動詞 | サ行変格 | 連用形 | | |
| 43 | ます | ます | マス | 助動詞 | | 終止形 | | |

図11-2　CSJ「形態論情報データ」の例

頻度を集計することで,「自転車」という語が実際にどのように発音されているかを知ることができます。CSJ に含まれている自発音声のうち,約700万語分の独話データから「自転車」を集計したところ,表11-1のようになりました。

　分析データ中に現れた「自転車」は481例,その発音の内訳は,「じてんしゃ」が約72％,「じでんしゃ」が約24％,という結果でした。約4％弱の「その他」には「ちてんしゃ」「ちぇんしゃ」「いてんしゃ」などが含まれていました。これで,（5）に対する回答が得られました。「自転車」には「じてんしゃ」以外に「じでんしゃ」という発音があり,それは「自転車」全体の約24％を占める,が答えです。みなさんも,日常の話しことばを注意深く聞いてみてください。「じでんしゃ」という発音が観察されるはずです。

　これと同じような分析は,他にもさまざまな語で試すことができます。例えば「コミュニケーション」という語は,実際にどのように発音されているでしょうか。同じ約700万語の独話データを集計した結果が,表11-2です。

　分析データ中に現れた603例の「コミュニケーション」のうち,正しく「コミュニケーション」と発音されているのは,なんと全体の2割に過ぎません。50％近くが「コミニケーション」,22％が「コミニュケーション」と発音されていました。このような,私たちが実際にどのような発音をしているのかとい

表11-1 CSJに現れた「自転車」の発音形の集計

| 発音形 | 頻度（比率） |
|---|---|
| ジテンシャ | 347 （72.14%） |
| (Wジデン；ジテン)シャ | 116 （24.12%） |
| その他 | 18 （3.74%） |
| 合計 | 481 （100%） |

表11-2 CSJに現れた「コミュニケーション」の発音形の集計

| 発音形 | 頻度（比率） |
|---|---|
| (Wコミニケーション；コミュニケーション) | 299 （49.59%） |
| (Wコミュニケーション；コミュニケーション) | 137 （22.72%） |
| コミュニケーション | 125 （20.73%） |
| (Wコミュニュケーション；コミュニケーション) | 35 （5.80%） |
| その他 | 7 （1.16%） |
| 合計 | 603 （100%） |

う実態（行動の結果）は，前節にも述べたとおり，内省によって知ることはできません。実際の話しことばを大量に収録した話しことばコーパスを集計することによって，初めて知ることができるのです。

続いて，問題(7)に対する解答を考えてみましょう。ここでは便宜的に，「(F)」で囲まれたフィラーを「言いよどむ時に発せられることば」としておきます。上記の(5)の分析と同様，約700万語分の独話データを対象として，すべてのフィラーを検索したところ，430,472例のフィラーが見つかりました。全700万語のうち，約6％がフィラーで占められていることになります。これらについて，基本形ごとに頻度を集計したところ，上位5位の結果は表11-3のようになりました。

出現するフィラーのうち，「えー」が最も多く，全フィラーの約27％を占めました。以下，「え」「ま」「あのー」「あの」までの5語が「使われる回数の多い上位5位」です。これが(7)に対する解答ということになります。

ここで，フィラーの使用実態に関して，男性と女性の間で違いがあるかどうかを見てみましょう。みなさんは，フィラーの使用に男女差があると思いますか。差があるとしたら，それはどのような違いでしょうか。上で見たフィラー約43万例を男女別に切り分けて集計すると，表11-4のようになりました。

男女とも1位が「えー」である点は同じですが，フィラーの総数に対する比

表11-3 CSJに現れたフィラーの上位5語

| 基本形 | 頻度（比率） |
|---|---|
| (Fえー) | 116,772　(27.13%) |
| (Fえ) | 45,665　(10.61%) |
| (Fま) | 44,549　(10.35%) |
| (Fあのー) | 40,695　(9.45%) |
| (Fあの) | 33,330　(7.74%) |

表11-4 CSJに現れたフィラーの上位5語（男女別）

| 男性 | 頻度（比率） | 女性 | 頻度（比率） |
|---|---|---|---|
| (Fえー) | 95,359　(30.21%) | (Fえー) | 21,413　(18.65%) |
| (Fえ) | 36,078　(11.43%) | (Fあのー) | 19,393　(16.89%) |
| (Fま) | 34,643　(10.97%) | (Fあの) | 15,954　(13.90%) |
| (Fまー) | 24,369　(7.72%) | (Fま) | 9,906　(8.63%) |
| (Fあのー) | 21,302　(6.75%) | (Fえ) | 9,587　(8.35%) |

率が，男性側で30%強，女性側で19%弱と，大きく異なっています．また，女性側で「あのー」「あの」を足すと30%を超える比率になる一方，男性側では「あのー」と「あの」を足しても12%にとどまります（男性側の「あの」は6位で5.50%でした）．ここから，フィラーの使用傾向には，男性と女性の間で明らかな違いがあることがわかります．

　ここまで，CSJという大規模な話しことばコーパスを用いて，話しことばの使用実態を明らかにする例を見てきました．前節の終わりにコーパスを使うことの意義を2点挙げましたが，母語話者の内省では知り得ない，語の発音の実態やフィラーの使用傾向を客観的に示せているという点において，コーパスを使うことの優位性が明らかになったと言えるのではないかと思います．

## 『現代日本語書き言葉均衡コーパス（BCCWJ）』

　『現代日本語書き言葉均衡コーパス（BCCWJ：Balanced Corpus of Contemporary Written Japanese)』（以下，BCCWJ（ビーシーシーダブリュージェイ）と呼びます）は，現代日本語の書きことばを収録したコーパスです（前川 2009；丸山 2009）．2006年度から5年間の構築期間を経て，2011年度から一般に公開されています．「均衡コーパス」は「バランスコーパス」とも呼ばれ，多様な種類のテキストがバランスよく収録されることにより，書きことばの実態（正確には，母集団として定義された集合）を推計できるように設計されたコーパスのことを指

します。BCCWJでは，書籍，雑誌，新聞，教科書，白書，インターネット上の文書など，さまざまなメディア・ジャンルから合計1億語のテキストを収集することで，現代日本語の書きことばの実態が捉えられるように設計されています。

　ここでは，BCCWJの一般公開に先んじてモニター公開されたデータ「BCCWJモニター公開データ（2009年度版）」を，分析対象として利用します。以下，国立国語研究所で開発された全文検索システム『ひまわり』を使って，分析対象に含まれる約3,500万語分の書きことばを検索してみることにします。

　全文検索システム『ひまわり』を使うと，特定の文字列をコーパスから検索し，それが使われている前後の文脈や書誌情報などを表示させることができます。図11-3は，『ひまわり』で「日本語」という文字列を検索し，「後文脈」で50音順に並べ替えたところです。総数2,514例の「日本語」という表現が，実際にどのような文脈で使われているのかを一覧することができます。

　この『ひまわり』を使って，問題（6）と（8）に対する解答を考えてみましょう。まず（6）は，「たまご」「タマゴ」「卵」「玉子」を使われている回数順に並べ，その割合を問うものでした。『ひまわり』で4通りの表記をそれぞれ検索し，その回数を集計すれば，答えが得られそうです。ところが，『ひまわり』が検索するのは文字列である以上，「たまごっち」「タマゴテングダケ」「産卵」のような用例までが検索されてしまいます。そこで，すべての検索結果から実際に「たまご」と読む例を目視で確認し，抽出しました。この結果を集計すると，表11-5が得られました。

　全体の約81％が「卵」，約11％が「たまご」，約5％が「玉子」，約3％が「タマゴ」という結果になりました。これが，（6）に対する解答になります。

　同じように，（8）の解答を考えてみましょう。「〜にのぼる」と「〜をのぼる」ではどちらが実際に使われる回数が多いか，「登る」「上る」「昇る」という表記ではどうなるか，という問題でした。これも『ひまわり』で検索してみます。前文脈に「に」または「を」を指定し，検索文字列に「のぼ」「登」「上」「昇」のいずれかを指定し，後文脈に「[らりるれろっ]」と指定します。この後文脈は，「のぼ」などの直後に「らりるれろっ」の6文字のうちいずれかが現れることを指定するもので，これによって活用形の違いを問わずに検索することができます。この検索結果をExcelのような表計算ソフトに取り込み，「静かに登る」「小学校に上る」のように，「〜に」がのぼる対象を表していない例や，「あがる」と読む例などを除外しておきます。この結果を集計す

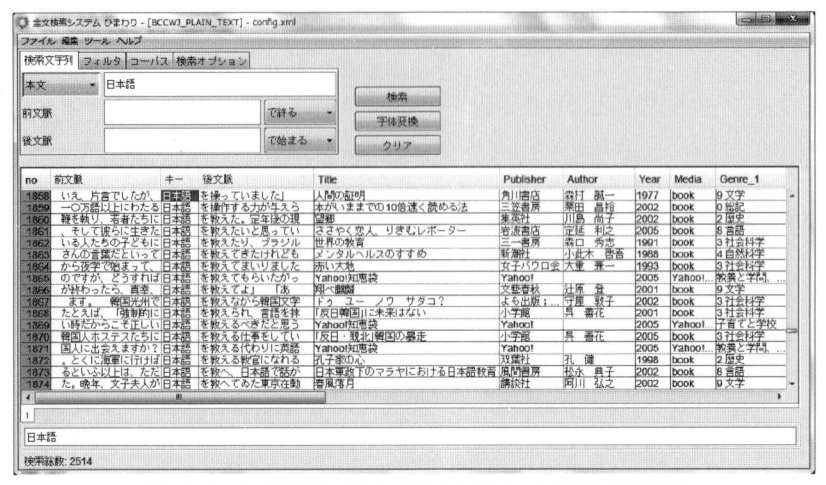

図11-3 全文検索システム『ひまわり』による検索の実行例

表11-5 「たまご」の4通りの表記の集計

| 表記 | 頻度（比率） | |
|---|---:|---|
| 卵 | 1,427 | （80.80％） |
| たまご | 191 | （10.82％） |
| 玉子 | 94 | （5.32％） |
| タマゴ | 54 | （3.06％） |
| 合計 | 1,766 | （100％） |

ると，表11-6が得られました。

　これで，（8）に対する解答が得られました。「のぼる」「登る」「上る」「昇る」という表記の違いに関わらず，「～に」の方が「～を」よりも多い，というのが答えです。なお，「登る」のみ，「～に」と「～を」の開きが小さくなっていることから，「登る」が「坂を登る」のように通り道を表す「～を」を取りやすい傾向を見て取ることができます。

　ここで，「～に」「～を」の部分にはそれぞれどのような要素が現れているのかを見てみましょう。各表記ごとに前接する要素を集計し，頻度順に上位5位までを挙げると，表11-7のようになりました。

　「N人」の「N」は，「1人」「三〇人」のように具体的な数値が入ることを示します。これらを見ると，「～を」には確かに通り道として解釈できる具体的な対象物が現れていることがわかります。一方「～に」の場合，「登る」「昇

表 11-6 「〜にのぼる」と「〜をのぼる」の 4 通りの表記の集計

|  | のぼる | | 登る | | 上る | | 昇る | |
|---|---|---|---|---|---|---|---|---|
| 〜に | 518 | (80.43%) | 349 | (55.57%) | 609 | (72.24%) | 98 | (68.53%) |
| 〜を | 126 | (19.57%) | 279 | (44.43%) | 234 | (27.76%) | 45 | (31.47%) |
| 合計 | 644 | (100%) | 628 | (100%) | 843 | (100%) | 143 | (100%) |

表 11-7 「〜にのぼる」「〜をのぼる」に前節する要素（上位 5 位）

|  |  | のぼる | | 登る | | 上る | | 昇る | |
|---|---|---|---|---|---|---|---|---|---|
| 〜に |  | N人 | 52 | 山 | 87 | N人 | 70 | 天 | 18 |
|  |  | N円 | 30 | 木 | 35 | N円 | 43 | 脚立 | 7 |
|  |  | N% | 20 | 上 | 13 | N% | 35 | 上 | 6 |
|  |  | 話題 | 20 | 丘 | 8 | N件 | 20 | 位 | 4 |
|  |  | 数 | 16 | 頂上 | 6 | 話題 | 19 | N階 | 3 |
| 〜を |  | 階段 | 44 | 石段 | 32 | 階段 | 111 | 階段 | 29 |
|  |  | 坂 | 11 | 階段 | 29 | 坂 | 21 | スロープ | 2 |
|  |  | 坂道 | 11 | 坂 | 21 | 石段 | 12 | 梯子 | 2 |
|  |  | 丘 | 6 | 斜面 | 18 | 坂道 | 11 | 煙突 | 1 |
|  |  | 石段 | 4 | 坂道 | 18 | 山道 | 6 | 傾斜 | 1 |

る」には到着点を表す具体的な対象物が現れていますが，「のぼる」「上る」ではむしろ数量表現によって「ある程度の数量に達する」ことが表される場合が多いと言えます。このような偏りを通して，「のぼる」という語が持つ多義性が表記によって表し分けられている実態を見て取ることができます。

　コーパスの観察から得られるこのような結果は，母語話者の内省で得られる直観と必ずしも一致するとは限りません。内省では得られない，あるいは内省では気づくことのできない言語事実を客観的に示すことができるという点に，コーパスを使うことの意義があると言えます。

### ④ コーパス日本語学の展望

　最後に，コーパス日本語学をめぐる状況と展望について述べておきます。
　コーパス言語学の歴史は，1959年にイギリスで作られたコーパス "Survey of English Usage (SEU)" まで遡ると言われています。1964年には，アメリカで世界初の電子化コーパス "Brown Corpus" が作られました。これらはいずれも100万語という規模を持ち，コーパス全体が複数のジャンルに計画的に区分さ

れていたため，英語の使用実態を広く見渡すのに適した設計になっていました。1985年には SEU をもとに編纂された記述文法書 A Comprehensive Grammar of the English Language が刊行され，現代英語の代表的なレファレンス・グラマーとして現在も世界中で広く利用されています。

その一方，1950年代半ば以降，ノーム・チョムスキーによる生成文法が登場すると，言語研究の関心の中心はヒトが持つ言語能力の解明へと向けられました。生成文法の立場によると，ヒトの脳内には言語を操るための能力が生得的に備わっており，その能力によって赤ちゃんがことばを獲得したり，私たちが日常生活のなかでことばを話したり理解したりすることができるとされました。そこで研究されるべき対象は，内省による文法性判断を手がかりとした母語話者の言語能力，あるいはそこから得られる「普遍文法」であり，言語が実際にどのように使用されているかという実態には関心が向けられなくなりました。

1990年代以降，コンピュータ技術の発達と普及を背景にして，コーパス言語学は再び活性化します。1994年には1億語の均衡コーパス "British National Corpus (BNC)" がイギリスで完成し，英語研究や英語教育などを目的として，世界中で利用されるようになりました。世界各地でさまざまな言語のコーパスが作られる一方，作られるコーパスの種類も「歴史コーパス」「方言コーパス」「学習者コーパス」など，利用目的に応じて多様化してきています。さらに近年では，インターネット上にある膨大なテキストをコーパスとして見なし，その検索結果から得られる言語現象を分析する方法論も提案されています。

これに対して，日本語コーパスの整備と普及は，世界に比べて出遅れてきた感があります。1990年代以降，新聞記事テキストや文学作品の電子データを使った日本語研究が散発的に見られるようになりましたが，学界全体で広く共有できる日本語コーパスは，長い間作られてきませんでした。そのような状況を背景に，2000年代に入って以降，国立国語研究所を中心として『日本語話し言葉コーパス』『太陽コーパス』『現代日本語書き言葉均衡コーパス』などの大規模コーパスが組織的に構築されてきました。同時に，これらのコーパスを使った数量的な日本語研究も着実に増えてきています。

今後コーパス日本語学が展開していく可能性には，「基礎」と「応用」という2つの方向性が考えられるでしょう。前者の「基礎」は，従来の日本語研究の定性的な記述に対して，コーパスに基づく定量的な記述を補強するという方向性です。本章でいくつか例を示してきたように，話しことばコーパスや書きことばコーパスを分析することによって，日本語の音声，音韻，文字・表記，

語彙，文法，意味などの使用実態を定量的に明らかにすることができます。このような使用実態を踏まえた日本語の研究はこれまで行い得なかったものであり，日本語の基礎的な記述を大いに充実させる可能性があります。特に，コーパスに基づく日本語の辞書，および体系的な記述文法書の編纂は，今後の大きな課題と言えるでしょう。

一方，後者の「応用」は，コーパスを分析した結果をさまざまな場面に応用していくという方向性です。具体的には，以下のようなものが考えられるでしょう。

辞書編纂：コーパスに基づく国語辞書・学習者用辞書・文法書を編纂すること，特に語義記述にコーパスにおける語義の現れ方を反映させること
言語教育：国語教育・日本語教育における教材開発にコーパスを用いること，学習者コーパスを構築して定量的な誤用分析を行うこと
言語獲得：幼児の話しことばを継続的に収録したコーパスを構築すること，幼児が日本語を獲得していく過程を定量的に明らかにすること
言語政策：コーパスに基づいて基本語彙表を作成すること，常用漢字や教育漢字を選定すること

上記以外にも，コーパスの分析結果を応用する可能性はいろいろ想定できるでしょう。また，分析の結果得られたさまざまな研究用情報（例えば，語義の違い，係り受け構造，談話構造など）をコーパス自体に付与（アノテーション）していくことで，より精密な分析が可能な言語研究用の資源としてコーパスを更新していくことも，応用領域の1つとして考えられるでしょう。

その上でさらに求められるのは，どのようなコーパスを用いるとどのような研究ができるのかを実証すること，さらに，既存のコーパスではどのような研究できないのかを見定め，どのようなコーパスがあればそれをカバーすることができるのかを検証することです。例えば，CSJの大半は独話のデータですが，対話のデータを大量に収集すると，独話には見られない現象が観察される可能性が大いにありそうです。また，BCCWJには収録されていない書きことばを対象にすると，BCCWJの分析とは異なる分析結果が得られる可能性もあるでしょう。現状のコーパスではカバーできない範囲を把握した上で，それをもとに新しいコーパスを設計していくこと，そのような作業の積み重ねこそが，これからのコーパス日本語学における当面の課題だと言えるでしょう。

コーパスを用いた日本語研究の方法論は，その実践の積み重ねがまだ浅く，これからの展開が期待される領域です。コーパス日本語学が展開していく可能性は，今後のアイディアに委ねられていると言ってよいでしょう。

## 練習問題

1. （1）～（4）と（5）～（8）に挙げたような，内省によって知ることができる問題と，内省によっては知ることができない問題の組を3つ考えてください。
2. 上で考えた「内省によっては知ることができない問題」は，どのような資料があれば解くことができるか，考えてください。
3. 「シミュレーション」「手術」「雰囲気」「原因」という語について，実際にはどのように発音されている可能性があるか，また，それぞれの発音がどれくらいの比率になっているか，考えてください。同じように，複数の発音がある語を3つ挙げてください。
4. 「申し込み」と「申込み」，「表わす」と「表す」，「バトミントン」と「バドミントン」，「めがね」「メガネ」「眼鏡」のように，複数の表記方法がある語を5つ挙げてください。また，それぞれの表記がどれくらいの比率になっているか，考えてください。
5. どのようなコーパスがあればどのような研究ができるか，逆に，そのコーパスがあっても研究ができないテーマは何か，考えてください。

## 読書案内

① Anthony, McEnery, Xiao, R., and Tono, Y., *Corpus-Based Language Studies: An Advanced Resource Book*. Routledge, 2005.
　＊コーパスに基づく言語研究のための入門書です。コーパスに関する基礎概念の説明から，先行研究の紹介，事例研究までをカバーしており，コーパス言語学の知識と手法を学ぶことができます。
② Sampson, Geoffrey, and McCarthy. D. (eds), *Corpus Linguistics: Readings in a Widening Discipline*. Continuum Intl Pub Group, 2005.
　＊コーパス言語学の最初期から現代までの重要な論文を収めたアンソロジーです。
③ 石川慎一郎・前田忠彦・山崎誠『言語研究のための統計入門』くろしお出版，2009年。
　＊文系研究者のための統計に関する入門書です。コーパスを本格的に使う際に必要になる統計的な処理について，実例に基づいて丁寧に解説しています。
④ 石川慎一郎『英語コーパスと言語教育——データとしてのテクスト』大修館書店，2008年。
　＊英語のコーパスが対象ですが，コーパスを使った言語研究と実践に関する入門書として優れた1冊です。後半では言語教育に関する事例も挙げられています。

⑤ 計量国語学会『計量国語学事典』朝倉書店，2009年。
 ＊1956年に設立され，日本語の計量的研究を牽引してきた計量国語学会によって編纂された事典です。これまでの研究成果とこれからの展望が解説されており，今後のコーパス日本語学の指針を学べます。

## 参考文献

国立国語研究所『国立国語研究所報告18　話しことばの文型（1）――対話資料による研究』秀英出版，1960年。

国立国語研究所『国立国語研究所報告21　現代雑誌九十種の用語用字　第一分冊　総記および語彙表』秀英出版，1962年。

国立国語研究所『国立国語研究所報告22　現代雑誌九十種の用語用字　第二分冊　漢字表』秀英出版，1963年。

国立国語研究所『国立国語研究所報告23　話しことばの文型（2）――独話資料による研究』秀英出版，1963年。

国立国語研究所『国立国語研究所報告25　現代雑誌九十種の用語用字　第三分冊　分析』秀英出版，1964年。

国立国語研究所『国立国語研究所報告124　日本語話し言葉コーパスの構築法』国立国語研究所，2006年。

後藤斉「言語研究のためのデータとしてのコーパスの概念について――日本語のコーパス言語学のために」『東北大学言語学論集』第4号，東北大学，1995年。

後藤斉「言語理論と言語資料――コーパスとコーパス以外のデータ」『日本語学』第22巻（臨時増刊号）2003年，6-15頁。

齊藤俊雄他『英語コーパス言語学』研究社出版，1998年。

前川喜久雄「代表性を有する大規模日本語書き言葉コーパスの構築」『人工知能学会誌』第24巻第5号，2009年，616-622頁。

丸山岳彦「日本語コーパスの現状」『国文学　解釈と鑑賞』1月号（特集日本語研究とコーパス），至文堂，2009年，122-130頁。

丸山岳彦・田野村忠温「コーパス日本語学の射程」『日本語科学』第22号，国書刊行会，2007年，5-12頁。

Leech, Geoffrey, "Corpora and Theories of Linguistic Perfonmance" in : Jan Svartvik (ed.), *Directions in Corpus Linguistics*, Berlin : Mouton de Gruyter, 1992.

### Column

**コーパス日本語学　事始め**

　本文中で「日本語コーパスの整備と普及は，世界に比べて出遅れてきた」と書きましたが，実は，日本語を対象とした定量的な研究は世界的に見てもきわめて早い

時期から実践されていました。特に，1948年に設立された国立国語研究所では，「コーパス日本語学」の嚆矢とも呼べる研究が盛んに行われていました（ただし，残念なことに，分析対象となった元データは公開されませんでした）。ここではそのうちの2つを紹介します。

- 『話しことばの文型』
  実際の話しことば（対話が約29時間・独話が約9.5時間）を録音して書き起こし，そこに見られる表現意図，構文，イントネーションなどを整理して，「総合文型」を網羅的に記述しようとした研究です。世界的に見てもきわめて早い時期に属する先駆的な話しことばの研究です。

- 『現代雑誌九十種の用語用字』
  さまざまなジャンルに属する雑誌90種から，統計的に厳密な手続きで約44万語のサンプルを採集し，そこに現れる文字や用語を調査した研究です。緻密なサンプリング手法，活用形の違いや同音異義語の違いを考慮した語の集計処理など，画期的な方法論が多く導入されていました。

  これらの研究成果は，本文の参考文献（国立国語研究所 1960, 1962, 1963, 1964）にまとめられています（すでに廃刊ですが，国立国語研究所のWebサイト上でPDFファイルが公開されています）。これらの報告書を読むと，時代の制約というものはあるにせよ，その方法論の緻密さや記述の網羅性，発想の豊かさに驚かされます。厳密な手続きでデータを採集して現象を分類し，一般化して記述するという記述言語学の基礎的な方法論を，現代日本語研究の定量的な分析に適用した試みは，当時から50年を経た現在の視点で見ても，なお高く評価できるでしょう。

# 第 IV 部

# 外国語との対照研究

# 第12章 英語との対照

山口治彦

---

**― この章で学ぶこと ―**

「ごはんだよー」と言われて，「はーい，今，行きまーす」と元気よく答える。ほほえましいやり取りです。しかし，「今，行きまーす」を英語で "I'm going now." とやってしまうと，ほほえましさはどこへやら。"I'm going." は，相手のいる食卓に向かうことを表すのではなく，これから食べずに外出する，という感じになるからです。用意してもらったご飯をいただくのなら，"I'm coming." と言わねばなりません。なぜでしょうか。

英語では聞き手の立場から自分の動きを見て「来る」というのだ，と説明されることがよくあります。でも，なぜ，わざわざ聞き手の立場に立たねばならないのでしょう。おかしくはないでしょうか。

この章では，日本語の「行く／来る」と英語の come/go の使い方を比べてみます。どちらのペアも，発話の場所と時間に関係づけて動きを捉えます。しかし，その関係づけの方法に若干の違いがあります。どのように異なるのか，どのような経緯で異なるのか，考えてみましょう。

日本語には日本語の見方があり，英語には英語の論理があります。両者はときどき異なります。しかし，どちらも突飛な見方はしないはずです。毎日使うことばが合理性を欠いた突飛なものだったとしたら，使いづらいですよね。人間は合理的な生き物なので，その最良の友であることばも人間の合理性を反映した構造をしているのではないでしょうか。では，合理性を保ちながらも2つの言語が異なっているとすれば，どの程度の裁量がそれぞれの言語に許されているでしょうか。日本語と英語といった個別言語の特徴を交互に眺めながら，言語一般に与えられた可能性についても考える。そのような対照言語学の方法を「行く／来る」と come/go について語ることで明らかにしようと思います。

**キーワード**

対照言語学，直示，移動動詞，人称，視点，対話空間，指示詞，対義語，話し手，聞き手

# 1 「行く」と「来る」の論理

### 簡単そうでちょっと難しい「行く」の意味

英語の come の不思議なふるまいについて述べる前に，日本語（共通語）の「行く」と「来る」の使い分けについて考えてみましょう。まず，「来る」からはじめます。

（1）「来る」は話し手に向かう動きを表す。

ひとまず(1)のように「来る」を定義しておきます。後で若干の修正はしますが，おそらく(1)に対して異論のある人は少ないと思います。では，「行く」はどうでしょうか。「行く」と「来る」は反対の意味を表すので，(2)のように定義できるかもしれません。

（2）「行く」は話し手から遠ざかる動きを表す。

この定義に問題はないでしょうか。(2)で説明できない場合はありませんか。例えば，次の例はどうでしょうか。

（3）a．エラーのあいだに，ランナーは2塁から3塁に行った。
　　　b．今度開通する新幹線は新大阪から鹿児島まで3時間45分で行く。

(3)aは野球の試合について述べたものです。あなたが野球場のどこにいたとしても，(3)aのように言うことができます。また，日本の，いえ，世界のどこにいても(3)bのように言えます。ということは，「行く」は必ずしも話者から遠ざかる動きでなくともよいわけです。つまり，「行く」は，近づくとも遠ざかるとも言えない，中立的な動きをも表せるのです。では，「行く」は次のように定義しないといけないのでしょうか。

（4）「行く」は話し手から遠ざかる動きと中立的な動きを表す。

とすると，「行く」の空間用法には2つの意味があることになってしまいます。それでいいでしょうか。基本用法は，できれば1つにまとめておきたいものです。たとえ「遠ざかる動きと中立的な動き」と意味を2つ併記するにしても，せめてその2つの意味の関係ぐらいは示しておきたい。(4)は「行く」の意味が2つあると述べるだけです。では，どうすればすっきりまとまるでしょうか。

### 「行く／来る」と話者の領域

まず、「来る」についてもう少しくわしく考えます。「来る」が示す動きを図示したのが図12-1です。

図12-1をもとに「来る」を定義しなおすと、次のようになります。

（5）「来る」は到着点が話し手の領域内にある移動を表す。

（1）にはなかった到着点ということばが加わりました。これは、「来る」が到着点、「行く」が出発点にそれぞれ着目するからです。例えば、次のような例文があったとします。

（6）a．タカシは、昨日、8時ごろに帰ってきた。
　　　b．タカシは、昨日、8時ごろに帰っていった。

「来る」を使った（6）aは、タカシ君が目的地に到着した時刻が8時ごろであると言うのに対して、「行く」を用いた（6）bは、目的地へ向けて出発した時間が8時ごろであると述べています。つまり、「来る」は到着点を、「行く」は出発点を、それぞれ志向するのです。したがって、到着点ということばを「来る」の定義に使うのは理由のないことではありません。また、「話し手の領域」というのは、話し手が自分のスペースと捉える伸び縮み可能な空間と考えてください。この章では今後このスペースのことを「話者空間」と呼びます。

では、「行く」はどうなるでしょうか。同様に図示してみます。

図12-2のaとbが話者から遠ざかる動き、cが中立的な動きを表します。これらをひっくるめて一言で言うなら、次のようなものがいいと思います。

（7）「行く」は「来る」が表す以外の移動を表す。
　　　　（「行く」は到着点が話者空間内にはない移動を表す。）

「行く」と「来る」は対義語です。反対を表すペアには、いくつかのパターンがあります。例えば、young（若い）とold（年老いた）は、段階的な対立を表します。この対立には、若くはないがさりとて年老いてもいないという、微妙なグレーゾーンが生まれます。段階的な対立はA対Bの対立と表すことができます。そこにはAでもBでもない中間領域があるわけです。しかし、「行く」と「来る」はそれと異なります。「行く」であるということは「来る」ではありません。だから、「行く」と「来る」の対立は、さしずめA対 non-Aの対立です。dead（死んでいる）と alive（生きている）の対立もこれと同じ

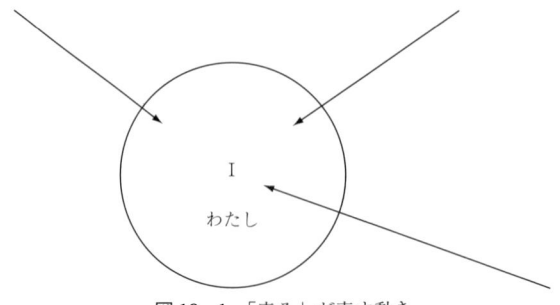

図 12-1 「来る」が表す動き

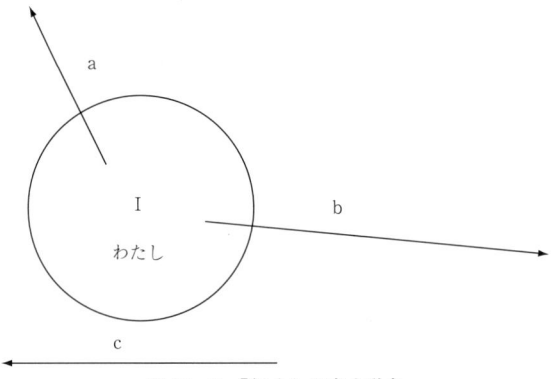

図 12-2 「行く」が表す動き

ものです。こういう対立を相補的な対立と言います。
　「行く／来る」が相補的に対立するのには，それなりの理由があります。世界上のあらゆる動きをこの 2 つの動詞で対立的に表すのなら，A 対 B の段階的対立よりも A 対 non-A の相補的対立のほうが，グレーゾーンがないだけに有利だからです。他方，young と old にはグレーゾーンが存在しますが，このような形容詞には度合いや段階があること自体が重要なのです。
　用語について補足しておきます。「行く」と「来る」は，話し手がことばを発したときにどの地点にいるのかわからないと，うまく使うことができません。このように，何を指しているのかその意味を理解するのに，話し手がことばを発している状況に参照する必要がある表現は，直示的であると呼ばれます。「これ」も「今日」も「私」も，「あれ」や「昨日」や「あなた」と同様に話し手を中心とする指示枠を用いた表現であり，直示的です。

さて,これまで日本語(共通語)の「行く」と「来る」について考えました。次節では come のなぞに迫ります。

## ② come なのに「行く」のはなぜ?

### 「あなた」への移動は come

英語の come/go の使い分けで気をつけなくてはならないのは,日本語(共通語)では「行く」を使わなければならない場合でも come を使うことです。

(8) a. I'm coming. (今(そっちに)行きます。)
　　 b. May I come with you? (一緒に行ってもいいですか。)

英語では,聞き手への移動は常に come で表します。聞き手に同行するときも come です。ここで「はて?」と考え込む人が多い。come なのに「行く」のはなぜだ,と。そこで次のような説明がかなり一般的に行われています。

(9)　相手の立場に立って「相手から見て'来る'」という感じにするのが
　　　英語の慣用；I'm going now. は「もう帰ります」など別の意味になる
　　　　　　　　　　　　　　　　　　　　　　　　　(『新グローバル英和辞典』)

(9)は,「相手から見て」とあるように,聞き手への移動を come がカバーすることを話し手の視点を移動させることによって説明します。聞き手に自分の視点を移すことを前提とする説明を,ここでは「視点移動説」と呼ぶことにします。辞書だけでなく,言語学の論文でもこのような考えを唱えるものがあります(例えば,浅田(1987)がその例です)。この説明で納得する人もいますが,私にはどうにも理屈を欠いた見方に思えます。

### よくある説明(視点移動説)の問題点

まず,なぜ視点を移動させるのでしょうか。世界の中心は話し手自身であるはずです。私たちはふつう自分の視点から世界を眺めるからです。たしかに,ときに人の身になって考えることはあります。しかし,なぜ,英語において聞き手に向かって移動するときは必ず(必ずです)聞き手の視点を取らないといけないのでしょう。その理由を説明できないかぎり,この見方は怪しい。だいたい,話し手が聞き手のもとへと能動的に移動を行う最中に,その目的地に自分の視点を移して,目下移動中の自分を他人のように眺めるでしょうか。視点

移動説は，視点という概念をあまりに安易に導入してしまったように思えます。
　では，なぜ視点移動という概念に頼ったのでしょうか。それは，come の意味をできるだけ「来る」と同じにしておきたかったからなのだと思います。話し手（のみ）を中心に据えて空間移動を捉える「来る」の論理はたしかにわかりやすい。しかも，日本語話者にとってはあまりになじみが深い。だから視点移動説は，come の意味をまず日本語の「来る」に置き換え，それでは説明のつかない用法を後付け的に視点の移動というかたちで説明するわけです。しかし，そもそも come が「来る」と異なるふるまいをするのなら，当然，「来る」とは違った原理に基づく可能性を考えねばなりません。ところが，視点移動説はそのような論理的手順を踏みません。その結果，come は「来る」と同じようにふるまうはずなのに聞き手への移動にも使えるのはなぜか，と発問せざるをえないのです。この場合，「来る」と同じようにふるまうはずなのに，と仮定すること自体が間違いなのです。
　では，はたして come の用法はどのように説明すべきでしょうか。できるだけ余計な前提を排してシンプルに考えてみましょう。

### come が示す動き，go が示す動き

　まず，207頁で「来る」について試みたように，come が表す動きを単純に図示します。その動きを簡単に説明できる方法がないか考えてみましょう。
　やはり問題になるのは，話者から聞き手へと向かう動き（図12 - 3 でいうところのｃ）です。「来る」で説明したように，一定の円を描いてその内部に come の到着点があるというように説明できないでしょうか。というのも，come も「来る」と同様に到着点に着目する動詞だからです。

(10) a．He went home around midnight.（夜ふけに帰っていった。）
　　　b．He came home around midnight.（夜ふけに帰ってきた。）

(Fillmore 1997 : 80)

(10)が示すように，come も「来る」と同じく，目的地への到着に着目しています。このことを念頭において，come が表す動きの到着点すべてを円で囲うと，図12 - 4 のようになります（この考え方については，小森 (1997) を参照してください）。
　つまり，「あなた」と「私」を包み込む空間に到達点があれば，come が使えるというわけです。この「あなた」と「私」がコミュニケーションに従事す

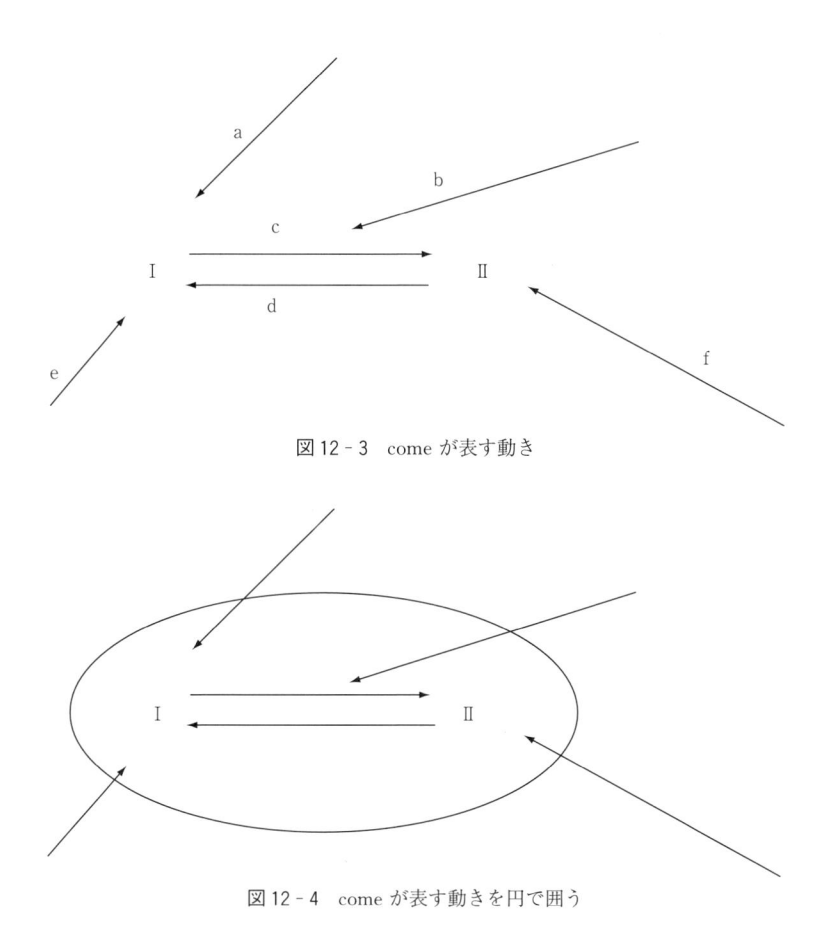

図 12‑3　come が表す動き

図 12‑4　come が表す動きを円で囲う

る空間のことを「対話空間」と呼びましょう。話者から聞き手への移動は，対話空間の外には出ない移動ですが，到着点が対話空間内にあることには変わりません。とすると，視点移動説では複雑だった come の表す移動は次のように単純に規定できます。

(11)　come は到着点が対話空間内にある移動を表す。

もちろん，go は「行く」の場合と同様，non-come として規定することができます。

(12)　go は come が表す以外の動きを表す。

(goは到着点が対話空間内にはない移動を表す。)

このように対話空間という概念を利用してcomeとgoの表す動きを捉える見方を「対話空間説」と呼ぶことにします。この見方に従えば，2人称（聞き手）への移動がcomeになることは必然となります。そして，視点の移動という複雑な概念は不要です。聞き手への移動が英語ではcomeを使うのに，日本語では「行く」のはなぜだ，という疑問に対して対話空間説は，日本語共通語と英語では直示的移動動詞の使い分けに異なる基準を用いるためである，と説明することになります。

では，対話空間説は，視点移動説のような不備を抱えてはいないでしょうか。さらに考えてみましょう。

### ③ 対話空間は実在する

#### 日本語の指示詞が示す基準

対話空間説が正しいためには，とにもかくにも対話空間という概念が実在していなければなりません。その証拠はあるでしょうか。

フランスの言語学者エミール・バンヴェニスト（Émile Benveniste）は，1人称・2人称・3人称という人称区分は，3項が互いに均等に存在するのではなく，まず，対話の場に居合わせる1人称（「私」）と2人称（「あなた」）が対立し合い，そのうえで，1人称と2人称とが合わさって，その場にはいない3人称（「彼」「彼女」）と対立する，と主張しました（バンヴェニスト1983）。この対立は(13)のように示すことができます。

(13)　［Ⅰ vs. Ⅱ］ vs. Ⅲ

(13)の［Ⅰ vs. Ⅱ］の部分がまさに対話空間と対応する人称対立です。バンヴェニストの人称論にのっとれば，1人称と2人称からなる対話的世界を想定することに何ら無理はありません。

もう少し具体的な例を見てみましょう。日本語の指示詞「コ・ソ・ア」を例にとります。「これ／それ／あれ」を日ごろどのように使い分けていますか。話者から近いものを「これ」，遠いものを「あれ」，そして中間くらいのものを「それ」と言う，と考える人もいるようです。しかし，この考え方は基準があいまいです。話者から近いという領域を認めるのはよいにしても，何を基準に

話者から中くらいに遠く，何を基準にして中くらいよりもさらに遠いのかの判断がつきかねます。

　3種類の指示詞があるのなら，それを使い分けるには，話者以外にもう1つ明確な基準点があったほうがいいはずです。その基準点は何でしょうか。例えば，冬場に神戸市内から電話したとします。その際，市内に電話しようが，札幌に電話しようが，ストックホルムに電話しようが，「そちらは寒いでしょ」と距離の大小に関わりなく，ソ系の指示詞を使えます（神戸市内には海岸部に比べていくぶん冷涼な地域があります。念のため）。なぜ，同じ市内であっても，遠く離れていても，同じ「ソ」が使えるのでしょうか。それは「ソ」が聞き手の領域を指すことが多いからです。では，聞き手の存在を取り入れたかたちで「コ・ソ・ア」の使い分けを説明できないでしょうか。三上章と吉本啓の考えが参考になります。

　まず，三上は「コ・ソ・ア」の対立を三者間の均等な対立とは捉えず，「コ対ソ」および「コ対ア」からなる二重の二項対立と捉えました（三上 1955）。「そこhere」「そうこうするうちに」「あちこち」「ああ言えばこう言う」というように，「コ・ソ・ア」を2種類用いた慣用表現はたいてい「コ」と「ソ」，および「コ」と「ア」の組み合わせからなります。「ア」と「ソ」が対になることはまずありません。これは，三者が対等の関係で対立するのではなく，「コ」と「ソ」，および「コ」と「ア」がそれぞれ対立することを反映しています。

　この三上の二重の二項対立をもとに，吉本啓は話し手に加えて聞き手を基準に取り込んだ説明を行いました（Yoshimoto 1986；吉本 1992）。その際に利用したのが「会話空間」です。この章で用いている「対話空間」という用語は，吉本の会話空間と基本的に同じものです（私は1対1の対面で行うやりとりをコミュニケーションの基本と考えるので，あえて対話空間という用語を用いています）。吉本は会話空間を以下のように規定します。

(14)　会話空間は会話の参加者を取り巻く領域であり，第三者は会話を立ち聞きしたり邪魔をしないようにこれから距離を保たなければならない。

（吉本 1992：111）

　この会話空間という概念により吉本は「コ・ソ・ア」の住み分けを図12-5のかたちで示しました。

　「コレ」「ソレ」は会話空間内における1人称と非＝1人称との対立と対応します。つまり，「コレ」はまず対話空間内における話者の領域にあるものを指

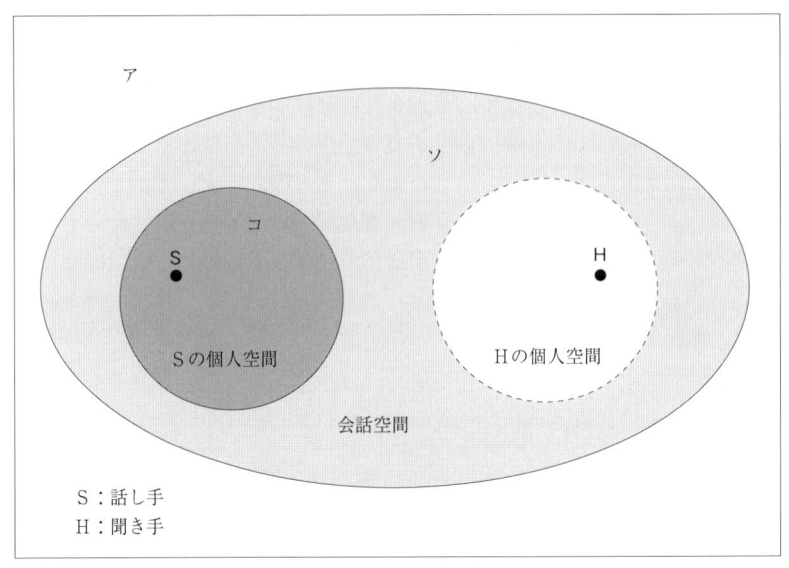

図12-5　吉本の会話空間と「コ・ソ・ア」

出典：吉本（1992：12）。

し，「ソレ」は対話空間内で話者領域外のものを指します。したがって，「ソレ」は「non-コレ」と規定でき，聞き手の領域にあるものはソ系の指示詞で示されます。さらに，対話空間の内か外かが問題となるとき，「コレ」は対話空間内に存在する事物へと指示対象を広げ，対話の場にはない（遠方の）存在を指す「アレ」と［1・2人称］対［非＝1・2人称］のかたちで対立します。したがって，「アレ」も「non-コレ」と規定できます。

以下のような紛らわしい発話におけるソ系代名詞の用法も，吉本の見方で説明できます。

(15)　運転手さん，そこを右に左折して。

(ガッツ石松・鈴木佑季『最驚！ガッツ伝説』)

ここでは，タクシーの前方の空間が「そこ」とソ系で示されています。これは，運転手と乗客が車のすぐ前方の空間をお互いに注視している状況で，その空間を自分たちの空間として取り込んだわけです。しかも，車の運転を行っている主体は運転手ですから，その前方の空間は乗客自身の領域とは捉えず，つまりコ系を用いずに，「そこ」を選択したわけです。

### 再び come/go について——対話空間の利点

このように考えると，日本語の指示詞「コ・ソ・ア」は，話し手が自分の領域とする空間（話者空間）と話し手と聞き手が対峙する領域（対話空間）という2種類の空間領域を基準としていることがわかります。つまり，話者空間（だけ）ではなく，対話空間を基準とする直示表現も存在するわけです。したがって，英語の直示動詞 come/go が話者空間ではなく，対話空間を基準として用いたとしても，理論的には何ら問題ありません。しかも，そう仮定したほうが，はるかにシンプルな説明が可能になるのです。

ただ，それでも，日本語の「行く／来る」の用法に一度慣れてしまうと，なぜ話者空間ではなく対話空間を使うのか，その動機づけがいまひとつピンと来ないかもしれません。そこで，直示的移動動詞の使い分けに対話空間を用いる利点について簡単に考えてみましょう。

日本語共通語の「行く／来る」は話者空間を基準としていました。人称上の対立として，「私」の領域であるかそれ以外かという［1人称］対［非＝1人称］の対立軸を利用します。この対立軸の利点は，常に一貫して自己を中心にして世界を眺められるという点にあります。これに対し，対話空間の利用は，「私」と「あなた」の領域であるかそれ以外かという［1・2人称］対［非＝1・2人称］の対立軸を導入します。「あなた」と「私」をひとまとめにするだけに，この対立軸を利用すれば，話し手と聞き手は同じ移動動詞を使うことが可能になります。つまり，話者の交替にともない動詞を変更する必要がないわけです（この点については，正高（1998）が参考になります）。

(16)　Nobuko：Are you coming, too?
　　　Akira：Yes, I'm coming/*going.

(16)では，come を用いたノブコさんの発言を受け，アキラくんは同じく come を用いて応えています。このように対話空間を使い分けの基準とすれば，対話者間で動詞を違える煩雑さを回避できますし，幼い子供でも楽に使えます。しかし，話者空間を利用する「行く／来る」ではそうはいきません。

(17)　Norio：ヒロタンも来る？
　　　Hiro-tan：うん，ヒロタンも行く／*来る。

「うん，ヒロタンも来る」のような可愛らしい間違いを耳にしたことはありませんか（ただし，大分を除く九州地方などでは，これは一概に間違いとは言えませ

ん。章末の練習問題や山口（2000）を参照してください）。日本語共通語型の「行く／来る」の対立にいったん慣れてしまうと，対話空間を利用する動機づけが理解しづらいものですが，(16)や(17)のような例を考慮に入れれば，対話空間という基準を利用する利点も理解できるはずです。

## ④ 世界を眺めるときの基準点

さて，これまでこの章では，直示表現と対話空間との関わりについて論じてきました。取り上げた表現は，「行く／来る」と come/go，そして「コ・ソ・ア」です。ここに，英語の指示詞 this/that および here/there も加えてみましょう。すると，日英のあいだで興味深い対照が見られます。英語の指示詞 this/that と here/there は，話者空間に基づく直示表現です。つまり，指示詞に関しては，英語は話者空間のみに基づくのに対して，日本語は対話空間も利用します。他方，直示的移動動詞に関しては，日本語は話者空間を使うのに対して，英語は対話空間を用いるのです。

おそらく直示的な人称対立のもっとも基本的なパターンは，話者空間を導入する［1人称］対［非＝1人称］の対立でしょう。ただ，私たちが用いる人称の対立はそれに尽きるのではなく，聞き手の存在を取りこんだ対話空間を利用することも可能なわけです。この場合導入されるのは［1・2人称］対［非＝1・2人称］の対立軸です。つまり，［1人称］対［非＝1人称］の対立軸と［1・2人称］対［非＝1・2人称］の対立軸といった少なくとも2つのオプションが私たちには与えられていることになります。

このことは，発話の場で話者が置かれた状況を考慮に入れると理にかなったこととして了解できます。周りの状況を認識する際，話し手にとって自分自身が第一の基準となります。自分が世界の中心にあるわけです。そして，ことばを交わしてコミュニケーションを試みるとき，その場にはたいてい聞き手が存在します。ならば，話し手と聞き手，この2つが世界を眺めるときの基準点になるのはきわめて自然です。ただ，話し手自身である1人称のほうが基準としては優勢であるため，2人称を中心としたかたちの対立ではなく，［1人称］対［非＝1人称］と［1・2人称］対［非＝1・2人称］という，1人称を軸とした対立が導入されるわけです。

そして，ある個別言語が移動動詞や指示詞といった直示表現の対立基準を選ぶ際，この2つの対立基準のうちどちらを利用するかは，当該の言語に任され

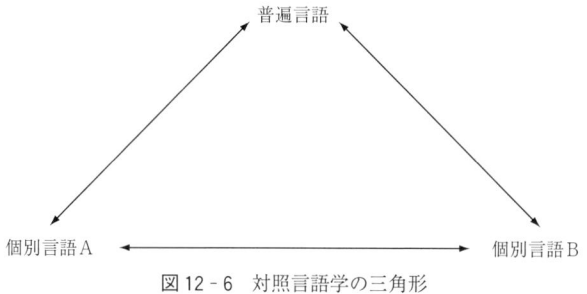

```
                        普遍言語
                       ↗      ↖
                      ↙        ↘
                個別言語A ←―――――――→ 個別言語B
                    図 12-6　対照言語学の三角形
```

ています。直示的移動動詞の使い分けでいえば，日本語は［1人称］対［非＝1人称］を取り，英語は［1・2人称］対［非＝1・2人称］を採用する。そういうことなのだと思います。

　この章では，英語の直示動詞 come と go の使い分けのなぞに迫るべく，日本語の「行く・来る」と対照しながら考えてみました。その際に気をつけたことは，どちらか一方の言語をベースにするのではなく，2つの個別言語をできるだけ余計な前提をはずして眺めてみることです。さらに，人間の言語が普遍的に持っている特徴や可能性を念頭に置きながら，英語と日本語の特徴を探ろうとしました。このように2つの言語を対照しつつ分析する場合，当該の2言語を比べるだけでなく，言語の普遍性に着目しながら研究を進める姿勢が大切だと思います。私はこれを対照言語学の三角形と呼んでいます。図示すると図12-6のようになります。矢印は比較参照する方向を表しています。

　ある言語の特徴を掘り下げて調べ，別の言語の特徴と比べる，そして言語一般に共通する特徴についても考慮する，こういった三角測量も勉強の方法としておもしろいのではないかと思います。ぜひ，トライしてください。

## 練習問題

1. 複数の学習者用の英英辞典（『ロングマン現代英英辞典』『マクミラン英英辞典』など）で apple の項を引き，同じく複数の国語辞典を使って「リンゴ」の定義と比べてみよう。リンゴに関わる文化的な違いや，果肉や皮の部分がどう呼ばれているかにも注意してください。
2. 「彼女は首を横に振った」は，英語では "She shook her head." と言います。なぜ，「首」と head が対応するのでしょう。また，「鼻の下」はふつう the upper lip と表現しますが，なぜ本来「唇」を表す lip を使うのでしょうか。英英辞典や国語辞典を参照しながら考えてみましょう。

3．日本語と英語の直示表現を列挙してください。英語の時制や日本語の敬語もここに含めてよいでしょう。両言語はどのような点で異なるでしょうか。また，列挙した直示表現をグループごとに分けるとすると，どのような分類方法があるでしょうか。
4．英語では呼びかけ語が多用される傾向にあります。種類も豊富です。他方，日本語は，相手の注意を喚起する場合を除けば，呼びかけ語をあまり用いません。なぜでしょうか。例えば，honey や darling のようなことばは，どのように日本語に翻訳されるでしょうか。
5．九州方言話者やほかの方言話者のなかには，「俺，今からお前の家に来るけん」というように日本語共通語とは異なるかたちで「行く／来る」を使い分ける人がいます。あなた自身が当該方言話者なら，もしくはそのような話者が身近にいれば，どのようなときに対話空間を基準にし，またどのような場面では話者空間を基準にするのか考えてみましょう。

## 読書案内

① 鈴木孝夫『ことばと文化』岩波新書，1973年。
　＊古い本です。でもいい本です。特に自称詞や対称詞に関する後半の文章は，今でも日本語の人称を扱う場合には必読です。英語に関する言及もそこここにあり，対照研究への入門にもなると思います。
② 池上嘉彦『英語の感覚・日本語の感覚――〈ことばの意味〉のしくみ』NHK ブックス，2006年。
　＊ことばは私たち自身を映す鏡です。だから，ことばの姿をつぶさに眺めていったら，私たちが，何を見て，どう考え，どうふるまっているのかが見えてくるかもしれません。この「ことば」=「鏡」とする見方は，実は言語研究すべてに言えることなのですが，この本には特にふさわしいように思います。
③ 廣瀬幸生・長谷川葉子『日本語から見た日本人――主体性の言語学』開拓社，2010年。
　＊日本語に関するとてもユニークな本です。その主張の背後には質の高い日本語と英語の対照研究が隠れています。ひょっとしたら，著者の意見のすべてには賛成できない人もいるかもしれません。でも，ほかでは味わえない知的刺激を与えてくれるはずです。
④ 山口治彦『明晰な引用，しなやかな引用――話法の日英対照研究』くろしお出版，2009年。
　＊私が書いた本です。英語の話法の明晰な体系性を明らかにしたうえで，日本語の話法の特徴――細やかでしなやかな引用が可能――を示したつもりです。2章の英語話法に関する説明でつまずきそうな方は，3章の日本語話法の説明を先に読むといいでしょう。
⑤ リービ英雄『英語でよむ万葉集』岩波新書，2004年。

＊万葉集を英語に翻訳した著者が原文とその英訳をもとに書いたエッセイ。日本語の古歌を読み込み、その情感を英語でどう受け止めるのか。その課題に挑んだ著者の筆使いが聞こえるようで楽しい。言語学の本ではないですが、2つの言語に沈潜するための練習問題としては、いい題材だと思います。

## 参考文献

浅田壽男「文法とは何か——come と go を中心に」『語法研究と英語教育』第9号、1987年、35-41頁。

小森道彦「運動の「過程」または「結果」としての come と go」『英語語法文法研究』第4号、1997年、53-66頁。

陣内正敬『北九州における方言新語研究』九州大学出版会、1996年。

バンヴェニスト、エミール（岸本通夫監訳）『一般言語学の諸問題』みすず書房、1983年。

正高信男「コミュニケーション活動とジェスチャー再考——「行く」と「来る」の適切な使用の習得過程から」『日本語学』第17号（臨時増刊号）1998年、32-41頁。

三上章『現代語法新説』刀江書院、1955年（くろしお出版、2002年）。

山口治彦「直示動詞と対話空間——英語、日本語、そして九州方言をもとに」『神戸外大論叢』第53巻第3号、2002年、51-70頁。

山口治彦『明晰な引用、しなやかな引用——話法の日英対照研究』くろしお出版、2009年。

吉本啓「日本語の指示詞コソアの体系」金水敏・田窪行則編『指示詞』ひつじ書房、1992年、105-122頁。

Fillmore, Charles J., *Lectures on Deixis*, Stanford, CA: CSLI Publications, 1997.

Yoshimoto, Kei, "On demonstratives ko/so/a in Japanese," 『言語研究』第90号、1986年、48-72頁。

---

### 📖 Column 📖

#### 指と fingers

"How many fingers do you have?"（「指は何本ある」）と英語で尋ねられたら、どう答えますか。

多くの人は、"I have ten fingers." と答えます。でも、日本語母語話者のなかには"twenty fingers" と答える人もいます。しかし、"I have twenty fingers." はありえない答えです。正解は、10本と答えるか、8本と答えるか、そのどちらかです。しかし、そう言うと驚く人がいます。なぜ20本はだめなのか、8本しかないとはどういうことだ、と。

Fingers が20本もないのは、足の「指」を勘定に入れないからです。足の指は

toes となります。『ロングマン現代英英辞典』(*Longman Dictionary of Contemporary English*) には、次のような定義があります。

> toe/ one of the five movable parts at the end of your foot（足の先にある5本の可動部分のうちのひとつ）

足の指には toes という基本語彙の名前があるので、fingers は手の指だけに限定されます。この点がまず、日本語の「指」と異なります。

次に、fingers が8本である可能性があることは、同じく『ロングマン』の定義からわかります。

> finger/ one of the four long thin parts on your hand, not including your thumb（手にある4本の細長い部分のうちのひとつ。親指を除く。）

英語には（手の）親指に対し、thumb というこれまた基本語彙の名前があります。人差し指や中指は "the index finger"、"the middle finger" というように "the ... finger" と呼ばれるのに対し、親指は thumbs と呼ばれます（ちなみに、足の親指は "the big toe" と呼ばれます）。このような経緯から、fingers は狭く解釈すると片手に4本、両手で8本となります。英語では、同じ手の「指」である thumb と finger は時として対立するのです。

一方で、thumbs はしばしば fingers の仲間入りをします。"We ate with our fingers." とあれば、ナイフやフォークを使わずに「手で食べた」ことを表しますが、この場合 fingers は親指も含みます。親指を除く4本で食べられないこともないですが、かなりの修練を要しますよね。というわけで、多くの辞書の定義では fingers は片手に4本と述べられているにもかかわらず、たいていの英語母語話者は両手に10本と答えるわけです。今は絶版となってしまった『ケンブリッジ（国際）英語辞典』(*Cambridge International Dictionary of English*) の finger の項には次のような泣かせる例文が挙がっています。

> "How many fingers have you got ?" "Ten, or eight if you don't count my thumbs."
> （「指は何本ある？」「10本。でも親指を勘定に入れなかったら8本かな。」）

体のつくりは英語母語話者も日本語母語話者も基本的に同じです。ですが、それぞれの言語が体をどう分節するかは当該の言語に委ねられています。英語には英語の理屈が、日本語には日本語の切り分け方があります。そういうことですので、「指」と finger はまったく同じものを指しているわけではないのです。

# 第13章 中国語との対照

中川正之

## この章で学ぶこと

　言語の対照研究にはさまざまな方法がありますが，漢字圏に属する中国語，日本語，韓国語，ヴェトナム語間にあっては，漢字を軸にした語彙の比較対照が考えられます。韓国語やヴェトナム語では漢字を用いることはなくなりましたが，韓国では漢字使用を復活させる動きもあり，漢語の意味やニュアンスについて語感を持つ人は少なくありません。ヴェトナム語で，首都ハノイの漢字表記が"河内"であり，トンキン湾が"東京湾"であることなどからも，漢字の影響はかなり強くあることがわかります。

　日本語においても，漢字はすっかり定着しており，多くの日本語話者は，例えば「タイル貼りの床」，「ガラス張りの部屋」のように「貼る」と「張る」を使い分けたいという語感を共有しています。日本語は中国語とは血縁関係にはない（「系統が異なる」と言う）言語でありながら，さまざまな工夫をこらして漢字や漢語を取り込み，漢字をもとに平仮名や片仮名を創り出し，さらには中国語の単語の作り方の原理に従って新たな漢語を作りました。なかには中国語に逆輸入され中国語に定着したものさえあります。

　ここでは，ある語が中国産なのか日本産なのかの詮索は行わず漢字語として一括し，現代中国語と現代日本語で似たような形をし，ほぼ同じような意味で用いられている語（「同形語」と言う）に関わる問題を考えます。日中の同形語には多かれ少なかれ意味的・文法的・文体的ズレが存在しています。日本人の漢字受容はおおむね正確なものであったと言えるのですが，中国語自体の変化や日本語特有の事情があって，それが同形語に影響していることもあります。特に「私」に関係のある領域（「世間」と呼ぶ）と「私」には無関係な領域（「世界」と呼ぶ）を指す言葉を使い分けようとする傾向が強い日本語の性格が同形語のズレの要因になっていることが注目されます。このような事象を観察することで日本語と中国語の漢字語の対照の前提となる事柄を学びます。

## キーワード

　漢語，音読み・訓読み，呉音・漢音，同形語・反転語，類縁語・リンク語，「世界」語・「世間」語

## 1　漢語の語構成

### 単語の作り方と文の作り方

　中国語の特徴の一つに，文の作り方（シンタクス）にも単語の作り方（語構成）にも同じ原理がはたらいているということがあります（朱德熙著 1986）。ですから，"読書"は『読書』という単語なのか，"読"という動詞と"書"という目的語からできた『本を読む』という意味のフレーズなのか，はっきりしません（以下，区別が必要な場合" "で囲み中国語であることを，『　』で意味であることを示します。なお漢字は可能な限り日本で通用しているものを用います）。"読書"に主語"我"をかぶせ，"我読書（私は本を読む）"とすれば完全な文になります。もちろん，文末助詞に相当するものなど中国語にも多くの話者の気持ち（「モダリティー」と呼ぶ）を表す語が存在します。そういうものを無視していわば骨格部分（「命題」と呼ぶ）だけを考えると，多くの漢語を知っている日本人にとって，漢語の構造を理解することは，そのまま中国語の語構成のみならずシンタクスのかなりの部分まで見通せるということになります。そのためには，どこが似ていてどこが異なるのかを見極めることが重要になります。もちろん現在でも，専門家でさえ気づいていない差異が多くあることは言うまでもありません。

### 漢語の語構成一覧

　まず漢語の語構成をざっとみておきましょう。以下は，小川環樹・西田太一郎編『新字源』（角川書店，1957年）を基に筆者がまとめたものですが，語源解釈の問題や文法化がどこまで進んでいるかをどう判定するのかで，大きく変動することがあります。例えば，本章では，「繊細」を『繊維のように細い』と解釈し「漆黒（漆のように黒い），林立（林のようにビルなどが立っている）」と同類としましたが，"繊"を『細い』の意味形容詞と解釈するネイティブもいます。そうならば「繊細」は「衣服」などと同様，同類の要素を並べた並列型に属することになります。それは「空虚」の「空」を名詞の『空（そら）』と解釈するのか，形容詞の『空（から）』と解釈するのかと，程度の差はあるものの基本的には同じ問題です。「繊維」のような具体的なモノが，「細い」のようなサマに変化していくような現象を文法化と呼ぶことがあります。中国ではこのような現象を古くから虚詞化と呼んでいます。虚詞化の進展度合いが中

国語文法のさまざまな面で問題になります。

「朴訥・神妙」にも同様な問題があります。本章では「朴の木」はまっすぐ伸びるという性格に着目しました。「神妙」の「神」に『神様』の意味があるのかどうかも微妙です。「神妙」の「神」は『神様』だとする人でも「精神」の「神」に，それを感じる人はまずいないでしょう。

① 「骨折」型〔主語（S）＋述語（V）〕 SがVする
　　骨折（骨が折れる）・頭痛・胃弱・肝硬変；日没・地震・冬至
② 「発汗」型〔述語（V）＋主語（S）〕 SがVする
　　発汗（汗が出る）・出血；変色；立冬・開花・降雨・落葉・積雪
③ 「愛鳥」型〔述語（V）＋目的語（O）〕 Oを／にVする
　　愛鳥（鳥を愛する）・出席（席に出る）・出土（土からでる）・出国・噴火・脱衣・上京
④ M(odifier) H(ead)〔修飾語＋中心語〕
　a．「国旗」型〔名詞（M）＋名詞（H）〕MのH
　　　国旗（国の旗）・海水・城門
　b．「高山」型〔形容詞（M）＋名詞（H）〕Mい／なH
　　　高山（高い山）・悪人・善人
　c．「愛犬」型〔動詞（M）＋名詞（H）〕MしているH
　　　愛犬（愛している犬）・愛車・噴煙・噴石
　d．「甚大」型〔副詞（M）＋形容詞（H）〕M（連用修飾）Hだ
　　　甚大（甚だしく大きい）・最高・極大・僅少
　e．「綿密」型〔名詞（M）＋形容詞（H）〕MのようなHだ
　　　綿密（綿のように密だ）・繊細（繊維のように細い）・漆黒・朴訥（朴の木のようにまっすぐである）・神妙（神のようにずば抜けて優れている）・火急・森閑
　f．「蛇行」型〔名詞（M）＋動詞（H）〕MのようにH〜する
　　　蛇行（蛇のようにクネクネ行く）・林立（林のように立つ）・豹変・亀裂
　g．「急行」型〔副詞（M）＋動詞（H）〕程度（M）〜Hだ
　　　急行（急いで行く）・酷似・激増
　h．「体重」型〔名詞（M）＋形容詞（H）〕MのH
　　　体重（身の重さ）・身長・水深

⑤ 「拡大」型〔動詞（V）+形容詞／自動詞（Resultative）〕Vの結果Rだ
　　拡大（拡げた結果大きくなる）・延長・溺死（溺れた結果死ぬ）
⑥ 「飛来」型〔動詞（V）+方向動詞（Direction）〕VしてDする
　　飛来（飛んで来る）・携行（携えて行く）・死去（死んで去る）・襲来・
　　浮上（浮かびあがる）・降下（降下する）
⑦ 「不死」型〔否定詞+動詞／形容詞／名詞〕……しない，……ではない
　　不買（買わない）・非常（常ではない）・無情（情けがない）
⑧ 「有名」型〔「有」／「無」+名詞〕……がある，……がない
　　有人（人がいる）・無人（人がいない）・有線（線がある）
⑨ 「絶滅」型〔同じ資格の語を並べる〕
　　a．動詞類義語並列「生産」型
　　　　絶滅・転倒・緊縮
　　b．動詞反義語並列「売買」型
　　　　売買・去来・生死
　　c．形容詞類義語並列「幸福」型
　　　　幸福・冷静・重厚
　　d．形容詞反義語並列「禍福」型
　　　　大小・長短・異同
　　e．名詞同義語並列「道路」型
　　　　道路・衣服・樹木
　　f．名詞反義語並列「男女」型
　　　　男女・雌雄・上下
⑩ 重ね型
　　a．「平々凡々」型〔形容詞の重ね型〕生き生きとした描写
　　　　平々凡々・奇々怪々・明々白々
　　b．「看看」型〔動詞の重ね型〕……してみる
　　　　日本語には存在しない。
　　c．「人々」型〔名詞の重ね型〕あらゆる……
　　　　人々・日々・年々；時々刻々
⑪ 「人口」型　〔名詞+助数詞〕
　　人口・事件・車輛

### 漢語の語構成のいくつかの問題点

① 「骨折」型〔ＳＶ〕

「骨折（ＳＶ）」型は，自然現象や身体の異変に集中しており，二字以上でも「肝硬変・心肺停止・地殻変動」などがあります。英語でも sunset（日没）や headache（頭痛）のようにＳＶは自然現象・身体の異変に集中します。「地殻・太陽」のような自然物や身体の部位の動き・変異は，人間の意図を超えたものであると理解されているのでしょう。形の上ではＳＶと並んでいますが，「頭蓋骨骨折」のような例からも，「骨折」の「骨」ＳはＶからの独立性が弱く，Ｖと強く融合していることが窺われます。

② 「発汗」型〔ＶＳ〕

「発汗（ＶＳ）」型も身体の変異や自然現象に集中しているという点では「骨折」型と同じです。この形式は，現実世界で起こったことを言語にも反映させようとする（「イコン性」という）中国語の特徴を示すものといえます。「骨折」と「発汗」を比べると，「骨折」は，「骨」がまずあって，それが「折れる」という把握ですが，「発汗」は，まず「汗」があるのではなく，体内の水分が汗腺から「発する」ことによって「汗」になる，つまり「発（する）」という現象なくしては「汗」の存在もないわけです。ＶＳはＳについて述べるものではなく，ＶＳ全体としてある事柄を言っています。その点で，ＶＳのＳは，ＳＶのＳよりさらにＶに融合しています。ＶＳ型が文レベルで用いられると中国語文法で現象文と呼ばれているものになります。現象文は文頭に時間や場所を表す語が用いられます。ＶＳ型「出血」が場所「脳内」を伴って「脳内出血」となるのも同じ原理です。

③ 「愛鳥」型〔ＶＯ〕

①や②が日本語の主題を表す「は」や主格の「が」の問題に関わるのに対してＶＯ型は格助詞「が，を，に，から」と関わってきます。同じ「脱水」であっても「脱水症状」の「脱水」は②のＶＳ型であるのに，「脱水機」の「脱水」は③のＶＯ型であるとか，「出国」が『国を出る』，「出席」が『席に出る』，「出土」が『土から出る』であるといった説明が学習者に必要になります。これは中国語が格助詞をもたない言語であること，動詞に自他の区別がないことと強く関係しています。いずれも日本語と中国語の間の根本的な違いに起因する深い問題です。

さらに日本語がＯＶ型言語であり，中国語がＶＯ型言語であることによる問題もあります。例えば，「盲導犬」が日本語からの類推で作られた日本語式漢語であることは，現代中国語では"導盲犬"ということからも明らかですが，「防火」に対して「国防」や「砂防（ダム）」，「鎮火」に対して「地鎮（祭）」などが日本語式漢語なのか，「国防」が「国家防衛」の省略形なのか即断はできません。中国語でも"調査方言（方言を調査する）"と"方言調査（方言の調査）"のように二音節の"調査"が動詞としても名詞としても用いることができるといった問題があります。「拡声（器）」に対して「軍拡（競争）」の「軍拡」が省略形であるという語感は多くの日本語話者が共有するものですが，「地鎮（祭）」が日本語式漢語なのか，省略形なのか，あるいは他の理由によるものなのか，語彙史的研究に委ねられる部分も少なくありません。

　④　「愛車」型〔Ｍ(odifier)＋Ｈ(ead)　修飾語＋中心語〕
　ここでまず問題になるのが③のＶＯ型との違いです。例えば「愛車」は『愛する車』の意味でＭＨ型ですが，「愛社（精神）」は『愛する会社』ではなく『会社を愛する』の意味でＶＯ型です。同様に「愛犬」はＭＨ型で「愛鳥（週間）」はＶＯ型，しかも「愛犬家」の「愛犬」はＶＯ型といったように錯綜しています。筆者の個人的感想ですが，ここ数十年の間に"愛車・愛犬"のようなＭＨ型が中国語のなかで増加しているようです。筆者が中国に滞在した1980年代には，ＭＨ型は"愛人（愛する人→配偶者）"を除けば"炒飯（やきめし）"のような料理関係に限られていました。車の普及に伴って「愛車」が定着したとも言えますが，中国語自体が変化している可能性も否定できません。
　もう１つの問題はＭＨ型に限ったことではありませんが，日本語における漢語は単語として受容されたということです。冒頭に述べた中国語の単語とフレーズあるいは文との連続性とは大きな違いがあります。韓国語の漢語では「愛煙家」と同様に『酒好きな人』を「愛酒家」と表現しますが，「愛酒家」は日本語では普通の表現ではないでしょう。「愛……家」というパターンがあるからといって「……」に何でも入れることができるというわけではないのです。現代中国語では「……家」は「……族」にとって代わられていますが，"愛煙族・愛酒族・愛車族"など，入れ替えの自由度は日本語とは比べ物になりません。単語として受容するということは非常に個別的なことなので「愛酒家」が日本語には欠けているといったことが頻繁におこります。
　e．の「綿密」型，ｆ．「蛇行」型は，「綿」や「蛇」が持っている『細い』，

『クネクネしている』といった特性をとりだし，それを修飾語として用いているものです。日本語の「タコ坊主」，「猫なで声」，「猫可愛がり」と同じですが，中国語ではＳＶ型と同じ形をしているため，例えば"人高"は『人間は（背が）高い』か『人間の（身長ほどの）高さ』なのか曖昧なことがあります。

⑤ 「拡大」型，⑥ 「飛来」型〔動詞／形容詞＋補語〕
　この形式は，現代中国語において結果補語，方向補語と言われるもので，さまざまな動詞についてフレーズを構成します。日本語が「拡大・延長」，「飛来・死去」のような形を語として受容した後，中国語で独自に発達したものだと思われます。日本語の複合動詞「駆け上がる」が自然な表現であるのに，「歩き上がる」が不自然になる，あるいは「殴り倒す」に対して，関西方言では「磨き倒す」のように『徹底的に磨く』の意味を派生しているといった結合相手の制限，意味変化の大きさの問題があって，外国語学習者には非常に理解しにくい部分があります。結果補語や方向補語にも同様の問題があります。また，結果補語や方向補語に"得"を挿入して可能を，"不"を挿入して不可能補語を表すことがありますが，これも日本語には入っていません。
　日本語では結果補語の形式は一部例外を除いて存在しないため，多くは以下のようにＭＨ型になります。中国語では『縮めた結果短くなる』，日本語では『短く縮める』と理解されているのでしょう。

| 中国語（ＶＲ型） | 日本語（ＭＨ型） |
| --- | --- |
| 縮短 | 短縮 |
| 減軽 | 軽減 |
| 脱離 | 離脱 |
| 変黄 | 黄変 |

⑦ 「不死」型，⑧ 「有名」型
　これは，「ない」や「ある」をＶの後におく日本語とは逆で，中国語は「否定と有無はＶより先に言う」という点を徹底しておく必要があります。なお「有名」型は②の「降雨」型の一種で意味上の主語が動詞の後にきます。

⑨　並列型
　中国語ほど，似たような要素が並列されてできた語が多量に存在する言語はほかにないでしょう。それだけに中国語の特性が潜んでいます。並列は対句と

いう形で詩や文にも見られ，修辞的な観点からの説明はなされていますが，言語そのものとの関係についてはそれほど明らかにされているわけではありません。

問題の一つは，例えば「衣服」とその構成要素である「衣」と「服」がどう異なるのかということです。現代日本語では「服」が単独にも，構成要素としても活発に用いられるのに対して現代中国語では"衣"がいずれの点でも"服"よりは優勢です。どちらの要素が優勢なのか現代日本語と現代中国語で逆になることがあります。また，現代中国語では『はる』を表す"張"と"貼"が並列され"張貼"，『きる』を表す"斬"と"切"を併せて"斬切"のような並列型が存在します。

一般的に言って，一音節語「絵」と「画」よりも二音節並列語「絵画」のほうが抽象的であると言えるのですが，「道路」のように，むしろ「道」より具体的な例もあります。

⑩　重ね型
a.の「平々凡々」型は，現代中国語には多数存在しますが，現代日本語では「平々凡々・奇々怪々・明々白々」の三例しか見つかっていません（「戦々恐々・喧々囂々」などは「戦恐・喧囂」が存在しないのでここには含めていません）。

b.の動詞の重ね型は『試みに……してみる』というニュアンスを持ちますが，和語の「見て見る」を除けば，日本語には存在しません。日本語の「泣く泣く行く・泣き泣き行く」はむしろ『生き生きとした描写』に近いと言えます。

c.の名詞や助数詞の重ね型は日本語の「家々・人々」と同様，every の意味をもちます。ただ「所々，時々」は，通常 every の意味よりも some の意味である点で中国語とは異なります。

⑪　「人口」型〔名詞＋助数詞〕
「人・事件」といった語が〔名詞＋助数詞〕という語感は日本人にはありません。

2　音読みと訓読み——「牧場（ボクジョウ）」と「牧場（まきば）」

音読みは中国語式の発音をできるだけ忠実に日本語に移入したもの，訓読み

は古来の日本語をよく似た意味の字や単語に当てたものですが，現代日本語ではさまざまな使い分けがあります。

「大事」を「ダイジ」と読むか「おおごと」と読むのかで意味が異なり，「筋肉」の「筋」を音読みすれば「キンニク」で，訓読みすれば「すじニク」になります。「年月」は「ネンゲツ」という音読みと「としつき」という訓読みが並存しているのに，「年月日」は音読み「ネンガッピ」しかありません。『年配者』のことを「年長（者）」と言うときは音読み「ネンチョウ」なのに，「年上」のときは訓読み「としうえ」になります。このような個別的な例は枚挙にいとまがありません。傾向としては，音読みは抽象的事物，訓読みは具体的事物を指します。例えば，「足跡」を「ソクセキ」と音読みすれば『偉人の業績』と抽象的ですが，「あしあと」と訓読みすれば具体的な意味を表します。

それ以外にも微妙なニュアンスの差を表すことがあります。例えば，「牧場」を「ボクジョウ」と音読みするか「まきば」と訓読みするかの違いは「足跡」ほど明確ではありません。かつての流行歌『高原列車は行く』の一節。「汽車の窓からハンケチ振れば，牧場の乙女が花束投げる」の「牧場」は「まきば」でなくてはなりません。「乙女」がいるのは「まきば」であって「ボクジョウ」ではありません。「ボクジョウ」にいるのは作業着の人たちでしょう。和語のほうが詩的であるというケースです。

司馬遼太郎（1982）が昭和の半ば頃，文章を黙読できずに声に出して読む人が当時かなりいた。ある男性が電車のなかで，「引揚者（戦時下大陸に渡り敗戦後日本に帰国する人のこと）」を「ひきあげもの」と読み，車内の失笑をかっていたことを報告しています。「ひきあげシャ」と音読せずに「ひきあげもの」と訓読すると『何か悪いことをした人』みたいだと指摘しています。

漢字は音を隠してしまうので，読み方がおろそかにされる傾向があります。特に，漢字を知っている中国語話者にその傾向が顕著です。それに中国語では，漢字一字に読み方一つが原則ですから，例えば「人」という漢字を「ニン（呉音）」と読むのか「ジン（漢音）」と読むのか「ひと」と読むのかなどを教授者は指導する必要があります。連濁・連音も重要な問題です。テレビショッピングで羽布団を販売していました。テロップに「100％（鵞鳥の）胸毛使用」とありましたが，「胸毛」は「ムネゲ」と読みたい，「ムナゲ」100％の布団なんて想像するだけで私は身の毛がよだちます。「トヨタ自動車の創業家は豊田家です」の「創業家」は「ソウギョウカ」ではなく「ソウギョウケ」と読みたいし，会社名は「トヨタ」であっても創業家は「トヨダ」だそうです。

中国語や韓国語は子音の清濁で意味を区別する言語ではないので，中国人や韓国人の日本語学習者は日本語の清濁に無頓着になるか，過剰反応してしまいます。「カンコク」を「カンゴク」と言えば，まったく意味が異なってくること，「依存」は「イソン」でも「イゾン」でも問題ないのに，「異存」には「イゾン」という読みがないことを強調しておく必要があります。日本語では「窓拭き（まどふき）」，「空拭き（からぶき）」のように前項が動作の対象の場合は清音で，動作の様態や時間・場所の場合は濁音になるという現象があります。多少の例外はありますが「借金取り：つかみ取り」，「爪切り：みじん切り」など多くの例がこの規則に従っています。定延利之（「日本語複合名詞「N＋V（連用形）」について」KANSAI LINGUISTIC SOCIETY 8, 1988年, 関西言語学会）はこれを踏まえた上で「タイル貼り（タイルはり）」が「タイル貼りのアルバイト」のように『動き』を表す時はその規則に該当するが，「タイル貼りの床」のように『状態』を表すときは「タイルばりの床」と連濁することを指摘しています。「タイルばりのアルバイト」は日本語話者にとって不気味であることを伝える必要があります。

　そもそも漢字で表記すべきかどうかも問題になります。「砕けた人」や「頭を搾る」は，日本語話者にとっては恐ろしい景色です。意味が元の意味から離れている場合は漢字表記しないのが原則です。漢字は元の意味を喚起する力が強いからですが，それでも「浮いた噂」など，実際に浮揚したわけではないのに，漢字表記されることも少なくありません。

### ③　反転語——「落下」と「下落」

　227頁でみた結果補語〔動詞＋結果〕は日本語では〔連用修飾語＋動詞〕になることが多いので，日中語で反転の例が見られましたが，⑥の方向補語でも反転する例が少なくありません。

方向補語
| | |
|---|---|
| 落下 | 下落 |
| 降下 | 下降 |
| 産出 | 出産 |
| 収回 | 回収 |

ただし，この場合は日本語・中国語ともに両者が並存していることが多い点が注目されます。ある言語においてある形式が存在しないということは非常に難しいので深入りはしませんが，日本語では「収回」は見られないし，中国語の"出産"には『子供を生む』の意味はなく，日本語の「産出」に近いものです。

　両方の形式が並存する場合，その違いが問題になります。日本語の「落下（ラッカ）」と「下落（ゲラク）」では，前者が短時間，後者が「（株価の）下落傾向」に見られるように長時間にわたるというような差が際立ちます。中国語で何よりも問題になるのは方向補語の形式が単語というよりもフレーズ的だという点です。単語の作り方とフレーズの作り方，それに文の作り方が連続しているとはいえ，方向補語は臨時的な結合という色合いがなお感じられ，辞書に項目として取り上げられていないことも少なくありません。

　反転現象がもっとも顕著に見られるのが⑨の並列構造です。これについての詳しい考察は拙著（中川 2005）で述べました。例えば漢語や中国語で"左右"と言うのに和語では「みぎひだり」と言います。中国語には漢字それぞれに声調と言われる高低アクセントがあり，高くて平らな調子を第一声，尻上がりの調子を第二声，中くぼみの調子を第三声，尻下がりの調子を第四声と呼びます。多くの並列構造の語はこの声調の順に並びます。"左"は第三声，"右"は第四声ですから〔三・四〕の順に並んでいるのです。それに対して日本語は二音節と三音節が並列される場合〔二・三〕の順に並びます。「うら・おもて」，「てき・みかた」などがそうです。つまり中国語と日本語では並び方の原理が異なるのです。

　ただし日本語では，「左右」に対して「右左（折）」，「便利」に対して「利便（性）」，「手足」に対して「足手（まとい）」のように両方の形式が並存している場合があります。ただし，一方の用法が極端に制限されています。「手足」と「足手（まとい）」を例にすると，「足手」はふつう「まとい」とともに使う用法しかありません。「手足」は「手」と「足」が並列されていますが，「足手まとい」はこれでまとまった語であると言えます。「あしで」と「手」が連濁を起こしていることからもそれは窺えます。とはいえ筆者の語感では，「手足」と「心肺（停止）」を比べると同じ並列であっても，後者「心肺」のほうが「手足」よりも結合度が低い気がします。日本語でも結合度に段階性があるということでしょう。

　また反転語は，「場所」が「ショバ」になるように，隠語としてもちいられ

ることの多いものです。言葉を変えれば新語創出の常套手段の一つと言えます。日本語で「末端」を反転させ「端末」としてコンピュータ関係の用語としたのもごく最近のことです。

### ④ 「世界」語と「世間」語——「今日（コンニチ）」と「今日（きょう）」

反転している単語として日本語には「誕生：生誕」,「先祖：祖先」,「運命：命運」,「習慣：慣習」,「礼儀：儀礼」,「生死：死生（観）」,「階段：段階」,「線路：路線」のようなものがあります。これも使用法の広さ・狭さで説明することもある程度は可能でしょうが，それよりも「誕生日」と言えば『私やあなた』レベルのことが多く,「生誕」というとキリストのような偉人に用いることが多いのではないでしょうか。同様に「先祖」というと『私のお爺さんのお爺さんの……』という感じが強いのに,「祖先」というと『人類の祖先』というニュアンスで遠く離れた，しかも『（北京原人やネアンデルタールのような）人類という集団の祖』という意味合いが強くなります。「運命」に対して「命運」も「党の命運をかけた」のように集団のことを言っています。「習慣：慣習」,「礼儀：儀礼」も同じく個人対集団の違いがあります。「生死」は日常具体的出来事ですが,「死生（観）」は抽象的で哲学的ですらあります。「階段」と「段階」は前者が具体的なものであるのに,「段階」は触ることもできない抽象的なものです。「線路：路線」も同様です。

筆者は『私と関係がある，個人，近い，具体的』をひとまとまりのものと考え,「世間」とし,『偉人・歴史的人物，集団，遠い，抽象的』を「世界」と名づけました（中川 2005）。反転語以外でも「将来」は『私が生きている内』,「未来」は『私とは無関係に思えるほど先』のことであろうし,「今日」を「きょう」と読む場合と「コンニチ」と読む場合も「世間」と「世界」の違いとして説明できると考えています。

中国人日本語学習者の日本語が時に大仰に聞こえ，時に妙になれなれしすぎると聞こえるのは，中国語が「世間」と「世界」の区別を日本語ほど厳密にしていないからだと思われます。現代中国語には"習慣・祖先・段階"はあってもその反転語は常用されるものではありません。"将来"と"未来"も日本語ほど明確な差はありません。

### 5　類縁語，リンク語──「永久」と「永遠」，「久遠」

　元巨人軍の長嶋茂雄選手が引退の時に発したとされる「巨人軍は永遠に不滅です」は，実は「巨人軍は永久に不滅です」であったというテレビ番組がありました。街の人にインタビューを試みているのですが，大方は「永遠に不滅」と記憶しているのです。実は「永久に不滅です」と正解を明かされた人が「長嶋選手なら「永久」でもいいのではないですか」と応えていました。私流に理解すると「永久」は「世間」語で，「永遠」は「世界」語に近いということになります。「巨人軍」という集団のこと，「不滅」という遠い先のことを視野にいれた表現には「永遠」がマッチするはずですが，偉大な打者で，長く巨人軍の中心であった，そしてあのキャラの長嶋選手であれば「永久に不滅です」でもいいのではないかというのがインタビューに応じた人の直感だったと想像されます。

　さて「永久」と「永遠」は「久遠」という並列語の一方を分かち持つ類義語です。このような語を類縁語と呼ぶことにします。「久遠」は類縁語「永久」と「永遠」をリンクするのでリンク語と呼びます。「改善」と「改良」は「善良」をリンク語とする類縁語です。いくつかの例を挙げてみましょう。

| 類縁語A | リンク語 | 類縁語B |
|---|---|---|
| 永久 | 久遠 | 永遠 |
| 改善 | 善良 | 改良 |
| 全身 | 身体 | 全体 |
| 保身 | 保護 | 護身 |
| 自生 | 生活 | 自活 |
| 多感 | 感情 | 多情 |

　微妙な差を持ちつつ日本語のなかでこれらの類縁語は共存しています。リンク語がリンクするものはこのようないずれもが日本語で通用しているものにとどまりません。次の例は，類縁語Aが中国語では用いられるのに、日本語では用いられないものです。リンク語は日本語と中国語をリンクしているという側面もあることになります。

| 類縁語A | リンク語 | 類縁語B |
|---|---|---|
| 雪恥 | 恥辱 | 雪辱 |
| 船身 | 身体 | 船体 |
| 油画 | 絵画 | 油絵 |
| 増髪 | 毛髪 | 増毛 |
| 集体 | 団体 | 集団 |
| 移居 | 住居 | 移住 |

　すでに述べたように現代中国語には"張貼","斬切"のような日本語にはない並列語が多数存在しています。日本語で常用される「待つ」に対して現代中国語では"等"が常用されます。中国語のなかで"待→等"のような変化が起こったのでしょう。それを記録するかのように"待等"という並列語も存在しているのです。"哭泣"も同様で、「号泣する」は"号哭"となります。並列語は現代中国語と古典中国語をリンクするものでもあるのです。

## 練習問題

1．漢語の語構成一覧の例を追加しましょう。
2．反転語の例を捜し，それぞれの意味用法の違いを考えてみましょう。
3．類縁語A―リンク語―類縁語Bの例を探してみましょう。
4．「世界」語と「世間」語の例を探してみましょう。
5．「衣服・衣装・服装・装束」の違いを考えてみましょう。

## 読書案内

① 荒川清秀「日中漢語語基の研究」『国語学』第53巻第2号，日本国語学会，2002年，84-96頁。
　＊荒川氏は日本語と中国語の対照を歴史的観点も視野に入れ，長く続けてこられています。同論文以外にも氏の一連の研究，例えば「中国語の語彙」『講座日本語学対照研究12』(明治書院，1981年) などは漢語語彙を通しての日中両国語対照にとって必読文献です。
② 大河内康憲編『日本語と中国語の対照研究論文集』くろしお出版，1997年。
　＊中国語研究者と日本語研究者による日中対照研究論文集で，内容も多岐にわたります。本書所収の「漢語の語構成」は本章のもとになったものです。
③ 中川正之『漢語からみえる世界と世間』岩波書店，2005年。
　＊本章で触れた「世間」と「世界」の使い分けの他に，日中同形語の文法的ズレにも言及しています。例えば，中国語では"健康"も"緊張"も同様に形容詞ですが，日本語では「健康です」が自然な表現であるのに，「緊張です」は「緊張する」のよ

うにサ変動詞になっています。その原因を考察したものなどを含みます。

## 参考文献

荒川清秀「日中漢語語基の研究」『国語学』第53巻第2号，日本国語学会，2002年，84-96頁。
中川正之『漢語からみえる世界と世間』岩波書店，2005年。
中川正之「漢語の語構成」大河内康憲編『日本語と中国語の対照研究論文集』くろしお出版，1997年。
司馬遼太郎「文章日本語の成立」『司馬遼太郎が語る　第4集』新潮社，1982年。
朱徳熙著，中川正之・木村英樹編訳『文法のはなし』光生館，1986年。

---

### ▍*Column* ▍

**類推が困難な中国語**

本文では，日中両国語の似たところに着目しましたが，日本人の漢字の知識では手に負えないものも少なくありません。次の中国語の意味を推測してみましょう。

① 歇斯底里
② 伊妹
③ 結了一次婚
④ 孩子自己的好，老婆人家好。
⑤ 男人不壊，女人不愛。

①②は外来語。中国語は外来語を受容する場合，意訳が主流でしたが，最近とみに音訳語が増えています。①は「ヒステリー」，②は「Ｅメール」。②は意訳の"電子郵件"を駆逐しつつあります。③は『一度結婚した』という意味。"結婚・就職・免職"などの動詞は分離動詞と呼ばれ，日本語の「……した」に相当するアスペクト・マーカー"了"や"一次（一度）"のような回数表現を間に取ります。④は二重主語文。"孩子（子供）"，"老婆"は「嫁」の意味で年齢は無関係です。ここの"人家"は「他人」の意味。全体で「子供は自分のが好い。嫁さんは人のが好い」という意味深長な俗諺です。このように日本語でも通用していて，内実が違うものが落とし穴になります。⑤は複文で「男は悪くない」と「女は愛さない」とが接続詞なしに並べられています。「男は悪くないのに，女はその男を好きになれない」と読めそうなものなのに，ネイティブは「男に悪いところがなければ，女は好きになれない」としか読めないと言います。ちょい悪親父の勧めというわけです。

# 第14章 韓国語との対照

塚本秀樹

## この章で学ぶこと

　韓国語は近年，外国語として学ぶ人が非常に多くなりましたが，どんな言語なのでしょうか。また，日本語は，その韓国語から見ると，どんな言語に見えてくるのでしょうか。この章では，こういったことについて解説したいと思います。

　韓国語は，日本語とは違って「ハングル」と呼ばれる文字が用いられたり，音の仕組みについては日本語よりも複雑であったりしますが，特に語や文の仕組みについては，外国語として学んでいる人が外国語とは信じられないぐらい日本語とよく似ています。韓国語は，日本語と最もよく似ている言語と言ってよいでしょう。

　ところが，両言語について詳しく見てみると，違うところがいくつもあることがわかります。語学学習の場合は，「違うなあ」で終わってしまうかもしれませんが，言語の研究では，なぜ違うのか，その違いをどのように考えればよいのか，ということが非常に重要になってきます。いろいろな箇所で両言語間のいろいろな違いが生じているわけですが，これらの違いが「語と文の成り立ちの違い」という根本的な要因に基づいて統一的に捉えられることを示します。

　また，日本語は，かなり前の時代には特異な言語と思われたこともありましたが，その後の研究により，決して特異ではなく，むしろごく普通の言語という認識が持たれるようになりました。しかしながら，こういったことは，音や文の仕組みを中心に大きな面では当てはまるものの，非常に似ている韓国語との対照を通じて語の仕組みに着目すると，他の言語には見られない日本語の「独自性」が明らかになる，ということも示します。

**キーワード**

　日本語，韓国語，対照，音，語，文，文字，使役構文，複合動詞構文，単一構造／複合構造，語と文の成り立ち，文法化

## 1　韓国語に触れてみよう

　近年，韓国の映画やテレビドラマが日本でもよく放映されています。また，韓国の歌手が歌っているのを見ることができる機会も本当に多くなりました。こういったことを通じて，韓国について関心を寄せる人がどんどん増えています。さらには，韓国のことばについても興味を持ち，学ぶ人もとても多くなりました。読者の皆さんのなかには，すでに学んでいる方もいらっしゃることと思います。

　この節ではまず，このことばについてその名称を中心に注意してほしいことを指摘しておきたいと思います（塚本他 1996）。この章で取り上げることばが使われているのは，大韓民国（韓国の正式国名）だけではありません。同じ朝鮮半島にある朝鮮民主主義人民共和国でも使われています。さらには，朝鮮半島に限らず，中華人民共和国，旧ソ連のロシア共和国や中央アジアの国々，日本やアメリカ合衆国でも普段の生活でこのことばを使っている人たちがたくさんいます。大韓民国で使われていることばは韓国語，朝鮮民主主義人民共和国で使われていることばは朝鮮語といったように，韓国語と朝鮮語は違う別のことばと思っている人が多いのですが，それは誤解です。このように違う国々や地域で使われてはいますが，同じ1つのことばなのです。したがって，もちろん，お互いにコミュニケーションをすることが可能です。

　このことばは実際，「韓国語」「朝鮮語」「朝鮮・韓国語」「韓国・朝鮮語」「コリア語」「ハングル」「ハングル語」などといったように，いろいろな名称で呼ばれています。ところが，今述べたとおり，同じ1つのことばであるのに，このことばを指して呼ぶ最もふさわしい名称がないのが実情です。日本の言語学では，同じ1つのことばを意味する学術名として「朝鮮語」という名称を用いることが多いのですが，この章では，決して韓国だけのことばを指すのではなく，同じ1つのことばであるとの認識の下，韓国における用法に基づくということで「韓国語」という名称を使うことにします。

　なお，日本では最近，このことばのことを「ハングル」や「ハングル語」と呼ぶことが少なくありませんが，「ハングル」というのは，このことばを書き表す文字の名称であり，決してことばの名称ではありません。日本語を「ひらがな・カタカナ・漢字」と呼んだり，英語を「アルファベット」と呼んだりしないのと同じです。したがって，ことばを指して「ハングル」や「ハングル

語」と呼ぶのは，不適切なのです。この点についても，頭の隅に置いておいてほしいと思います。

　この章では，韓国語はどういうことばなのか，さらに日本語は韓国語と対照すると，どのように見えるのか，ということについて解説しますので，特に韓国語について知識のない人が韓国語に触れてみる機会にしたいと思います（なお，韓国語については，便宜上，ハングルで表記した後，「イェール式」と呼ばれるローマ字表記〔音に関する解説の際にはそれに代わって発音記号〕を付け加えておきます）。

## ②　韓国語はどんな言語？

　この節では，韓国語はどんな言語か，ということについて，「音」「語」「文」「文字」の仕組みの面から概説します（塚本他 1996；李翊燮（イ＝イクソプ）他 2004；油谷 2005など）。

### 音の仕組み

　韓国語の母音は，全部で10個あり，具体的に挙げると，（1）のとおりです（なお，韓国語の母音には，単母音と二重母音の2種類がありますが，ここでの母音というのは，単母音のことだけを指しています。また，若い世代の話し手の場合は，全部で7個であり，（　）を付けた3個の母音がありません）。

（1）　ㅏ[a]，ㅣ[i]，ㅜ[u]，ㅔ[e]，ㅗ[o]，ㅡ[ɯ]，ㅓ[ɔ]，
　　　（ㅐ[ɛ]），（ㅟ[y]），（ㅚ[ø]）

日本語の母音は「ア」「イ」「ウ」「エ」「オ」の5個ですから，韓国語の母音はそれに比べると，種類が多いということになります。

　まず，韓国語のㅏ[a]，ㅣ[i]，ㅔ[e]は，それぞれ日本語の「ア」「イ」「エ」とほぼ同じ音です。次に，韓国語のㅜ[u]，ㅗ[o]は，それぞれ日本語の「ウ」「オ」に近い音ですが，両方とも日本語の場合より唇をもっととがらせて出す音です。また，日本語の「ウ」「エ」「オ」に当たる母音に，韓国語ではそれぞれㅜ[u]とㅡ[ɯ]，ㅔ[e]とㅐ[ɛ]，ㅗ[o]とㅓ[ɔ]といった2種類の区別があります。ㅡ[ɯ]は口を横に引っ張って発音する「ウ」であり，ㅐ[ɛ]とㅓ[ɔ]はそれぞれ，口をやや大きく開けて発音する「エ」と「オ」であり，その3つは日本語にはない音です。さらに，ㅟ[y]とㅚ[ø]も日本語にはない音で，ㅟ[y]は

238　第Ⅳ部　外国語との対照研究

ㅜ[u]を発音する時の口の形をして ㅣ[i]と言い，ㅚ[ø]はㅗ[o]を発音する時の口の形をして ㅔ[e]と言うものです。

　韓国語には，(2)に示す子音があります。

(2)　ㅂ[p], ㅍ[pʰ], ㅃ[pʼ], ㄷ[t], ㅌ[tʰ], ㄸ[tʼ],
　　　ㄱ[k], ㅋ[kʰ], ㄲ[kʼ], ㅈ[tʃ], ㅊ[tʃʰ], ㅉ[tʃʼ],
　　　ㅅ[s], ㅆ[sʼ], ㅎ[h], ㅁ[m], ㄴ[n], ㅇ[ŋ], ㄹ[r]

これらのなかで，ㅂ[p]・ㅍ[pʰ]・ㅃ[pʼ]，ㄷ[t]・ㅌ[tʰ]・ㄸ[tʼ]，ㄱ[k]・ㅋ[kʰ]・ㄲ[kʼ]のように，平音・激音（息を強く出して発する音のこと）・濃音（のどをぐっと絞って息を出さずに発する音のこと）と呼ばれる3種類の音の区別があります（なお，ㅅ[s]・ㅆ[sʼ]についてのみ，激音はなく，区別は平音と濃音の2種類）。こういった区別は，日本語にはないものです。また，そのうちの平音は，語頭ではㅂ[p], ㄷ[t], ㄱ[k], ㅈ[tʃ]のように，無声音（声帯を振動させずに発する音のこと）として現れますが，語中ではㅂ[b], ㄷ[d], ㄱ[g], ㅈ[dʒ]のように有声音（声帯を振動させて発する音のこと）として現れます。このように，韓国語では，無声子音と有声子音は対立しておらず，相補う関係になっているわけです。したがって，日本語では，「ごぼう[goboː]」や「じゃがいも[dʒagaimo]」のように有声子音で始まる語は簡単に見つけ出すことができますが，韓国語には，こういった有声子音で始まる語がないのです。今，指摘した点が，韓国語において音の仕組みの面に関する大きな特徴の1つであると言えます。

　音のひとまとまりの単位のことを「音節」と言いますが，日本語における音節は，「目[me]」や「歯[ha]」のように，ほとんどのものが開音節（母音で終わる音節のこと）です（例えば，「本[hoŋ]」のように閉音節〔子音で終わる音節のこと〕になっている語も見られますが，これは中国語の影響によるもので，非常に少数派です）。それに対して，韓国語では，「비[pi]（雨）」や「개[kɛ]（犬）」のように開音節だけでなく，「집[tʃiᵖ]（家）」や「곧[koᵗ]（すぐに）」のように閉音節のものも非常にたくさん見つけ出すことが可能です。

　なお，ㅇ[ŋ]は，音節末の場合の音であり，音節頭の場合は，ㅇという文字が表記されているだけで，それに伴う音はありません。また，ㄹ[r]は，音節頭の場合の音であり，音節末の場合はㄹ[l]という音になります。

　以上のように，韓国語は，音の仕組みの面から見ると，日本語よりも複雑であると言うことができます。

## 語の仕組み

　韓国語における語についてですが，後で具体的な事例を取り上げて詳しく考察しますので，ここでは，語種にのみ触れることにします。
　「語」というのは，辞書に載っている単語を思い浮かべてもらえばいいと思います。その語の集まりのことを「語彙」と言い，その語彙が構成されている種類のことを「語種」と言いますが（第5章参照），韓国語における語種について見てみると，次のとおりです。まず，大きく分けて，韓国語のなかで生み出された語彙と，もともと韓国語にはなく，他の言語から借りてきた語彙の2種類があります。前者が「固有語」，後者が「借用語」と呼ばれます。その借用語は，さらに，中国語から借り入れたものと，中国語以外の言語から借り入れたものの2種類に分けることができます。前者は「漢語」と呼ばれ，借用語のうちの大多数を占めます。また，後者は一般的に「外来語」と呼ばれ，西洋諸言語と日本語からのものです。そのなかでも歴史的に近年では英語からのものが多くなっています。このように，韓国語における語種は，日本語の場合とほぼ同じ状況になっていると言えます（日本語の場合は，借用語のなかに日本語からのものがない点と，韓国語の場合の「固有語」を「和語」という別の用語で呼んでいる点だけが違います）。
　以下では，漢語についてもう少し詳しく見てみることにしましょう。先ほど，借用語のうち漢語が大多数を占めると述べましたが，その漢語は，日本語と韓国語の間で同じ表現をするものが大半です。例えば，日本語では，「社会」という漢字を用いて [ʃakai] と発音し，人々の集団のことを意味します。韓国語でも，人々の集団のことを表すのに [sahø] といったように発音は違いますが，日本語におけるのと同じ「社会」という漢字の語を用いることができます（ただ，韓国では，漢字を表記する際，「社會」のように旧字体が用いられます。また，韓国語は，漢語であっても漢字で表記せず，「사회」のようにハングルで表記するのが普通です）。さらに，日本語では，「社会」の漢字の順序を逆にすると，事業を行う組織を意味し，[kaiʃa] と発音する「会社」という別の語を作り出すことができますが，韓国語でも，[høsa] のように日本語とは発音が異なるものの，同じ「会社」という漢字の語を用いて同じ意味を表すことができます。
　ところが，日本語と韓国語の間で同じ漢字の語が用いられていても，表す意味が違っている場合があります。こういったことは，日本語と中国語の間における状況に比べると，少ないのですが，気をつけなければなりません。この具

体的な例については，章末の「練習問題2」を見て下されば，と思います。

## 文の仕組み

語がいくつか連なってあるひとまとまりの単位になったものが「文」ですが，この文の仕組みは，日本語と韓国語で本当によく似ています。

私は，今から約30年前，大学に入学して韓国語を勉強し始めた頃，外国語であることが信じられないほど日本語と似ていることに驚きました。そのなかでも最も衝撃的であった例を(3)aに示したいと思います（韓国語の文の日本語訳を(3)bに記しておきます）。

(3) a. 그런 것은 있을 리가 없다.
　　　 Kulen kes-un issul li-ka epsta.
　　 b. そんなことはあるはずがない。

この韓国語の文について先頭から順番に説明すると，以下のとおりです。「그런〈kulen〉」は，「그렇다〈kulehta〉（そうだ）」という形容詞の連体形現在です。「것〈kes〉」は，日本語の「もの」や「こと」に相当する名詞です。「은〈un〉」は，日本語の「は」に相当する主題を表す助詞です。「있을〈issul〉」は，「있다〈issta〉（ある；いる）」という存在を表す動詞の連体形未来です。「리〈li〉」は，日本語の「はず」に相当する名詞です。「가〈ka〉」は，日本語の「が」に相当する格助詞です。「없다〈epsta〉」は，日本語の「ない」「いない」に相当する非存在を表す動詞です。したがって，日本語の文を先頭から順番にそのまま韓国語に置き換えていけば，韓国語の文全体ができ上がってしまうのです（ただ，韓国語には，連体形に現在や未来といった，日本語にはないものがあり，両言語間で若干，異なるところがあります）。

文については，先に見た語と同じく，後で具体的な事例を取り上げて詳しく考察しますので，ここでの説明はこれで終わることにします。

## 文字の仕組み

韓国語を書き表すのに現在，用いられている文字は，「ハングル」と呼ばれます。この「ハングル」をハングルで書くと，「한글」となります。ハングルは，李氏朝鮮の第4代の王である「世宗」（ハングルで書くと「세종」；日本語読みは「せいそう」；韓国語読みは「セジョン」）によって1443年に作られ，当時，「訓民正音」（「民を教える正しい音」という意味）という名称で国字とし

て天下に公布されたものです。また，ハングルは，韓国語の発音の仕組みによくかなっており，文字の形を発音部位の形に似せて作るなど，さまざまな工夫が凝らされています。日本語のひらがなやカタカナは，漢字から自然発生的にできた文字ですが，韓国語のハングルは，このように人工的に作られた文字なのです。

　現代韓国語では，10個の基本母音字と14個の基本子音字を用いてそれらを組み合わせ，音節を単位として表記するようになっています。この表記の仕方には規則があり，その規則を簡単に述べると，次のとおりです。形が縦長の母音字の場合は，左側に子音字，右側にその母音字を書き，形が横長の母音字の場合は，上側に子音字，下側にその母音字を書きます。また，音節が母音で終わる場合は，それで１つの文字ができ上がりますが，音節が子音で終わる場合は，左右に並んだ子音字と母音字の下，あるいは上下に並んだ場合の母音字の下にその子音字を書きます。

　先ほど挙げた文字の名称の「한글」と，王の名前の「세종」が記されたハングルがどのような様子になっているかを示すと，（４）のとおりです。それぞれの文字と音の成り立ちを，上記の解説に基づいて確かめてみましょう。

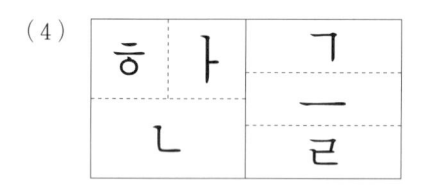

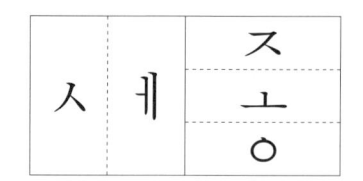

（４）

## ③ 日本語と韓国語で違うところ

　２節では，日本語と韓国語において特に語の仕組みと文の仕組みについて見てみると，両言語間で非常によく似ている，ということを述べました。このように，確かに似ているところばかりが目立つのですが，より注意深く見てみると，両言語間で違いがあるのをさまざまな箇所で見つけ出すことができます。この節では，具体的な事例を２つ取り上げ，両言語間で違うところを明らかにしましょう。

### 接辞を用いた使役構文

　１つ目の事例として取り上げるのは，接辞を用いた「使役構文」です（以下についての詳細は塚本〔1995〕参照）。「使役」というのは，ある人がまた別の人に行為をしむけることですが，日本語では，使役は（５）Aに示した (s)ase という接尾辞によって表されます（「接尾辞」というのは，ある要素の後ろに付けられる要素のことです）。母音で終わる動詞語幹（例：「食べる」の語幹 tabe-）に付けられる場合には sase が用いられ（例：tabesase），子音で終わる動詞語幹（例：「読む」の語幹 yom-）に付けられる場合にはその形態の s が落ちて ase となり（例：yomase），(s)ase という表記はそういったことを意味します（「語幹」というのは，いわゆる活用の際に変化をしない共通の部分のことです）。また，韓国語にも，日本語と同じく，使役を表す接尾辞があり，それは（５）Bに示したものです。この７種類の接尾辞のうち，どの接尾辞が用いられるのかは，前に置かれる動詞語幹がどういう音で成り立っているのかによって決まっており，したがってこれらの接尾辞は相補うように用いられる関係になっています。

(5)　(A)　日本語──(s)ase
　　　(B)　韓国語──이〈i〉, 기〈ki〉, 리〈li〉, 히〈hi〉, 우〈wu〉, 구〈kwu〉, 추〈chwu〉

　今，述べたように，日本語にも韓国語にも使役を表す接尾辞が存在するわけですが，文の仕組みの面から見た場合，現象が生じる可能性に両言語間で違いがあるのがわかります。そういった現象としてはいくつか指摘できるのですが，ここでは，「副詞類の修飾」だけを取り上げます（Shibatani 1973a, 1973b, 1976 など）。次の例を見てみましょう。

(6) a．先生が学生に一生懸命に本を読ませた。
　　b．선생님이　　학생에게　　열심히　　책을　　읽혔다.
　　　　Sensayngnim-i haksayng-eykey yelqsimhi chayk-ul ilkhyessta.

　この例は，「先生が学生に本を読ませた。」という日本語の使役構文と，それに対応する「선생님이 학생에게 책을 읽혔다.〈Sensayngnim-i haksayng-eykey chayk-ul ilkhyessta.〉」という韓国語の使役構文のなかで，それぞれ「一生懸命に／열심히〈yelqsimhi〉（熱心に；一生懸命に）」という様態を表す副詞を用いて表現したものです。(6) a について日本語の母語話者に尋ねてみると，

一生懸命なのは,「学生が本を読むように先生がしむける」といった引き起こす方の行為と,「学生が本を読む」といった引き起こされる方の行為の2とおりに解釈できると答えます。ところが一方,(6)bについて韓国語の母語話者に尋ねてみると,その前者の解釈だけが可能であり,後者の解釈は認められない,という答えが返ってきます。つまり,両言語間の違いは,一生懸命なのが「学生が本を読む」といった引き起こされる方の行為であるとの解釈が日本語では成り立つのに対して,韓国語では成り立たない,ということです。

　こういった,現象の生じ方が両言語間で異なることについて説明するには,次のように両言語間における文の構造の違いに基づいて行うのが最も妥当であると考えられます。日本語では,一生懸命なのが「学生が本を読む」という内容を指し示し,その内容の「学生が本を読む」が明らかに文ですから,「学生が本を読む」という文が存在するのに対して,韓国語では,一生懸命なのが「학생이 책을 읽다〈Haksayng-i chayk-ul ilkta〉(学生が本を読む)」という文の内容を指し示すこと自体が不可能ですから,「학생이 책을 읽다〈Haksayng-i chayk-ul ilkta〉(学生が本を読む)」という文は存在しないことになります。その結果,日本語の使役構文は,「先生が……(s)ase」という1つの文の下に,「学生が本を読む」というもう1つの文が埋め込まれた複合的な構造になっているのに対して,韓国語の使役構文は,「선생님이 학생에게 책을 읽히다.〈Sensayngnim-i haksayng-eykey chayk-ul ilkhita.〉(先生が学生に本を読ませる。)」という1つの文しか存在しない平らな単一の構造になっており,両言語間で構造が違っているわけです。その状況を図示すると,(7)のようになります([s ]は,1つの文になっていることを表しています。なお,日本語,韓国語とも,「一生懸命に／열심히〈yelqsimhi〉(熱心に;一生懸命に)」という副詞は省いて示しています)。

(7) a. [s 先生が [s 学生が本を読む] (s)ase]
　　 b. [s 선생님이　　학생에게　　책을　　읽히다]
　　　　[s Sensayngnim-i haksayng-eykey chayk-ul ilkhita]

### 複合動詞構文

　もう1つの事例は,「複合動詞構文」です(以下についての詳細は塚本(1995, 2009)参照)。日本語でも韓国語でも,連用形をした動詞の後ろにまた別の動詞が続いてひとまとまりをなしている形式のものを見つけ出すことができ,それ

はよく「複合動詞」と呼ばれます。その代表的な例として，次のようなものを挙げることができます。

(8) (A) 日本語——泣き叫ぶ，飲み歩く，たたき壊す，押し上げる，積み残す，追い付く，押し込む，降り出す，消えかかる，読み返す，食べ過ぎる，助け合う，書き直す，買い損なう，取り囲む，振り向く，取り組む，……

(B) 韓国語——돌아다니다〈tolatanita〉(歩き回る)，일어서다〈ileseta〉(立ち上がる)，뛰어들다〈ttwietulta〉(飛び込む；駆け込む)，찔러죽이다〈ccillecwukita〉(刺し殺す)，받아들이다〈patatulita〉(受け入れる；取り入れる)，갈아타다〈kalathata〉(乗り換える)，지켜보다〈cikhyepota〉(見守る；見届ける)，……

日本語の例のなかから「たたき壊す」を取り上げて見てみると，「たたく」という動詞の連用形「たたき」が置かれた後ろに，「壊す」というまた別の動詞が置かれ，その2つの動詞がひとまとまりになっています。また，韓国語の例のなかから「찔러죽이다〈ccillecwukita〉(刺し殺す)」を取り上げて見てみると，「찌르다〈cciluta〉(刺す)」という動詞の連用形「찔러〈ccille〉」が置かれた後ろに，「죽이다〈cwukita〉(殺す)」というまた別の動詞が置かれ，その2つの動詞がひとまとまりになっています。このように，形については，両言語間で非常によく似ているわけです(なお，以下では，複合動詞を構成している前側の動詞を「前項動詞」，後ろ側の動詞を「後項動詞」とそれぞれ呼ぶことにします)。

先に，日本語の複合動詞についてもう少し詳しく見てみましょう。前項動詞を，……(s)ase といった使役の形や，……(r)are といった受身の形に変えることができるものがあります。これは，具体的には(9)Bに示されるとおりです。ところが一方，そういったことが認められないものもあります。これは，具体的には(9)Aに示されるとおりです(なお，*は，その言語としてそのように表現することができないことを意味します)。

(9) (A) *歩かせ回る，*投げられ入れる，……
(B) 歩かせ始める，投げられ続ける，……

このように，日本語における複合動詞は，前項動詞の形を変えることが可能か

第14章 韓国語との対照 245

不可能かの違いから，大きく2種類に分けることができるのがわかります（影山 1993；塚本 2009 など）。

（9）Aのように，前項動詞の形を変えることができないものとしては，例えば(10)に挙げたものがあります。

(10) 泣き叫ぶ，飲み歩く，たたき壊す，押し上げる，積み残す，追い付く，押し込む，取り囲む，振り向く，取り組む，……

また，前項動詞の形を変えることが可能なものの例としては，後項動詞で整理して列挙すると，(11)のようなものがあります（影山 1993：96）。

(11) 〈始動〉～かける，～だす，～始める；〈継続〉～まくる，～続ける；〈完了〉～終える，～終わる，～尽くす，～きる，～通す，～抜く；〈未遂〉～そこなう，～損じる，～そびれる，～かねる，～遅れる，～忘れる，～残す，～誤る，～あぐねる；〈過剰行為〉～過ぎる；〈再試行〉～直す；〈習慣〉～つける，～慣れる，～飽きる；〈相互行為〉～合う；〈可能〉～得る

これらの複合動詞は，先に述べたように，前項動詞を対象として文に関わる種々の現象が生じることが可能なわけですから，複合動詞自体が1つの語を形成しているにもかかわらず，後項動詞を述語とした文のなかに，前項動詞を述語としたもう1つの文が埋め込まれた構造を成り立たせていると考えられます（影山 1993；塚本 1995, 2009 など）。「～終わる」「～続ける」「～始める」という複合動詞を例に挙げると，次のとおりです。

(12) a ．[S [S ベルが鳴る] 終わった]
　　 b ．[S 父が [S （父が） ビールを飲む] 続けた]
　　 c ．[S 桜の花が [S （桜の花が） 咲く] 始めた]

(12)の例で言えば，「～終わる」の場合は，後項動詞「終わる」を述語とした文「～が終わる」における主語「～が」の位置に，「鳴る」という前項動詞を述語とした「ベルが鳴る」というもう1つの文が入り込んだ様態になっています。また，「～続ける」と「～始める」の場合も同様に，それぞれ後項動詞「続ける」「始める」を述語とした文「～が～を続ける」「～が～を始める」における目的語「～を」の位置に，「飲む」「咲く」という前項動詞を述語とした「父がビールを飲む」「桜の花が咲く」というもう1つの文が入り込んでいます。

先に述べたように，韓国語にも，形の上では日本語と同じく，連用形の動詞にまた別の動詞が後続してひとまとまりをなしている，複合動詞と呼ばれるものが存在します。ところが，複合動詞における現象について考察すると，次のような日本語との違いを見つけ出すことができます。それは，韓国語では前項動詞を対象として文に関わる現象が生じ得ない複合動詞（日本語における(9)Ａのようなもの）が圧倒的大多数であり，そういったことが可能な複合動詞（日本語における(9)Ｂのようなもの）は非常に少なく，限られている，ということです。
　先に挙げた(12)の日本語を韓国語で表現すると，それぞれ次のようになります。

(13) a．종 소리가 끝났다.
　　　 Cong soli-ka kkuthnassta.
　　　（直訳：鐘（の）音が終わった。）
　　b．아버지가 맥주를 계속 먹었다.
　　　 Apeci-ka maykcwu-lul kyeysok mekessta.
　　　（直訳：父がビールを継続（＝続けて）飲んだ。）
　　c．벚꽃이 피기 시작했다.
　　　 Peckkoch-i phi-ki sicakhayssta.
　　　（直訳：桜の花が咲くこと（を）始めた。）

(13) a では，「소리〈soli〉(音)」という名詞が「～가〈ka〉(～が)」という格助詞の前に現れ，「소리가 끝나다〈soli-ka kkuthnata〉(音が終わる)」というようになっています。(13) b では，「계속〈kyeysok〉(継続)」という漢語を副詞的に用い，「계속 먹다〈kyeysok mekta〉(継続(＝続けて)飲む)」というようになっています。また，(13) c では，「피다〈phita〉(咲く)」という動詞の語幹「피〈phi〉」に名詞化接尾辞の「기〈ki〉」を付け加えた後，「시작하다〈sicakhata〉(始める)」という動詞が続き，「피기 시작하다〈phi-ki sicakhata〉(咲くこと(を)始める)」というようになっています。
　このように，日本語では複合動詞を用いて表現できる意味内容を，韓国語では複合動詞を用いて表現することはどうしてもできず，複合動詞を用いない別の表現をとるしかないのです。

## 4 違いを引き起こす根本的な要因

　3節では，日本語と韓国語の間で違うところを明らかにしましたが，この節では，この両言語間の違いは何を意味し，またどのように捉えるべきであるのか，ということについて考えたいと思います。

　3節で使役構文について見てきたことから，次のようにまとめることができます。日本語も韓国語も形態上同様に，使役を表す接尾辞が動詞語幹と結び付くことができ，この「動詞語幹＋使役を表す接尾辞」という単位は語の地位を得ています。ところが，日本語では，語の単位の一部である動詞語幹を対象としていくつもの現象が生じることができるのに対して，韓国語では，そういったことが不可能である，という両言語間の違いが指摘できます。さらに，これは，「動詞語幹＋使役を表す接尾辞」という単位の地位が語であるにもかかわらず，日本語では1つの文の下にもう1つの文が埋め込まれた複合構造をなしているのに対して，韓国語では1つの文しか存在しない単一構造をなしている，という両言語間の違いにつながっていきます。

　また，3節で複合動詞構文について見てきたことから，次のまとめが得られます。複合動詞構文の場合も，接辞を用いた使役構文の場合と状況が非常によく似ています。日本語，韓国語とも，形態上同様に，連用形の動詞にまた別の動詞が後続してひとまとまりをなす，複合動詞と呼ばれるものが存在し，この「動詞連用形＋動詞」という単位の地位は語です。しかしながら，日本語では，語の単位の一部である前項動詞においていろいろな現象が生じることのできる複合動詞が比較的多く見られるのに対して，韓国語でそういったことが許される複合動詞はなくはないですが，きわめて少数です。日本語でそういったことが成り立つ複合動詞の場合は，「動詞連用形＋動詞」という単位の地位が語であるものの，1つの文の下にもう1つの文が埋め込まれた複合構造をなしています。一方，韓国語では，それに該当する複合動詞が非常に限られているわけですから，それ以外の大多数を占める複合動詞の場合は，今述べたような複合構造を設定するに及ばず，1つの文しか存在しない単一構造をなしているのです。

　このように，3節で取り上げた，日本語と韓国語における使役構文や複合動詞構文（およびそれ以外の形態・構文も）について見ることにより，両言語間の違いを引き起こしている根本的な要因として，(14)に示す「語と文の成り

立ちの違い」が導き出せることを主張することができます（塚本 1997, 2006b）。

(14) 「語と文の成り立ちの違い」という根本的な要因
　　　日本語――語と文が重なり合わさった性質のものが存在する仕組みになっている。
　　　韓国語――語なら語，文なら文といったように，基本的には語と文の地位を区別する仕組みになっている。
　　（このことを図示すると，次のようになります。）

　　　　　　日本語　　　　　　　韓国語
　　　　　（語）（文）　　　　（語）（文）

　こういったことが根本にあるため，さまざまな箇所で両言語間の違いとなって現れるのです。先に述べた，日本語では見られるが，韓国語では見られない現象は，今示した図における，日本語の場合に語と文が重なり合わさった部分が反映された結果であると言えます。したがって，この「語と文の成り立ちの違い」に着目すれば，さまざまな箇所で生じる両言語間の違いを統一的に捉え，適切に記述・説明することが可能となるわけです。

## ⑤　日本語はどんな言語に見えてくる？

　日本語は，3節と4節の考察を踏まえた上で韓国語と比べると，どんな言語に見えてくるのでしょうか。最後にこういったことについて述べて，この章を締めくくりたいと思います。
　「日本語は本当に難しい言語だ。」とか，「日本語は特異な言語だ。」と言われることが以前よくありました。現在でも，世間一般ではそのように思っている人が結構いるかもしれません。読者の皆さんや皆さんの周りは，どうでしょうか。しかしながら，このように言うと，不適切であることがわかります。そうなってしまったのは，単なる偏見であったり，日本語を英語などほんの一部の言語だけと比べて判断したりしたことが原因だったのです。
　そういった誤りは，「言語類型論」と呼ばれる言語学の一研究分野におけるその後の研究によって正されました（柴谷 1981；影山 1985；角田 2009 など）。こ

こでは，その一端に触れておきたいと思います。

　まず，音の仕組みに関することですが，2節で韓国語の母音について解説した時に合わせて，日本語の母音は，「ア」「イ」「ウ」「エ」「オ」の5個であることを述べました。日本語の母音がこういった5個である，ということは，以前よく言われた日本語の特質の1つです。ところが，世界のさまざまな言語について見ると，日本語と同じこの5個の母音を持つ言語が最も多くを占めるのです（Maddieson 2008 など）。

　また，文の仕組みに目を転じると，文を構成する「主語（S）」「目的語（O）」「動詞（V）」といった3種類の基本的な要素が並ぶ順序の可能性としては，①SOV ②SVO ③VSO ④VOS ⑤OVS ⑥OSV の6つの部類が考えられます。ところが，世界中のさまざまな言語に関する調査の結果，実際は，それぞれの部類に該当する言語が部類ごとに均等な割合で存在するのではなく，①SOV の言語が最も多いことがわかっています（Dryer 2008 など）。また，日本語について言えば，動詞は必ず文の最後に置かなければならないという制限の下で，その前に来る要素は比較的自由に並べることができるものの，最も自然な配列順序は SOV ですので，日本語は，主語・目的語・動詞の配列順序についても ①SOV という最も多数派の部類に属しているわけです。

　このように，日本語が世界中の最も多くの言語が属する部類の言語と同じ性質を持つということは，日本語が決して特異な言語ではなく，その逆で，きわめて普通の言語である，ということを証拠づけることになります。したがって，日本語は，音と文の仕組みについては確かにそのとおりなのです。

　ところが一方，語の仕組みに目を向けると，3節と4節における考察内容から，今述べた音と文の仕組みとは事情が異なることがわかります。「語」というのは，それ自体でかちっと固まっている性質の単位ですから，どの言語でもそういった語の一部を対象に形を変えたりして現象が生じることはあり得ないはずです。3節で見たように，使役構文における「動詞語幹＋使役を表す接尾辞」という単位と，複合動詞構文における「動詞連用形＋動詞」という単位は，両方とも語の地位を得ているものであり，韓国語では，それらの単位の一部である動詞語幹あるいは動詞連用形を対象に何か現象が生じることはありませんでした。韓国語におけるこういったことは，どの言語にも見られるきわめて当たり前のことであると言えます。

　それに対して，日本語では，それらの単位の一部である動詞語幹あるいは動詞連用形を対象にいろいろな現象が生じ得ることが見受けられるのでした。日

本語は，非常に奇妙なことを引き起こしていることになり，もちろん今後の研究に俟たなければなりませんが，こういったことは，他の言語にはそう多くは見られないと考えられるものです。したがって，日本語は，語の仕組みについては「独自性」を示していると言うことができるのです（塚本（1997, 2006b）と影山（2010）は，3節と4節で取り上げた構文以外の形態や構文について考察しており，影山（2010）は，その考察から，この節における主張と同様のことを主張しています）。

　言語というのは，また別の言語を通して見ることにより，その1つの言語のみを見ていた時にはわからなかったことを発見できる場合が往々にしてあります。こういったことは，日本語についても決して例外ではありません。この章では特に，日本語は，韓国語と比べると，どんな言語に見えてくるのか，ということについて考え，日本語は，音と文の仕組みについては特異ではないと判断できる様子になっているが，語の仕組みについては他の言語では見られない独自性を示す，ということを明らかにしました。読者の皆さんも，ぜひ，日本語を何か別の言語と比べて外から見る，ということを実践していただきたいと思います。また，そうすることにより，皆さんが新たな発見に出会えるように願っています。

## 練習問題

1．次に挙げられている語は，韓国語ではなく，日本語をハングルで表記したものです。何と書かれているのでしょうか。2節における「音の仕組み」と「文字の仕組み」のところの解説を参考にして読み解いてみましょう。

　　　（A）다마고　（B）구지라　（C）돔비　（D）신주쿠　（E）에히메

2．次に挙げられている漢字語は，日本語と韓国語で同じ漢字を使っていても，両言語間では意味が違います。どのように違うのか，「読書案内」で紹介している参考書等で調べてみましょう。

　　　（A）愛人　（B）門　（C）人事　（D）境遇　（E）異常

3．次に挙げられている動詞は，使い分けが日本語と韓国語では違います。どのように違うのか，「読書案内」で紹介している参考書等で調べてみましょう。

　　（A）衣類を身につける行為を表す動詞

　　　　　　日本語――着る，履く，かぶる

　　　　　　韓国語――입다〈ipta〉，신다〈sinta〉，쓰다〈ssuta〉

　　（B）飲食物等を摂取する行為を表す動詞

　　　　　　日本語――食べる，飲む

　　　　　　韓国語――먹다〈mekta〉，마시다〈masita〉

**4．**次に挙げられている日本語の文は，韓国語を母語とする日本語学習者が発したものですが，両言語間の違いが原因で生じたと考えられる誤用となっています。その誤用の原因である両言語間の違いとは，それぞれどういったことなのでしょうか。「読書案内」で紹介している参考書等で調べて説明してみましょう。

（A）私はとても幸福します。
（B）馬を乗ったことがありますか。
（C）あれが何ですか。
（D）先生から日本語に対していろいろな話を聞きました。
（E）子供たちがインフルエンザに感染された。
（F）まだ復習をしなかった。
（G）友達が私にプレゼントをやりました。
（H）私の父はもう新聞をお読みになりました。

**5．**特に語の仕組みと文の仕組みについて，日本語と韓国語の間で違う点としては，他にどういったものがあるのでしょうか。「読書案内」で紹介している参考書等で調べてみましょう。

## 読書案内

① 油谷幸利『日韓対照言語学入門』白帝社，2005年。
＊本格的な研究への手がかりを与えることを目的として，日本語と韓国語の対照言語学的研究の基本を概説した本。音と語の仕組みを中心に，多くの具体例を挙げながら解説されており，特に両言語間で違うところを知るのに便利です。

② 李翊燮（イ＝イクソプ）・李相億（イ＝サンオク）・蔡琬（チェ＝ワン）著，梅田博之監修，前田真彦訳『韓国語概説』大修館書店，2004年。
＊音・語・文・文字の仕組みから歴史・方言まで，韓国語のそれぞれの側面について重要な点が解説されている本。この本を通読すれば，韓国語がどういう言語かといったその大まかな全体像をたやすく知ることができます。

③ 梅田博之「朝鮮語」亀井孝・河野六郎・千野栄一編『言語学大辞典第2巻 世界言語編（中）』三省堂，1989年，950-980頁。
＊②の文献と同様，さまざまな側面にわたり，韓国語の特徴について解説されている論考。言語学の専門辞典の，世界言語概説に当てられた1巻における1項目ということもあり，②の文献よりはやや専門的な記述となっています。

④ 梅田博之・村崎恭子「現代朝鮮語の文構造」，梅田博之・村崎恭子「現代朝鮮語の格表現」，菅野裕臣「ヴォイス——朝鮮語」森岡健二・宮地裕・寺村秀夫・川端善明編『講座日本語学10 外国語との対照Ⅰ』明治書院，1982年，53-67頁，177-192頁，280-291頁。

梅田博之・村崎恭子「テンス・アスペクト——現代朝鮮語」，梅田博之・村崎恭子「モダリティ——現代朝鮮語」，菅野裕臣「複・重文の構成——朝鮮語」同編『講座日

本語学11　外国語との対照Ⅱ』明治書院，1982年，40-60頁，161-177頁，259-269頁．

　菅野裕臣「朝鮮語の語彙Ⅰ　語彙および語構造」，梅田博之「朝鮮語の語彙Ⅱ　意味に関する問題」，梅田博之「朝鮮語の指示詞」，韓美卿（ハン＝ミギョン）「韓国語の敬語の用法」同編『講座日本語学12　外国語との対照Ⅲ』明治書院，1982年，35-49頁，50-61頁，173-184頁，185-198頁．

　＊日本語学の講座全12巻のうち，第10～12巻の3巻が外国語との対照に当てられており，それに収録されている韓国語関係の論考9編．語と文の仕組みを中心に題目が設定され，いずれも日本語との対照の視点で解説されています．

⑤　閔光準（ミン＝クァンジュン）「日本語と朝鮮語のアクセントとイントネーション」杉藤美代子編『講座日本語と日本語教育第3巻　日本語の音声・音韻（下）』明治書院，1990年，303-331頁．

　生越直樹「文法の対照的研究──朝鮮語と日本語」山口佳紀編『講座日本語と日本語教育第5巻　日本語の文法・文体（下）』明治書院，1989年，341-362頁．

　油谷幸利「日本語と朝鮮語の語彙の対照」玉村文郎編『講座日本語と日本語教育第7巻　日本語の語彙・意味（下）』明治書院，1990年，81-105頁．

　梅田博之「韓国語の片仮名表記」，志部昭平「漢字の用い方（韓国語との対照）」加藤彰彦編『講座日本語と日本語教育第9巻　日本語の文字・表記（下）』明治書院，1989年，28-57頁，194-212頁．

　菅野裕臣「外国語との対照のポイント──朝鮮語と日本語」近藤達夫編『講座日本語と日本語教育第12巻　言語学要説（下）』明治書院，1990年，241-265頁．

　＊日本語学・日本語教育学の講座全16巻のうちの5巻に収録されている日本語と韓国語の対照関係の論考6編．それぞれの側面において設定された題目について，韓国語母語話者に対する日本語教育の際に留意すべき点も含め，解説されています．

⑥　田窪行則「誤用分析1～7」『日本語学』第6巻第4～10号，明治書院，1987年，104-107頁，102-106頁，84-89頁，82-87頁，133-138頁，131-135頁，123-127頁．

　＊韓国語を母語とする日本語学習者が犯す誤用例を取り上げ，なぜそのような間違いをするのか，ということについて，日本語と韓国語の対照言語学からのアプローチで解説を行っている論考．特に，原則を導き出す考察の仕方が参考になります．

## 参考文献

李翊燮（イ＝イクソプ）・李相億（イ＝サンオク）・蔡琬（チェ＝ワン）著，梅田博之監修，前田真彦訳『韓国語概説』大修館書店，2004年．

影山太郎「世界のことば──多様さと共通性」藤田実・平田達治編『ことばの世界』大修館書店，1985年，15-29頁．

影山太郎『文法と語形成』ひつじ書房，1993年．

影山太郎「複合語のタイポロジーと日本語の特質──『日本語は特殊でない』というけれど」『国語研プロジェクトレビュー』第1巻第1号，人間文化研究機構・国立国

語研究所，2010年，5-27頁。

柴谷方良「日本語は特異な言語か？――類型論から見た日本語」『言語』第10巻第12号，1981年，46-53頁。

塚本秀樹「膠着言語と複合構造――特に日本語と朝鮮語の場合」仁田義雄編『複文の研究（上）』くろしお出版，1995年，63-85頁。

塚本秀樹「語彙的な語形成と統語的な語形成――日本語と朝鮮語の対照研究」国立国語研究所編『日本語と外国語との対照研究Ⅳ　日本語と朝鮮語　〈下巻〉研究論文編』くろしお出版，1997年，191-212頁。

塚本秀樹「日本語から見た韓国語――対照言語学からのアプローチと文法化」『日本語学』第25巻第3号，2006年a，16-25頁。

塚本秀樹「言語現象と文法化――日本語と朝鮮語の対照研究」『日本語と朝鮮語の対照研究　東京大学21世紀COEプログラム「心とことば――進化認知科学的展開」研究報告書』東京大学大学院総合文化研究科，2006年b，27-61頁。

塚本秀樹「日本語と朝鮮語における複合動詞再考――対照言語学からのアプローチ」油谷幸利先生還暦記念論文集刊行委員会編『朝鮮半島のことばと社会――油谷幸利先生還暦記念論文集』明石書店，2009年，313-341頁。

塚本秀樹・岸田文隆・藤井幸之助・植田晃次『グローバル朝鮮語――朝鮮を学び，朝鮮に学ぶ』くろしお出版，1996年。

角田太作『世界の言語と日本語〈改訂版〉――言語類型論から見た日本語』くろしお出版，2009年。

油谷幸利『日韓対照言語学入門』白帝社，2005年。

Dryer, Matthew S., "Feature/Chapter 81: Order of Subject, Object and Verb," Martin Haspelmath, Matthew S. Dryer, David Gil, and Bernard Comrie (eds.), *The World Atlas of Language Structures Online*, Munich, Max Planck Digital Library, 2008. [Available Online at http://wals.info/feature/81. Accessed on January 4, 2011.]

Hopper, Paul J. and Elizabeth Closs Traugott, *Grammaticalization* 〈second edition〉, Cambridge, Cambridge University Press, 2003.（〔第1版の日本語訳として〕P・J・ホッパー／E・C・トラウゴット著，日野資成訳『文法化』九州大学出版会，2003年）

Maddieson, Ian, "Feature/Chapter 2: Vowel Quality Inventories," Martin Haspelmath, Matthew S. Dryer, David Gil, and Bernard Comrie (eds.), *The World Atlas of Language Structures Online*, Munich, Max Planck Digital Library, 2008. [Available Online at http://wals.info/feature/2. Accessed on January 4, 2011.]

Shibatani, Masayoshi, *A Linguistic Study of Causative Constructions*, Unpublished Ph. D. Dissertation, University of California, Berkeley, 1973a. [Reproduced by Indiana University Linguistics Club in 1975.]

Shibatani, Masayoshi, "Lexical versus Periphrastic Causatives in Korean," *Journal of*

*Linguistics*, Vol. 9, 1973b, pp. 281-297.

Shibatani, Masayoshi, "Causativization," Masayoshi Shibatani (ed.), *Syntax and Semantics, Vol. 5: Japanese Generative Grammar*, New York, Academic Press, 1976, pp. 239-294.

---

### Column

**文法化**

　3節では，複合動詞構文に関して日本語と韓国語の間の違いを述べましたが，ここでは，また別の違いを指摘しておきたいと思います。

　まず，（1）に示した，日本語における複合動詞構文の例を見てみましょう。

（1）a．子供はいきなり御飯を食べだした。
　　　b．崖から落ちかけた。
　　　c．火が消えかかった。

それぞれの例で用いられている複合動詞「食べだす」「落ちかける」「消えかかる」における後項動詞「だす」「かける」「かかる」は元々，物理的な〈移動〉を意味しますが，文法化が生じたことによってそういった意味が薄れ，〈開始〉の意味に転じています。なお，「文法化」というのは，実質的な意味を持つ自立的な語彙項目がその実質的な意味と自立性を失い，文法的な機能を担うように変化する過程であると定義することができます（Hopper and Traugott 2003など）。日本語では，このように後項動詞において文法化が生じている複合動詞を比較的多く見つけ出すことができ，（1）に示したもの以外に（2）のようなものがあります。

（2）　～込む，～上がる，～上げる，～立てる，～立つ，～つける，～つく，
　　　～返す，～返る，～回す，～過ぎる，～合う，～通す，～抜く，～切る，
　　　～尽くす，～直す，～損なう，～うる，……

こういったことが1つの要因で，日本語における複合動詞全体の数と種類が豊富になっています。

　ところが一方，韓国語では，（1）および（2）で指摘したような複合動詞はほとんど見受けられません。つまり，後項動詞が文法化を引き起こしている複合動詞が非常に少ないのです。また，こういったことが，韓国語における複合動詞全体の数と種類が限られる一要因となっています。

　実は，文法化が両言語間で違っている様子は，何も複合動詞の場合に限ったことではなく，「複合格助詞」と呼ばれるものや，「『動詞連用形＋テイク／動詞連用形＋가다〈kata〉（行く）』構文」と「『動詞連用形＋テクル／動詞連用形＋오다〈ota〉（来る）』構文」など，いろいろな形態や構文でも共通して見られるのです。

したがって，こういったことから，両言語間の違いを引き起こしている根本的な要因として，（3）に示す「文法化の進度の違い」を導き出すことができます（塚本 2006a, 2006b）。

（3）「文法化の進度の違い」という根本的な要因
　　　日本語――文法化が生じている形態や構文が比較的多い。
　　　韓国語――文法化が生じている形態や構文が比較的少ない。

また，どういうことで文法化が起こるのか，という問題については，いろいろなことが絡み合っているため，その答えを1つに求めることはできませんが，（3）に示した「文法化」に関する両言語間の違いは，4節で明らかにした「語と文の成り立ち」に関する両言語間の違いが大いに影響を及ぼしていることにより，生み出されている場合があると考えられます（塚本 2006b）。

# 索　引

### あ　行

相づち的な発話　124, 130
アコモデーション　146
奄美方言　40
改まった気持ち　62
改まって丁重に述べる　65
暗示された依頼　126, 127
言い直し　129
言い直し要求　127, 128
言いよどみ　172
イエズス会　21
イコン性　225
意識の推移　175
意志表示　127, 129
いただく　65
逸脱文　108
意図的行為　113
依頼　119, 123, 125, 128, 129
　　——の先行発話　126
　　——の先行発話連鎖　121
　　——の話段　124, 126, 127, 129, 133
依頼応答の話段　124, 126, 127, 129, 133
依頼者　125
依頼談話の構造　124
依頼予告　123
いらっしゃる　56, 64
音　238, 239, 250
隠語　231
イントネーション　172
伺う　65-67
『浮世風呂』　25
雲伯方言　40

英語との対照研究　10
英語の"s"の音　75
英語の [s] と [θ] の揺れ　83
英語の [θ] の聞き取りの母語による違い　83
英語の"sh"の音　75
英語の"th"の音　74
江戸　21
沖縄方言　40
お/ご……する　65
お/ご……になる　56, 64
おっしゃる　51-57, 62, 64
お目にかかる　59, 66
恩恵　69
音声言語　18, 171
音声コミュニケーション　171
音節　177, 239, 242
音素　82
音読み　228

### か　行

開音節　239
外来語　18, 23, 26, 95, 240
　　——の氾濫　96
「『外来語』言い換え提案」　97
会話空間　213
係り結び　32
書きことばコーパス　189
学習者　156
確認　127, 128
過去　164
下降のイントネーション　130
重なった部分　130
仮名遣い　28

257

| | | | |
|---|---|---|---|
| 上方 | 21 | キリシタン資料 | 21, 28 |
| 含意 | 112 | 儀礼 | 123 |
| 漢音 | 229 | 近畿方言 | 40 |
| 関係作り | 123, 128, 129 | 均衡コーパス | 194 |
| 漢語 | 18, 23, 25, 95, 240 | くだけた場面 | 145 |
| 韓国 | 237 | くみあわせ性 | 99 |
| 韓国語 | 164, 165, 237-245, 247-252, 255, 256 | 訓点資料 | 20 |
| 漢字 | 240 | 訓読 | 20 |
| 感謝 | 124 | 訓民正音 | 241 |
| 感情 | 127 | 訓読み | 228 |

- 間接（的）発話行為　119-121, 123
- 関東方言　40
- 漢文訓読　20
- 勧誘　119
- 聞き手　209, 210, 212-214, 216
  - ——に対する敬語　55, 56, 61, 62
  - ——の私的領域　165, 166
  - ——への敬語　57, 58, 63, 64
- 気配り発話　127-129
- 戯作　21
- 記述主義（descriptivism）　181
- 記述文法書　198, 199
- 基礎語彙　18
- 規範主義（prescriptivism）　181
- 疑問詞疑問文　108
- 九州方言　40
- 旧情報の確認　123
- 狂言　21
- 共在　171
- 教室環境　157-160
- 教室習得　157-160
- 共通語　22, 39, 44-46
- 共同製作（co-construction）による文　173
- 共同発話　132
- 協力者　133
- 共話　174
- 許可　69

- 敬語　3, 51-69, 165, 166, 218
  - ——としての働き（機能）が違う　56
  - ——と反対の働きをもつ語　67
  - ——の種類　51, 64
- 「敬語の指針」　64, 67, 68
- 継続　127
- 形態素　98
- 形態論情報データ　191
- 系統　221
- 系統樹　141
- 激音　239
- 結果補語　227
- 言語過程説　176
- 言語計画論　151
- 言語行動　140
- 言語コミュニケーション　171
- 言語処理ストラテジー　161
- 言語資料　19
- 言語接触　142
- 言語単位　102
- 言語能力　198
- 言語変化　141
- 言語類型論　249
- 検索　195
- 『源氏物語』　23
- 現象　246, 247
- 謙譲語　63, 64, 66, 68

謙譲語Ⅰ　59, 63-65, 67, 68
謙譲語Ⅱ　62-65, 67
現象文　225
現代仮名遣い　29
『現代日本語書き言葉均衡コーパス』　194
言文一致体　22
語　5, 240, 249-251
語彙　5, 89
語彙数　90
語彙的　102
語彙量　90
語彙論　89
後項動詞　245, 246, 255
合成語　98
勾配　42
構文　107
構文類型の持つ意味　111
コーパス　9, 189
呉音　229
語幹　243, 248
語基　98
国語　22
国語教育　156
国際音声記号　74
国立国語研究所　190, 202
語構成　98, 222
語構成要素　97
語構成論　98
ございます　56, 66
古辞書　92
語種　23, 95, 240
異なり語数　96
ことばの資料　8
ことばの乱れ　2
語と文の成り立ち　248, 249
コミュニケーション　8
固有語　240

誤用　158-163
誤用不可能性　173
語用論　119, 120
混種語　95

さ 行

先島方言　40
サ行子音　73
　——と外国語学習　83
　——の音響的特徴　77
　——の解釈　82
さしあげる　65
させていただく　68, 69
薩隅方言　40
思案中　126
子音　5, 239
　——の弱化　81
子音字　242
使役　69
使役構文　243, 244, 248
シェ→セが起きた時期　81
四国方言　40
指示詞　212-214, 216
辞書　199
自称詞　218
時制　218
自然環境　157, 158, 160
自然習得　157-160
シソーラス　93
時代区分　19
実質的な発話　124
質的な側面　91
指定　106
視点　209, 210, 212
視点移動説　209-212
自動詞　95
自発音声　190

社会言語学　7, 138
社会的な情報　149
社会的な役割　143
社会方言　146
借用語　240
写本　20
周圏分布　142
修飾節　179
終助詞　180
重層的　112
　　——な構造の文　114
儒学　21
主語　54, 64
　　——に対する敬語　54, 56
　　——への敬語　57
主語・目的語・動詞の配列順序　250
受諾　127-129
受諾書　130
出自　95
首都圏のサ行子音　77
消極的な顔（negative fase）　148
使用語彙　90
使用実態　188
上昇のイントネーション　130
上代特殊仮名遣い　27
情報提供　126, 128, 129, 132
情報提供者　133
情報伝達的なコミュニケーション観　180
情報要求　128, 132
抄物　21
書記言語　18
自律的変化　141
シンタクス　222
人名などにつく「サン・ハン」　86
スィとシの区別　84
スィとシの中間音　78
スタイル　145

ストラテジー　124, 125, 129
正確さ　158
生成文法　198
世宗　241
清濁　230
声調　231
西部方言　40
世界と世間　221
責任者　181
積極的な顔（positive face）　148
接辞　98, 243
接頭辞　98
接尾辞　98, 243, 248
前項動詞　245, 246
先行発話　119, 121-123, 126
先行発話連鎖　119, 121, 129
全体の意味　111
前提条件　119, 121, 129
全文検索システム　195
相互作用　119
相補的（な）対立　208
ソ系　213, 214
措定　106
そり舌音　74
尊敬語　56, 57, 59, 64, 66
存じ上げる　66

た　行

大韓民国　237
対義関係　94
対義語　207
待遇表現　123
体系的に発達した敬語　51
タイ語話者のシの発音　84
対照研究　9, 163
対照言語学　205, 217
対称詞　218

第二言語習得理論　160
対話空間　211-216
対話空間説　212
高く扱う　53, 54, 56, 59, 63-65
多義性　197
他動構文　114
他動詞　95, 113
単一構造　244, 248
段階的（な）対立　207, 208
単純語　98
男女差　193
単独行為要求　128, 129
談話研究　6
談話表示　127, 128
談話分析　119, 120
地域方言　146
中間言語　160
中国語　163, 164
中国語の"sh"の音　75
中国方言　40
朝鮮語　237
朝鮮民主主義人民共和国　237
町人文化　21
直示的　208, 212
直示表現　215, 216
直接的な発話行為　121
陳謝　124, 128
つっかえ　172
定家仮名遣い　29
定性的な記述　198
丁重語　62-65
丁寧語　56, 57, 62, 65-67
丁寧さ　166
定量的な記述　198
です　56, 65, 66
です・ます　56, 58
です・ます体　66

転記テキスト　190
伝達者　181
同意　127, 128
東海東山方言　40
同形語　10, 221
動詞活用　29
動詞の自他　225
東条操　40
倒置　132
倒置指定　107
動的な言語観　176
東部方言　40
東北方言　40
とがめだての意味　109
時枝誠記　176
独自性　251
特殊モーラ　176
〈特別扱い〉の表現　52, 53

な　行

内省　188
流れ　124, 129
なさる　56, 64
二項対立　213
二段活用の一段化　30, 32
日本漢字音　23
日本語　237-245, 247-252, 255, 256
　　——と韓国語の対照研究　11
　　——と中国語の対照　10
　　——の仕組み　4
日本語教育　7, 156, 199
日本語共通語の標準的なサスセソの子音　75
日本語共通語の標準的なシシャシュショの子音　76
日本語史　2
『日本語話し言葉コーパス』　190
人称　212, 215, 216, 218

1・2―― 214-217
1―― 212, 213, 215-217
2―― 212
3―― 212
非＝1・2―― 214-217
非＝1―― 213, 215-217
能　21
濃音　239
延べ語数　96

は　行

拝見する　66
ハ行転呼音　27
波状説　142
派生語　98
八丈方言　40, 42
撥音　176
発音の転訛　191
服部四郎　82
発話機能　124, 126, 129, 132, 133
発話行為　120
発話行為論　120
「は」と「が」　105
話しことばコーパス　189
話し手　206-208, 210, 216
バラエティ　139
バリエーション　139
ハングル　11, 241
反転語　230
被依頼者　125
美化語　66, 67
引き取り　174
肥筑方言　40
ひとまとまり性　99
非優先的な応答　121
表現語彙　90
標準語　22, 39, 44-46

フィラー　180, 191
フォーマルな場面　145
複合語　98
複合構造　244, 248
複合動詞　227, 245-247, 255
複合動詞構文　244-248, 255
副詞　243
普遍文法　198
文　6, 174, 241, 249, 250
　――の中の談話　175
　――のパターン　6
文化審議会　64, 67, 68
文体　66
分担表現　174
文法　103
文法化　255, 256
文法性判断　188
《文法》的知識　107, 108
文脈　105
『分類語彙表』　93
平安時代初めのサ行子音　79
平音　239
閉音節　239
『平家物語』　24
変異　139
変化の結果の状態　164
変種　139
母音　5, 238, 250
母音字　242
方言　3, 39, 46
方言のサ行子音　79
方言の発生　48
方言学　39
方言区画論　40
方向補語　227
包摂関係　94
豊日方言　40

北陸方言　40
母語　4
　　──の干渉　162, 163, 165
補語（向かう先）に対する敬語　59, 60, 62-64
母語話者　156
北海道方言　40
ポライトネス　147
本土方言　40, 42

ま　行

まいる　66, 67
マクロの社会　138
ます　55-58, 61, 62, 65, 66
マツカサ　45
マツボックリ　45
万葉仮名　20, 26
『万葉集』　26
身内　53, 65
ミクロの社会　138
見立ての恩恵　69
無意味形態素　99
向かう先　59, 65, 68, 69
　　──に対する敬語　59, 60, 62-64
無声音　239
無声化した［I］　78
室町時代のサ行子音　79
命題　222
めしあがる　66
メタ言語　157, 158, 160
メタ言語的発話　129
メディア（媒体）　171
メバチコ　45
申し上げる　51, 57-60, 62-65
申し出　122, 129
申す　51, 57, 60-65
モーラ　176

目的語　178
文字　241, 242
文字言語　171
文字コミュニケーション　171
文字通りの意味　119
モダリティー　222
モノモライ　45

や　行

やがる　66
大和言葉　20
有声音　239
優先応答体系　122
優先的な応答　121
優先的な連鎖　125
拗音シャシュショ　81
四つ仮名　18, 28
呼びかけ語　218
4母音説　83

ら　行

ラーフル　45
ラ抜きことば　151
……（ら）れる　64
理解語彙　90
俚言　39
琉球方言　40, 42
流暢さ　158
量的な側面　91
リンク語　233
類縁語　233
類義関係　93
類義語　94
類義動詞　94
歴史的仮名遣い　29
連体形・終止形の合流　30, 32
連濁・連音　229

索引　263

連用形　244, 245, 248
ロシア語の"Ш"の音　74
ロジェ（P. M. Rojet）　92

わ　行

わきまえ　146
和語　18, 23, 95
話者空間　207, 215, 216
和製英語　100
話段　124, 133

話段区分　130
和文　21

A to Z

「AがBだ」文　106
「AがBを〜」文　107
「AはBだ」文　105, 106
Maddieson（1984）の資料　76
OV 型言語　226
VO 型言語　226

## 執筆者紹介（執筆順）

益岡　隆志（ますおか・たかし）はじめに，序章

編著者紹介参照


金水　　敏（きんすい・さとし）第1章
1956年　生まれ
1981年　東京大学大学院人文科学研究科国語学専攻修士課程修了，2006年博士（文学）（大阪大学）
現　在　大阪大学大学院文学研究科教授
主　著　『ヴァーチャル日本語　役割語の謎』岩波書店，2003年
　　　　『日本語存在表現の歴史』ひつじ書房，2006年
　　　　『日本語史のインタフェース』（共編著）岩波書店，2008年
読者へのメッセージ　　日本語は，今も昔も，変わり続けています。その変化は，「言語の進化」と捉えられることもあれば，「言語の乱れ」と捉えられることもあります。未来の話者に，どんな日本語を残していくべきか。それを考えるためにも，日本語の歴史を知ることはとても大事です。
HP URL　http://www.let.osaka-u.ac.jp/
メールアドレス　kinsui@let.osaka-u.ac.jp


大西　拓一郎（おおにし・たくいちろう）第2章
1963年　生まれ
1989年　東北大学大学院文学研究科国文学国語学日本思想史学専攻単位取得退学
現　在　国立国語研究所時空間変異研究系教授
主　著　『方言文法全国地図』6集（共著）国立印刷局，2006年
　　　　『方言学の技法』（共著）岩波書店，2007年
　　　　『現代方言の世界』朝倉書店，2008年
読者へのメッセージ　　ことばはシステムであると同時に人どうしが思うところを伝えあうための道具でもあります。この基本的な機能について考えるとき，身近なことばとしての方言は恰好の材料となるはずです。さあ，考えましょう。
HP URL　http://www2.ninjal.ac.jp/takoni/
メールアドレス　takonish@ninjal.ac.jp

菊地　康人（きくち・やすと）第 3 章

1954年　生まれ
1982年　東京大学大学院人文科学研究科言語学専攻博士課程修了（単位取得）
現　在　東京大学日本語教育センター センター長・教授（大学院人文社会系研究科言語学専攻兼担）
主　著　『敬語』講談社学術文庫，1997年
　　　　『敬語再入門』講談社学術文庫，2010年
　　　　「日本語を教えることで見えてくる日本語の文法──「XはYがZ」文と「YがZ」句」『日本語文法』第10巻第 2 号，日本語文法学会，2010年

読者へのメッセージ　ことばを見つめる眼を養い，ことばの感覚をみがき，ことばと向き合う愉しみを知ること。それを皆さんにシェアしていただけたらと思います。これがシェアできたら，その意味では，プロの研究者もアマも境はありません。


中井　幸比古（なかい・ゆきひこ）第 4 章

1957年　生まれ
1985年　京都大学大学院文学研究科言語学専攻（言語学）博士後期課程研究指導認定退学
現　在　神戸市外国語大学外国語学部教授
主　著　『京阪系アクセント辞典』『同データ CD-ROM』（編著）勉誠出版，2002年
　　　　『朝倉日本語講座 3　音声・音韻』（共著）朝倉書店，2003年

読者へのメッセージ　身近にある話しことばの音声を，注意深く観察してみましょう。日常のコミュニケーションのなかでは気づかなかった，さまざまな現象が見えてくると思います。
メールアドレス　hcb02321@nifty.com


斎藤　倫明（さいとう・みちあき）第 5 章

1954年　生まれ
1981年　東北大学大学院文学研究科国文学国語学日本思想史学専攻博士課程後期 3 年の課程退学，1997年博士（文学）（東北大学）
現　在　東北大学大学院文学研究科教授
主　著　『現代日本語の語構成論的研究──語における形と意味』ひつじ書房，1992年
　　　　『朝倉日本語講座 4　語彙・意味』（共著）朝倉書店，2002年
　　　　『語彙論的語構成論』ひつじ書房，2004年

読者へのメッセージ　語彙（論）への出発点は，語への興味です。語は，言語単位としてばかりでなく，生活や文化といった面からも身近で重要な存在です。まずは，語の持っているさまざまな特質に触れることにチャレンジしてみてください。

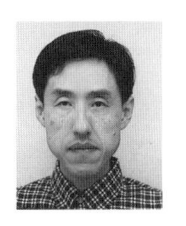

天野　みどり（あまの・みどり）第6章

1961年　生まれ
1991年　筑波大学大学院文芸言語研究科言語学専攻（日本語学）一貫制博士課程修了，2002年博士（言語学）（筑波大学）
現　在　和光大学表現学部総合文化学科教授
主　著　『文の理解と意味の創造』笠間書院，2002年
　　　　『学びのエクササイズ　日本語文法』ひつじ書房，2008年
　　　　『日本語構文の意味と類推拡張』笠間書院，2011年

読者へのメッセージ　「昭和な香り」は間違っている！　と言う前に，「昭和の香り」とどんな意味の違いがあるか一緒に考えませんか？　ことばを文法的に考えると，思いがけないしくみの発見にわくわくするはずです。

ポリー・ザトラウスキー（Polly Szatrowski）第7章

1985年　言語学博士（コーネル大学），1993年文学博士（筑波大学）
現　在　ミネソタ大学言語学研究所教授
主　著　『日本語の談話の構造分析——勧誘のストラテジーの考察』くろしお出版，1993年
　　　　*Hidden and Open Conflict in Japanese Conversational Interaction*（編著），Kurosio Publishers, 2004
　　　　*Storytelling across Japanese Conversational Genre*（編著），John Benjamins Publishing Company, 2010

読者へのメッセージ　談話は，一見すると規則性がないように見えますが，自由に話す談話のなかにも規則を見つけ出すことができます。実際の談話を観察してどのような規則があるのか皆さんも探してみてください。


渋谷　勝己（しぶや・かつみ）第8章

1959年　生まれ
1987年　大阪大学大学院文学研究科日本学専攻博士後期課程中退，1990年学術博士（大阪大学）
現　在　大阪大学大学院文学研究科教授
主　著　『社会言語学』（共著）おうふう，1992年
　　　　『日本語学習者の文法習得』（共著）大修館書店，2001年
　　　　『日本語史のインタフェース』（共著）岩波書店，2008年

読者へのメッセージ　混沌として見えたことばの事象のなかに規則や規則性を見つけ出すことができたとき，とても大きな達成感を味わうことができます。いっしょに探しにでかけませんか。

砂川　有里子（すながわ・ゆりこ）第9章

1949年　生まれ
1982年　大阪外国語大学大学院外国語学研究科日本語学専攻修士課程修了，
　　　　2005年博士（言語学）（筑波大学）
現　在　筑波大学大学院人文社会系教授
主　著　『文法と談話の接点――日本語の談話における主題展開機能の研究』
　　　　くろしお出版，2005年
　　　　『日本語教育研究への招待』（共編）くろしお出版，2010年
　　　　"Manipulation of Voices in the Development of a Story : Prosody and Voice Quality of Japanese Direct Reported Speech", edited by Polly E. Szatrowski, *Storytelling across Japanese Conversational Genre*, John Benjamins, 2010
読者へのメッセージ　外国人に日本語を教える仕事に就いて，ことばの奥深さとことばの研究のおもしろさに目覚めました。毎日使いこなしている日本語にも謎はたくさん秘められています。それを解くおもしろさをみなさんも是非味わってみてください。
HP URL　http://www.lingua.tsukuba.ac.jp/~ooyoo/faculty/sunakawa.html

定延　利之（さだのぶ・としゆき）第10章

1962年　生まれ
1998年　京都大学大学院文学研究科言語学専攻博士課程学修了，博士（文学）
現　在　神戸大学大学院国際文化学研究科教授
主　著　『ささやく恋人，りきむレポーター――口の中の文化』岩波書店，2005年
　　　　『煩悩の文法――体験を語りたがる人びとの欲望が日本語の文法システムをゆさぶる話』筑摩書房，2008年
　　　　『日本語社会 のぞきキャラくり――顔つき・カラダつき・ことばつき』三省堂，2011年
読者へのメッセージ　実はいま，「私のちょっと面白い話」コンテストというのをやっていて，いろいろな人たちの「ちょっと面白い話」を音声や映像でネット上に公開しています。ぜひのぞいてみて，参加してください。http://cil.cla.kobe-u.ac.jp/omo461874/
メールアドレス　sadanobu@kobe-u.ac.jp

丸山　岳彦（まるやま・たけひこ）第11章

1972年　生まれ
2000年　神戸市外国語大学大学院外国語学研究科文化交流専攻博士課程単位取得満期退学，2013年博士（学術）（国際基督教大学）
現　在　国立国語研究所言語資源研究系准教授
主　著　『シリーズ文と発話第3巻　時間の中の文と発話』（共著）ひつじ書房，2007年
　　　　「『日本語話し言葉コーパス』に基づく言い直し表現の機能的分析」『日本語文法』第8巻第2号，日本語文法学会，2008年
　　　　『講座 IT と日本語研究5　コーパスの作成と活用』（共著）明治書院，2011年
読者へのメッセージ　50年以上も前に始まっていた「コーパス日本語学」は，今後のさらなる発展が期待される分野です。先駆的な研究に敬意を払いつつ，新しい方法論と問題意識を持って，この研究領域を活性化させていければと思っています。
HP URL　http://www2.ninjal.ac.jp/maruyama/
メールアドレス　maruyama@ninjal.ac.jp

山口　治彦（やまぐち・はるひこ）第12章

1961年　生まれ
1989年　大阪市立大学大学院文学研究科後期博士課程退学
現　在　神戸市外国語大学外国語学部教授
主　著　『語りのレトリック』海鳴社，1998年
　　　　『明晰な引用，しなやかな引用――話法の日英対照研究』くろしお出版，2009年

ゆきこ作

読者へのメッセージ　この本で日本語のおもしろさが堪能できたでしょうか？　この場ではちょっと言いにくいのですが，英語にも同様に素敵な世界が広がっています。英語も好きだという人は英語学のドアもノックしてもらえるとうれしいです。
メールアドレス　hikoyama@inst.kobe-cufs.ac.jp


中川　正之（なかがわ・まさゆき）第13章

1945年　生まれ
1973年　大阪外国語大学大学院中国語学専攻修士課程修了，博士（学術）
現　在　立命館大学文学部特別招聘教授・神戸大学名誉教授
主　著　『はじめての人の中国語』くろしお出版，1996年
　　　　『漢語からみえる世界と世間』岩波書店，2005年
　　　　『言語に現われる「世間」と「世界」』（共編著）くろしお出版，2006年

読者へのメッセージ　本章は中国語の文法を概観するのにも役立つと確信しています。同時に現代日本語の漢字表記にかかわる問題を考えるきっかけになるものであったとしたら，筆者としてうれしいかぎりです。
メールアドレス　masnakag@kcc.zaq.ne.jp


塚本　秀樹（つかもと・ひでき）第14章

1959年　生まれ
1987年　京都大学大学院文学研究科言語学専攻（言語学）博士後期課程研究指導認定退学
現　在　愛媛大学法文学部人文学科教授
主　著　『日本語基本動詞用法辞典』（共編著）大修館書店，1989年
　　　　『グローバル朝鮮語――朝鮮を学び，朝鮮に学ぶ』（共著）くろしお出版，1996年
　　　　『形態論と統語論の相互作用――日本語と朝鮮語の対照言語学的研究』ひつじ書房，2012年

読者へのメッセージ　中学・高校時代，国語が大嫌いだった私が，大学入学後，それまでとは違う角度から見た日本語のおもしろさに心を奪われ，30年以上が経ちました。読者の皆さんも，この魅力的な日本語の世界で遊び，楽しんでみませんか。
HP URL　http://www.h.ehime-u.ac.jp/~ling/htsuka/
メールアドレス　htsuka@ehime-u.ac.jp

《編著者紹介》

益岡　隆志（ますおか・たかし）
1950年　生まれ
1976年　大阪外国語大学大学院外国語学研究科英語学専攻修士課程修了，
　　　　2008年博士（文学）（神戸大学）
現　在　神戸市外国語大学外国語学部教授・国立国語研究所客員教授
主　著　『命題の文法』くろしお出版，1987年
　　　　『複文』くろしお出版，1997年
　　　　『日本語モダリティ探究』くろしお出版，2007年
読者へのメッセージ
　人間のいるところ，必ずことばが使われています。ことばは人間の歴史とともに生き続けます。人間とことばには切り離すことができない深い絆があるのです。皆さんがことばの奥深い世界に目を向けてくださることを期待しています。
HP URL　http://www2.ocn.ne.jp/~masuoka/
メールアドレス　masuoka@gold.ocn.ne.jp

はじめて学ぶ日本語学
——ことばの奥深さを知る15章——

2011年10月25日　初版第1刷発行　　　〈検印省略〉
2013年 4月10日　初版第3刷発行

定価はカバーに
表示しています

編著者　益　岡　隆　志
発行者　杉　田　啓　三
印刷者　坂　本　喜　杏

発行所　株式会社　ミネルヴァ書房
607-8494　京都市山科区日ノ岡堤谷町1
電話代表　(075)581-5191番
振替口座　01020-0-8076番

Ⓒ 益岡隆志ほか，2011　　冨山房インターナショナル・清水製本

ISBN 978-4-623-06121-1
Printed in Japan

## はじめて学ぶ言語学
――――――――――――――――――――――大津由紀雄 編著

A5判美装カバー　352頁　本体2800円

●ことばの世界をさぐる17章
言語学の全体マップを知るのに最適な入門書。学ぶための工夫も充実。

## はじめて学ぶ社会言語学
――――――――――――――――――――日比谷潤子 編著

A5判美装カバー　288頁　本体2800円

●ことばのバリエーションを考える14章
様々なフィールド，コーパスを題材に，ことばの多様性を読みとく面白さを解説。

## 社会言語学への招待
―――――――――――――――――田中春美／田中幸子 編著

A5判美装カバー　228頁　本体2500円

●社会・文化・コミュニケーション
人間の言語能力が社会でどのように現われているか，複雑な関係を示す。

## ちから教授のコトバ学
―――――――――――――――――――――加藤主税 著

四六判美装カバー　244頁　本体2000円

●現代ニホンゴ学
独自の分析・言語観，名前，日本語やカタカナ言葉にまつわるユニークな話題が満載。

## 日本語のなりたち
――――――――――――――――――――――田中みどり 著

A5判美装カバー　328頁　本体2800円

●歴史と構造
様々なものを取り入れながらも，核を保持しつつ変容する日本語のなりたちに迫る。

## 日本語源広辞典 ［増補版］
―――――――――――――――――――――増井金典 著

A5判上製カバー函入　1208頁　本体7500円

豆知識から，国語や古典の学習まで，読んで楽しい語源辞典。1万2000余語を増補し，異なり語数約4万語を収載。充実の索引付き。

―― ミネルヴァ書房 ――

http://www.minervashobo.co.jp/